全球植物提取物
产业发展分析研究

杨志萍　陆颖　刘宇 / 编著

四川大学出版社
SICHUAN UNIVERSITY PRESS

图书在版编目（CIP）数据

全球植物提取物产业发展分析研究 / 杨志萍，陆颖，刘宇编著 . 一 成都：四川大学出版社，2022.12
ISBN 978-7-5690-5873-4

Ⅰ . ①全… Ⅱ . ①杨… ②陆… ③刘… Ⅲ . ①植物一提取一产业发展一研究一世界 Ⅳ . ① F416.7

中国版本图书馆 CIP 数据核字（2022）第 255293 号

书　　名：全球植物提取物产业发展分析研究
　　　　　Quanqiu Zhiwu Tiquwu Chanye Fazhan Fenxi Yanjiu
编　　著：杨志萍　陆　颖　刘　宇

选题策划：王　锋
责任编辑：王　锋
责任校对：刘柳序
装帧设计：裴菊红
责任印制：王　炜

出版发行：四川大学出版社有限责任公司
　　　　　地址：成都市一环路南一段 24 号（610065）
　　　　　电话：（028）85408311（发行部）、85400276（总编室）
　　　　　电子邮箱：scupress@vip.163.com
　　　　　网址：https://press.scu.edu.cn
印前制作：四川胜翔数码印务设计有限公司
印刷装订：成都金阳印务有限责任公司

成品尺寸：170mm×240mm
印　　张：15.25
插　　页：6
字　　数：303 千字

版　　次：2023 年 2 月 第 1 版
印　　次：2023 年 2 月 第 1 次印刷
定　　价：75.00 元

本社图书如有印装质量问题，请联系发行部调换

扫码获取数字资源

四川大学出版社
微信公众号

表 6.1　主要专利申请人技术构成（单位：件）

IPC 技术构成	意迪那公司	爱茉莉太平洋集团	韩国生物科学与生物技术研究所	花王株式会社	雀巢公司
A61K31	407	163	158	118	176
A61K35	117	40	34	66	58
A61P17	141	321	18	163	29
A23L1	50	39	55	69	108
A61K9	69	30	8	15	23
A61Q19	120	286	14	130	22
A61P3	125	43	54	101	55
A61P43	7	38	10	236	16
A61P1	70	17	24	41	24
A61P25	77	38	31	33	18

表 6.2　主要国家和地区专利技术构成分布（单位：件）

IPC 技术构成	日本		韩国		美国	
	数量	占比	数量	占比	数量	占比
A61K31	6747	45.4％	2457	18.5％	6426	48.7％
A61K35	4616	31.0％	1841	13.8％	3126	23.7％
A61P17	4888	32.9％	1543	11.6％	1129	8.6％
A23L1	5152	34.6％	871	6.5％	1415	10.7％
A61K9	2190	14.7％	988	7.4％	3017	22.9％
A61Q19	3905	26.3％	1836	13.8％	1467	11.1％
A61P3	4020	27.0％	1418	10.7％	957	7.3％
A61P43	5824	39.2％	162	1.2％	672	5.1％
A61P1	2389	16.1％	875	6.6％	697	5.3％
A61P25	2008	13.5％	967	7.3％	797	6.0％

表 6.3 主要申请人高价值专利技术构成

IPC 技术构成	意迪那	爱茉莉太平洋	雀巢	韩国生物科学与生物技术研究所	天津天士力
A61K31	97.1%	23.2%	58.3%	46.6%	76.9%
A61K35	27.9%	5.1%	27.8%	5.5%	9.2%
A23L1	11.9%	15.9%	52.8%	27.4%	0.0%
A61P17	33.7%	44.2%	12.0%	4.1%	13.8%
A61K9	16.5%	2.9%	10.2%	2.7%	55.4%
A61P3	29.8%	11.6%	21.3%	21.9%	18.5%
A61Q19	28.6%	34.8%	13.0%	1.4%	1.5%
A61P43	3.3%	12.3%	7.4%	8.2%	6.2%
A61K47	9.3%	0.7%	1.9%	1.4%	35.4%
A61P1	16.7%	5.8%	3.7%	4.1%	43.1%

表 7.1 国内主要专利申请人技术构成分布（单位：件）

IPC 技术构成	北京艺信堂医药研究所	长沙协浩吉生物工程有限公司	四川金堂海纳生物医药技术研究所	天津天士力制药股份有限公司	广西大学
A61K35	329	16	202	89	115
A61K9	25	0	113	254	74
A61P1	76	3	95	35	73
A61P17	128	162	50	6	51
A61K31	0	11	26	111	147
A61P29	36	28	44	16	40
A61P31	36	70	56	23	168
A61K33	62	4	79	2	34
A61P11	8	2	58	13	37
A61P9	26	2	26	272	36

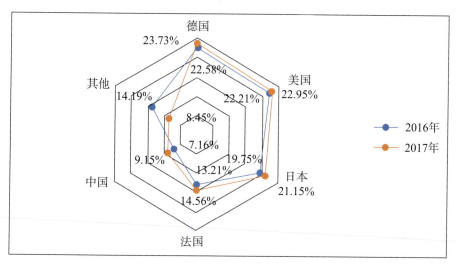

图 2.2　2016—2017 年植物提取物销售规模地区占比分析

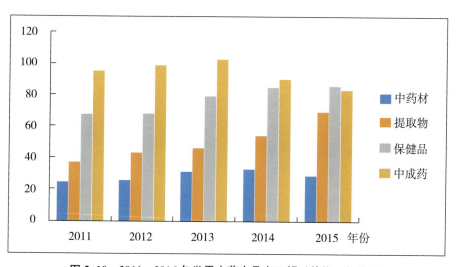

图 2.10　2011—2016 年世界中药产品出口额（单位：亿美元）

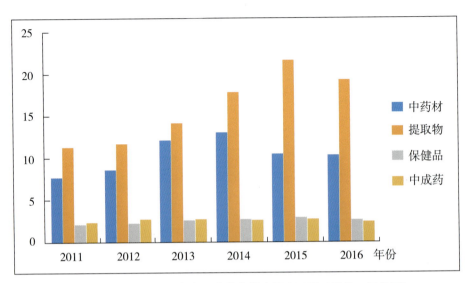

图 2.11　2011—2016 年中国中药各类产品出口额（单位：亿美元）

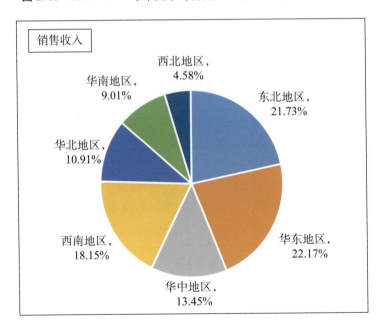

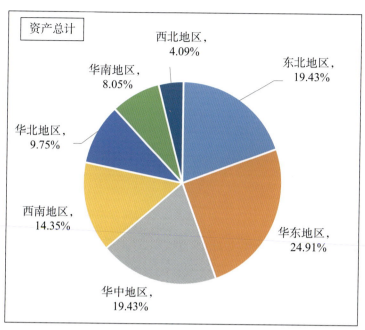

图 4.1　2016 年中国植物提取物行业各区域销售收入和资产总计情况

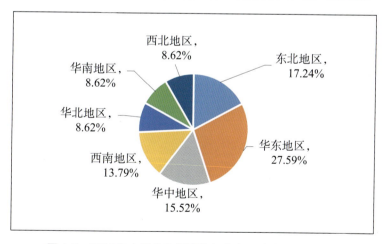

图 4.2　2016 年中国植物提取物行业各区域企业数量情况

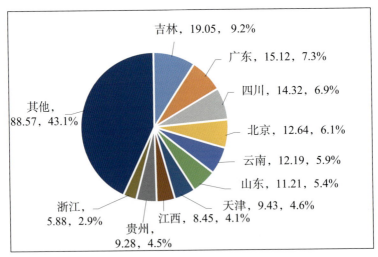

图 4.3　2016 年行业总产值居前十的地区比重（单位：亿元）

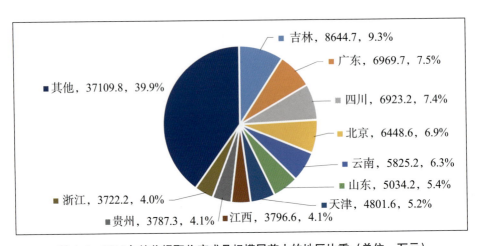

图 4.4　2016 年植物提取物产成品规模居前十的地区比重（单位：万元）

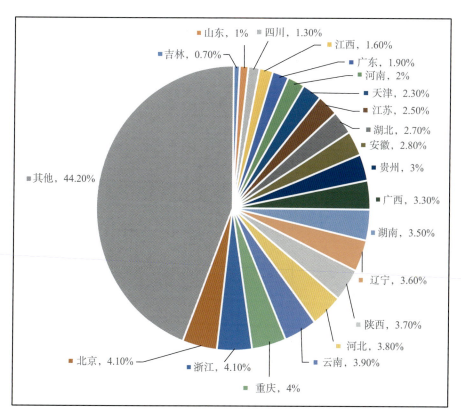

图 4.6　2016 年中国植物提取物行业销售收入各省份占比

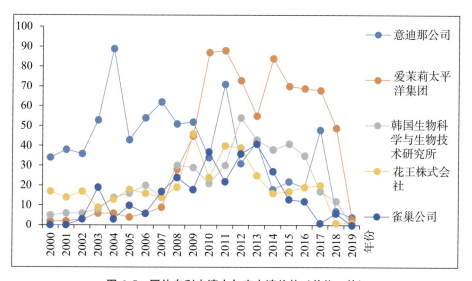

图 6.5　国外专利申请人年度申请趋势（单位：件）

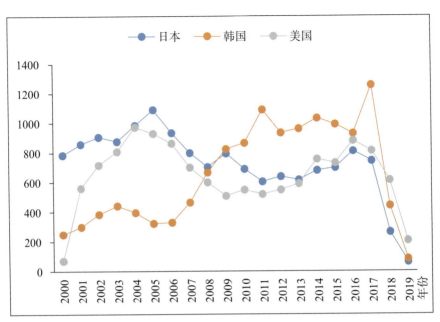

图 6.8 主要国家和地区专利申请年度趋势（单位：件）

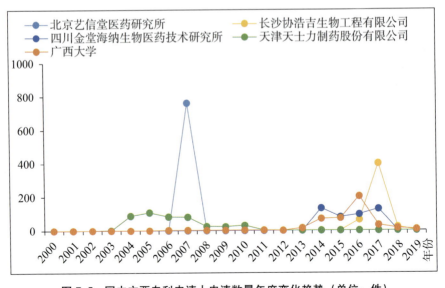

图 7.5 国内主要专利申请人申请数量年度变化趋势（单位：件）

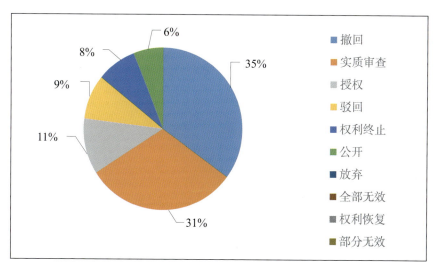

图 7.8   国内专利法律状态分布

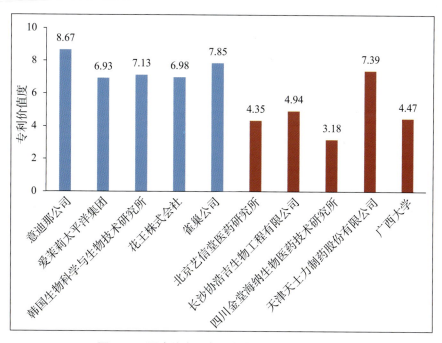

图 7.14   国内外主要专利申请人专利价值度对比

前 言

植物提取物作为以植物组织为原料，通过定向分离、提纯所形成的某一种或多种有效成分并且基本不改变其原有结构的科技型产品，具有功效清晰、毒副作用小、成分明确并且可量化的特点，被世界各国普遍认可和接受，广泛应用于保健食品、植物药品、化妆品、农药等领域，具有广阔的市场发展空间。

植物提取物产业（以下简称"植提产业"）起源较早，但真正兴起于20世纪80年代，伴随着科技进步和社会经济发展带来人类生活水平的提升和生活观念的改变，全球范围内掀起了"回归自然"和"绿色健康"的狂潮，植提产业由此受到重视而迅速成长。1994年，美国发布《膳食补充剂健康和教育法》（Dietary Supplement Health and Education Act，DSHEA法案）之后，美国食品药品管理局（Food and Drug Administration，FDA）正式接受植物提取物作为一种膳食补充剂。这一法案使得植物提取物能够以膳食补充剂的方式正式进入美国市场，自此植提产业得以快速发展。目前，全球植物提取物市场以每年10%～20%的增长率保持着持续快速增长，市场产值规模从1997年的28亿美元迅速发展到2017年的390亿美元。

我国幅员辽阔，具有多样化的地理气候环境，孕育了丰富的植物资源。虽然我国植提产业起步较晚，但是凭借深厚的传统中药文化底蕴和丰富的自然资源优势，在经历了近四十年的积累与发展，尤其是自2000年以来国际市场的良好势头带动下，我国植提产业快速成长并已经具备了一定的产业规模与国际竞争力。自2006年以来，我国植提产业规模保持着约15%的增长率快速持续发展，至2017年，我国植物提取物行业市场销售额达到219.68亿元（约合32亿美元），位居全球第五；贸易出口额达20.1亿美元，名列全球第一。植提产业从事植物提取物生产与贸易的企业已超过3000家，其中规模以上工业企业61家、上市企业13家，总体产业发展态势良好。作为目前传统中医药领域实现国际化的最主要形式之一，我国植提产业具有较强的外贸带动性特点，目前我国植物提取物产品已出口至全球150余个国家和地区，成为国际植物提取物市场的重要组成部分，被广泛地应用于食品、药品、化妆品、保健品、农

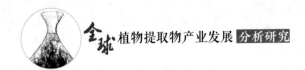

药、添加剂等市场领域。与此同时，目前我国植物提取物产品却仍然以粗提物为主，通常以低廉原料或中间体的形式出口国外，而真正具有较高科技含量的植物提取物制成品的数量与种类均较少，普遍存在着产品附加值低、同质化严重、企业恶性竞争的不良现象，这也是我国植提产业在今后一段时间内需要重点解决的问题。

四川省地处我国西南地区，具有得天独厚的地理条件优势和植物多样性资源，在中药材蕴藏量、常用中药材品种和道地药材种类三项指标上均是全国第一，因此也是我国植提产业发展较好的重要地区之一。整体而言，四川省植提产业发展较快，从业企业众多；但是也面临着市场集中度不高，企业规模小、竞争激烈，高影响力企业缺乏，产品种类少、同质化严重、附加值低，监管标准不足等一系列问题，整体产业发展成熟度不高。

本书旨在勾勒全球主要国家、国内主要省份两个层面的植提产业发展现状，准确反映我国植提产业在国际上的市场地位与优劣势条件，以及四川省植提产业在国内的市场地位及优劣势条件，挖掘当前产业发展中存在的问题。基于此，本书全面梳理了我国和全球其他植物提取物主要国家或地区的产业发展现状，通过对比深入分析我国植提产业发展的现状与特点、市场规模与竞争机构、重点企业状况、主要瓶颈与挑战、未来趋势等情况，同时对国内植提产业发展较好的主要省份情况进行了调研，通过对比剖析了四川省植提产业的发展特点、市场规模与竞争格局、重点企业状况，全面分析我国及四川省植提产业发展面临的主要问题，并做出发展趋势预测，最终有的放矢地提出我国及四川省植提产业发展策略建议。希望能够有助于我国及四川省两个层面优化植提产业发展路径，提升植提产业竞争力，推动植提产业现代化、国际化、可持续化健康发展。

编　者
2023 年 1 月

目　录

第一部分　总述篇

第二部分　地区发展篇

第三部分 技术发展篇

第四部分 市场发展篇

第五部分 政策建议篇

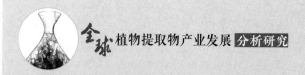

第一部分

总 述 篇

第1章 植物提取物产业发展概述

1.1 植物提取物产业基本概念

1.1.1 植物提取物的定义

植物提取物（Plant Extract）在不同的国家有不同的定义描述，但是在本质上差别不大（表1.1）。按照目前国内较为公认的定义，植物提取物是指以植物（包括组织、果实等）为原料，根据提取后最终产品的用途，经过物理化学提取分离过程，定向获取和富集植物中的某一种或多种有效成分，而基本不改变其有效成分结构而形成的产品。

表 1.1 不同国家关于植物提取物的代表性定义

国家	植物提取物的定义
中国	植物提取物是指以植物（包括组织、果实等）为原料，根据提取后最终产品的用途，经过物理、化学提取分离过程，定向获取和浓集植物中的某一种或多种有效成分，而不改变其有效成分结构而形成的产品
美国	植物提取物被列入膳食补充剂，是"含有一种或者多种特定食品成分的一类用于补充膳食的产品"。这些特定食品成分包括维生素、矿物质、草本或者其他植物、氨基酸等，是一种人们能够通过增加食品的总摄入量来补充饮食的食用物质，以及由任何上述成分制成的浓缩物、代谢物、组分、提取物或复合物
德国	植物药制剂是"在治疗中所用药物是植物的提取物，也可以是部分提取物，通常是复合的化学物质"
法国	植物提取物是"来自植物或植物制品中的活性成分"
西班牙	植物提取物是"来自植物或植物制品的提取物质"
荷兰	植物提取物是"植物或植物某部分提取的活性物质"

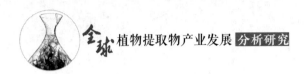

分离提取过程具体包括清洗、过滤、提取、分离、浓缩、萃取、纯化等各个阶段，以有效清除提取物中的杂质成分，最终获得植物的某一种或多种有效成分，并且不能改变其原有的结构。

1.1.2 植物提取物产品的特点

植物提取物产品自身具有三大优势特点。

第一，尽管不同国家之间存在着对于传统药物的不同认知，以及传统文化背景的差异，但是植物提取物的有效成分已知并且可以量化，因此被世界各国尤其是西方发达国家广泛认可和接受。植物提取物产品无疑是我国传统中药进入国际市场的可被普遍认同的重要产品形式。

第二，从食品和药物领域来看，植物提取物是以植物资源作为原料，通过分离、提取、纯化、精制等各种现代食品或药品技术工艺加工而成，是现代植源性食品或植物药的先进技术载体。这就使得植物提取物相对于化工合成产品而言，具有毒副作用小、天然健康的先天优势。

第三，植物提取物研发投入成本相对较少，分离纯化的技术含量并不太高，技术门槛相对较低，同时终端产品的应用范围较广、产品附加值较大，因此具有非常广阔的市场发展前景。

1.1.3 植物提取物的分类

植物提取物种类非常多，目前已经进入产业化提取的种类就有300多种。植物提取物的分类方法也有多种，较为常见的分类方式有四种，即按照有效成分含量划分、按照化学成分类型划分、按照产品形态划分和按照用途划分（表1.2）。

表 1.2 植物提取物的不同类型

分类依据	植物的类型
按照有效成分的含量	有效单体、标准提取物和比例提取物
按照化学成分类型	苷类、多糖、萜类、黄酮、多酚、生物碱、有机酸、挥发油等
按照产品形态	植物油、浸膏、生粉（包括结晶粉末，也称纯粉）、汁粉、提取液、晶状体等
按照用途	天然色素制品类、中药提取物制品、提取物制品类和浓缩制品类等

1.1.3.1 按照有效成分的含量分类

植物提取物按照有效成分的含量主要可分为三类：有效单体、标准提取物和比例提取物。

（1）有效单体：是指通过提取加工技术从传统中药植物资源中获得的一种化学意义上物质分子式和结构表达式明确、功能有效的单体化合物，是一种成分单一的相对纯粹的化合物产品，而不含有其他物质。

（2）标准提取物：是指采用现代科学技术，对传统中药植物资源进行提取加工而得到的一种具有相对明确含量质量的提取物。标准提取物也被称为含量提取物，可以通过检测手段检测出提取物中所需成分的确切含量值。标准提取物具备相对明确的物质基础、特定的药理活性和严格的质量标准三个特点，因此能够从基础环节上最大限度地解决中药制剂质量控制和物质基础等难题，是促进中药现代化的关键突破口。

（3）比例提取物：是指提取浓缩后制成的浸膏、流浸膏或者粉末，其在提取前原料量与提取浓缩后产物量之间成一定的数字比例。一般而言，比例提取物并没有确定的成分或含量。例如，1千克的黄芪药材经提取浓缩之后成为0.1千克的粉末状产品，则被称为10∶1的黄芪比例提取物，或者简称"黄芪10∶1"。

1.1.3.2 按照化学成分类型分类

植物提取物按照化学成分类型可具体分为：苷类（提取物）、多糖（提取物）、萜类（提取物）、黄酮（提取物）、多酚（提取物）、生物碱（提取物）、有机酸（提取物）、挥发油（提取物）等。

1.1.3.3 按照产品形态分类

植物提取物按照产品形态可分为以下几类：植物油、浸膏、生粉（包括结晶粉末，也称纯粉）、汁粉、提取液、晶状体等。

植物油：是指提取分离后形成的一类由脂肪酸和甘油形成的油脂型化合物。植物油广泛分布在多种类型的植物中，可以从植物的果实、种子、胚芽中分离制得，例如常见的花生油、菜籽油、大豆油、橄榄油、亚麻油、蓖麻油等。植物油的主要成分是由直链高级脂肪酸和甘油形成的酯类物质，其脂肪酸除了含有软脂酸、硬脂酸和油酸，还含有多种类型的不饱和酸，比如桐油酸、蓖麻油酸、芥酸等。因此，植物油的不饱和酸含量通常高于动物油，碘值一般

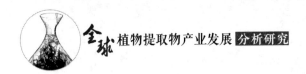

均高于 70。

浸膏：是指将植物提取液进行浓缩处理，使其水分含量减少到一定程度，从而使之流动性降到最低，所形成的一种植物提取物产品状态。

生粉：是指直接将植物原料粉碎至粉末状态，经过一定的简单加工处理所形成的一种粉末性植物提取物产品。生粉包括结晶粉末，也被称为纯粉。

汁粉：是指将植物原料溶解成汁并进行浓缩，最后干燥形成粉末状。一般而言，汁粉类以蔬果汁粉为主。

提取液：是指将植物原料经过分离提取的第一道工序，简单处理获得的植物提取物有效成分溶解性液体，并不进行干燥等其他过程。

晶状体：是指通过结晶的方法将有效成分从植物原料（一般是提取物溶液状态）中结晶分离出来所形成的产品。

1.1.3.4 按照用途分类

植物提取物按照用途可分为以下几类：天然色素制品类、中药提取物制品类、提取物制品类和浓缩制品类等。

天然色素制品类：一般用于食品、保健品的天然着色剂。

中药提取物制品类：一般是用作中成药、保健品、西药的天然原料。

提取物制品类：一般被用于天然植物原料制备，或用作食品、保健品的原料。

浓缩制品类：一般是以植物的果实、根茎为原料进行压榨、浓缩其有效成分，常应用于食品、饮料的天然调味剂。

1.2 植物提取物产业概况

1.2.1 植提产业发展历程

1.2.1.1 国际发展历程

从全球视角看，植物提取物产业属于新兴行业，全球植物提取物产业得到业界关注是近二十来年的事情。尽管欧洲一些国家从 19 世纪初就开始着手生产并应用植物提取物，但那时仍处于萌芽状态，其后相当长一段时间也只是小范围、小剂量的应用，一般作为医药研发的中间体存在，并未形成大规模产业。植物提取物作为产业意义上的真正崛起，得益于 20 世纪 80 年代兴起的"回归自然"浪潮和"绿色健康"理念，使得这些具备一定活性功能的植物提取物产品成为人们保持健康、预防疾病的主要手段之一。1994 年，美国 FDA 发布 DSHEA 法案，允许植物提取物作为一种食品补充剂（Dietary Supplement）正式进入美国市场销售，从而推动了植物提取物在保健品、食品等领域的广泛应用。大规模的市场需求刺激了产业的发展，植提产业作为新兴产业蓬勃而起。

1.2.1.2 国内发展历程

我国植提产业源自传统的中草药领域。尽管我国有悠久的中药文明，但传统中草药并不涉及特定物质的分离提纯，且受限于我国当代生物化学技术发展缓慢，使得植提产业总体起步时间较晚。一般认为我国植物提取物萌芽于 20 世纪六七十年代。自萌芽以来，经过近半个世纪的发展，整个行业已经初具规模，整体发展向好。纵观整个发展历程，可将植提产业划分为 4 个发展阶段：萌芽阶段、起步阶段、成长阶段、跨越阶段。

（1）萌芽阶段。一般认为我国植提产业大致萌芽于 20 世纪六七十年代，部分大型的中药厂开始采用机械设备提取植物有效成分，是整个产业发展的开端。但是这时主要被作为中药生产的一个中间环节，而未能形成独立的产业。

（2）起步阶段。20 世纪八九十年代，随着国际范围内对于"回归自然"的呼吁与逐步重视，一些国际知名的植物提取物企业开始进入我国，与此同时我国对外贸易也进入了飞速发展时期，这使得我国植提产业迅速兴起与发展。

（3）成长阶段。进入 21 世纪之后，随着植物提取物技术的不断发展，比如酶法提取、超声提取、超临界提取、膜分离技术、微波萃取等技术的应用，植物提取效率得到了极大提升，我国的植物提取物行业进入快速成长时期，涌现出一大批植物提取物企业。

（4）跨越阶段。2015 年，由于"银杏叶事件"引起的国内植物提取物市场全面整顿，国家市场监督管理总局连续采取系列措施加强对于植物药提取物产业的监管，我国植提产业进入短暂的调整期。其后，随着市场和技术标准的进一步规范，占据主流市场的食品、饮料、化妆品以及日用品制造商深入拓展到植物提取的研发和利用阶段，"绿色"理念产品展现出巨大的发展空间和广阔市场前景，我国植物提取物步入跨越式发展阶段。

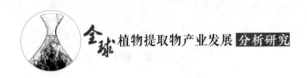

1.2.2 植提产业发展现状

近年来,欧美等发达国家和地区对植物提取物需求不断增长,带动了整个植物提取物行业的发展。一般北美主要用于营养补充剂、保健食品、化妆品等行业,欧洲主要用于植物药制剂。在需求的刺激下,2006年全球植物提取物销售额达到101.4亿美元,2016年达到333.2亿美元,年均市场发展速度超过12.6%,并有持续发展的趋势。当前,全球基本上形成了美、德、日、法四强林立的局面。以2016年数据为例,2016年德国超过美国占据行业首席,其植物提取物销售额占据全球比重22.68%;美国占比22.21%;日本和法国紧随其后,占比分别为19.75%和13.21%。

我国植提产业是随着国际市场发展而发展起来的,目前接近80%的产品出口国外,是典型的出口带动型产业,产品主要销往欧洲、北美、东亚以及东南亚等地区。2017年,我国植物提取物行业市场规模达到219.68亿元,同比增长24.67%,产量达到13.94万吨,比2016年增加2.76万吨。2017年,我国植物提取物贸易进出口额为22.58亿美元,同比增长21.86%。其中,出口额为17.78亿美元,同比增长25.88%;进口额为4.8亿美元,同比增长23.07%,植物提取物进出口整体增幅是中药国际贸易中最大的。尽管我国植提产业不断发展壮大,但依旧是新兴产业,整个产业在不断发展过程中面临着诸多问题。从整体上看,缺乏与国际兼容的标准和激烈混乱的同质化竞争是限制我国植提产业发展最重要的原因。

四川省是全国四大中药种植基地之一,年产量超过十万吨,占到全国的1/3,也是当前拥有中药材GA基地最多的省份(2015年数据)。中药材一直都是四川省农业主导产业之一,部分药材标准上升为国家标准,部分产品获得国家地理标志保护。受益于中药领域的基础资源优势,四川省植提产业发展也较好,自2012年起连续五年排名我国各省份植提产业销售收入的前三位。虽然四川省的植提产业从整体看规模较强、企业数量众多,但是也存在着产业集中度低、企业管理和技术研究落后、产品同质化严重、同行竞争激烈、龙头企业带动能力不强的发展危机局面。未来需要在企业管理、技术研发、产品创新等多方面发力,以促进四川省植提产业的健康发展。

1.2.3 植提产业发展趋势

未来植提产业发展会朝着以下五个方向进行:

一是植物提取物新产品研发的速度加快。一方面,随着生物技术不断发展，各公司纷纷将丰富主要产品作为提高市场占有额的手段之一。例如，我国的晨光生物科技公司在主打以辣椒红为主体的天然色素外，还逐渐布局甜菊糖、银杏叶、葡萄籽等领域。另一方面，技术的改进为丰富现有提取物产品层次和发掘新植物提取物提供了可能，越来越多的植物及其有效的功能将会被开发，这些发现将推动植物提取物行业不断发展进步。

二是植物提取物的提取工艺将不断更新。植物提取物的科技含量相对而言是比较高的，提取物的好坏主要由提取工艺来决定。因此，不断改进与研发新的提取工艺，才能生产出更高水平的提取物，同时工艺的改进也是企业降低成本的好方法。例如，随着提取工艺改进，新型甜菊糖克服了口感不佳的缺点，使得甜叶菊提取物作为糖的天然替代物迅速在食品饮料行业等各个行业受到青睐。仅在亚太市场，2020 年甜菊糖市场规模就达到 2.083 亿美元。到 2024 年，市场复合年增长率预计将达到 5.7%。

三是植物提取物产品未来将愈发注重有效活性单体产品。最初的植物提取物产品是以甘草、当归提取物为代表的流浸膏形态产品，以及以茶多酚等为代表的浸膏粗粉形态产品。提取物浸膏和浸膏粗粉都属于传统生产中的模糊性、经验性粗放产品，浸膏形态产品存在较多蛋白质、多糖、淀粉等杂质，并且黏性强、不易形成制剂；浸膏粗粉则具有杂质较多、易吸潮、水分超标、微生物超标等现象。其后，随着高效液相色谱仪等技术发展，出现了以喜树碱、长春碱等为代表的纯度较高的结晶粉末产品。结晶粉末产品可以根据需要进行定性、定量地配制，具有组分清晰、活性功能明确等特点，较大地提升了产品质量。未来，随着技术的进一步推陈出新，植物提取物产品势必将向着组分结构更明确、功效更好的单体组分产品发展。

四是天然健康功能产品的研发趋势更明显。在全球范围内"回归自然""健康生活"理念的推动下，再加上世界主要国家老龄化问题的不断加剧，各国民众对于健康和营养的意识观念均发生着重大的变化。健康膳食、均衡营养、功能性食品等概念推动着大健康产业链的蓬勃发展。植提产业作为大健康产业链中的重要角色，从业企业势必将迎合市场需求发展，挖掘更多能满足人们需求的天然健康功能性植物提取物产品，因此这也将成为当前及未来全球植提产业发展的重要趋势之一。

五是植提产业的规范与监管将日趋完善。自 1994 年美国发布膳食补充剂法案之后，植提产业得到了快速发展。但是作为新兴产业，相关监管政策、制度、标准等还没能跟上产业发展的步伐。目前包括我国在内的世界植物提取物主要国家基本都意识到监管、规范、制度的缺失对产业长远发展的不利影响，

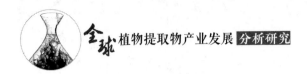

陆续出台相关政策措施，以保持产业有序健康成长。因此，在不远的未来，植提产业势必将形成日趋完善的生产管理、质量控制、产品进出口的相关国际化制度与标准，促进整体产业健康、有序和可持续发展。

1.3 植物提取物产业链

植物提取物产业是以获得植物目的有效物质（Objective-Potent Substances，OPS）为目的形成的一项产业。植物目的有效物质是指通过人工分离纯化手段从植物中获得的具有特定功效或活性作用的单体化合物或混合物组成的有效物质的总称，其基本化学构成单元是一种生物性单一成分或多成分混合物，具有成分明确、功能有效的特点。

因此，植提产业链是围绕着获取植物目的有效物质所形成的从植物育种、种植，到功能有效物质提取生产、检验检测，再到产品市场销售的整体过程及其附属业务在内的完整系统。从产业角度而言，一套完整的植提产业链主要包括有效物质的"植物新品种选育"、促进目的有效物质增量的"植物定向培育"、获取目标产品的"植物目的有效物质的分离与纯化"、通过结构修饰和粒径改造等途径来增强植物目的功能的"新材料研制""植物提取物的功能与活性分析""植物目的有效物质新剂型的制备"、以动物体内外实验为基础和后期临床验证来检测植物提取物功效和安全性为主要内容的"植物提取物的功能与活性分析"、植物提取物"专用装备制造"、由植物提取物原料中农药残留物和重金属检测及植物提取物下游或终端产品的微生物检测为主要内容的"产品质量控制"。此外，产业链还包括植物提取物产品市场监管以及植物提取物产品的市场培育、经营环节等内容。

1.3.1 植物新品种选育

植物新品种，是指经过人工培育的或者对发现的野生植物加以开发，具备新颖性、特异性、一致性和稳定性并有适当命名的植物品种。新品种选育是指通过判定标准筛选出目的有效物质高的品种。在植提产业中，高含量目的有效物质的植物新品种选育是植物提取业主体产业链的第一个环节，其核心是获得具有特异性、均一性与稳定性的高含量目的有效物质的植物新品种，做到品质优良、可控、稳定，目的有效物质含量高。植物新品种选育作为植物提取物新产品研发的源头，一直是行业关注的热点。

研究发现，不同植物含有相同的目的有效物质，但同一目的有效物质在不同的植物体内含量不同。例如，绞股蓝中含有 83 种绞股蓝皂苷，其中绞股蓝皂苷 3、4、8、12 分别与人参皂苷 Rb1、Rb3、F2、F4 完全相同，而且它的总苷含量高于人参。另外，即使同一种植物的不同个体之间也有较大差异，如柴胡，全世界有 120 种，我国有 40 种，17 个变种，柴胡的有效成分柴胡总皂苷及皂苷 ab 的含量测定表明，柴胡和狭叶柴胡的有效成分含量最高。由此可见，品种选育显得尤为必要。

常规的植物优良品种获得的主要途径目前有两种：一是通过系统选育的途径从野生或栽培品种中筛选；二是通过杂交育种获得高含量的目的有效物质的优良品种。良种选育的方式主要有大田选育、组织培养选育等。

1.3.2　植物定向培育

定向培育，是人为用某一特定环境条件长期处理某一微生物群体，同时将它们不断进行接种传代，以达到累积和选择合适的自发突变体的一种古老的育种方法。其目的是促进目的有效物质增量。植物的目的有效物质的合成与积累，一方面决定于遗传特性，另一方面受其生长环境条件的直接或间接的影响。一般主要通过两种方式实现定向培育：一是增加植物的生物量，二是增加植物体内目的有效物质的含量。

作为以增加植物目的有效物质含量为目的的人工种植就可以利用这一特性，同时，结合植物自身的特点，通过对植物生态环境的调控（包括生物性的生态因子和非生物性的生态因子），通常是利用太阳强辐射、干旱、高温、低温、剪枝、遮阴等胁迫或干扰的方式对植株进行定向培育，最终获得高含量目的有效物质。同时，可以通过对植物整个生育期各个生长发育阶段以目的有效物质为指标的质量监控来确定最佳的采收期。

1.3.3　植物目的有效物质的分离与纯化

植物目的有效物质的分离与纯化是植物提取业主体产业链的关键技术环节，分离、纯化效率的高低直接影响企业的效益和市场的核心竞争力。

我国目的有效物质的分离和纯化技术发展缓慢，新技术应用和发展缓慢的现状，已经严重制约了植物提取物产业化的进程。目前，植物提取企业多沿用传统的分离、纯化工艺技术，普遍存在提取时间长、有效成分提取率低、溶媒耗量大、生产效率低等问题，不仅浪费原料，而且极易破坏有效成分尤其是热敏性物质，得到的产品收率不高、纯度不高，难以保证产品质量，和国外差别

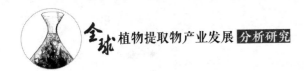

较大，使得我国在植物提取物的全球市场上依旧扮演着原料提供商的角色。因此，加快以现代技术产业化为目的的提取分离技术平台建设，采用具有推动产业化进程作用的现代分离纯化工艺技术十分必要。

1.3.4 获得目的功能新材料的研制

植物提取物主要具有靶向性或清除自由基的功能，也就是说，应具有生物活性或抗氧化功能，但目前获得的植物提取物仍然存在诸如水溶性差、毒性大、稳定性低、作用时间短、生物利用度不够等问题。为了增强水溶性、降低毒性、提高生物利用度，进一步增强目的有效物质的靶向性或清除自由基的能力，可以通过多种途径将获得的目的有效物质作为母体化合物进行改造。

目前对目的有效物质进行结构修饰或粒径改造仍为主要途径，例如，1966年 Wall 等人从中国特有的抗癌植物喜树中分离得到的植物提取物喜树碱，被证实具有显著的抗肿瘤活性，受到科学界的广泛关注，但是由于喜树碱本身的水不溶性和毒性限制了它的临床应用。直到 20 世纪 80 年代后期，对喜树碱进行糖苷化、成盐等多方面的结构修饰，增加了喜树碱的水溶性，降低了它的毒性，提高了生物利用度，才使其成为目的功能的新材料。此外，还可以对目的有效物质进行粒径改造。粒径改造是指在保持有效物质的结构不变的前提下，通过物理或化学的手段使其尺度微细化、均匀化，如应用微米、纳米技术可以使目的有效物质粒径减小，达到 800 nm 以下。粒径改造也分为两类，一类是针对目的有效物质为挥发性的成分，可将其乳化成细小的颗粒、油滴，使其均匀化、乳体化；另一类是针对目的有效物质为非挥发性的成分，可通过粉体化对其进行粒径改造。

1.3.5 植物提取物的功能与活性分析

植物提取物产品作用和疗效的发挥是以实验为基础的科学客观的评价，包括活性或功能分析。活性分析一般适用于植物药，通常采用离体实验、在体实验、分子水平筛选等方式进行，常见的有抗肿瘤、抗菌、抗病毒类药物的活性分析；有作为功能食品和食品添加剂的抗氧化剂等功能则需要进行功能分析。另外，为了确保产品的安全性和稳定性，对筛选出来的具有活性或抗氧化功能的植物提取物还要进行安全性和稳定性评价。

此外，针对植物提取物的不同用途需要进行不同的分析筛选。例如，作为抗肿瘤药物需要进行活性筛选，一般分为体外细胞毒初步筛选、动物安全（包括急性毒性试验和慢性毒性试验）及活性实验，最后进入临床试验（包括 I

期、Ⅱ期、Ⅲ期）；作为抗菌药物，需要进行体外最小有效浓度（MIC）及体内最小致死浓度（MLC）试验；作为抗病毒药物，需要通过体外抗病毒试验和体内抗病毒药效，得出样品的细胞毒性、细胞内抗病毒作用（如以细胞致病效应及感染细胞保护率为指标）和体内抗病毒药效；作为抗氧化剂需要建立体外试验体系和体内试验体系。另外，为确保具有活性或功能的植物提取物的安全性和稳定性，对其进行评价也是很必要的。安全性评价是一个综合的评价，其中最重要的是进行毒理学评价试验，一般主要有 4 个阶段：急性毒性试验；遗传毒性试验（30 天喂养试验，传统致畸试验）；亚慢性毒性试验（90 天喂养试验、繁殖试验、代谢试验）；慢性毒性试验（包括致癌试验）。在稳定性评价方面，主要包括影响因素试验、加速试验和长期留样试验。

1.3.6 有效物质新剂型的制备

植物目的有效物质剂型制备的目的是服用方便，而新剂型的研发目的主要是减少用药量，提高疗效，同时减少对正常细胞的伤害。

植物药可以分为注射和口服两种剂型。注射剂主要有粉针剂和水针剂两种，包括注射用溶液、注射液、注射用粉针（含冻干粉针）。口服剂分为片剂、胶囊、口服液、冲剂等剂型。目前仍以口服剂型为主。

植物提取物作为植物药在新剂型方面经历了长效和肠溶制剂、缓控释制剂或药物输送系统及透皮治疗系统、靶向制剂的时期。长效和肠溶制剂在胃液中不溶，在肠道中溶解释放出药物而发挥疗效，给药后不受胃肠道 pH、酶、食物和消化液的影响。缓控释制剂可以最大限度地提高药物的治疗指数，增加药物的疗效，减少药物的不良反应。虽然缓控释制剂有其明显的优越性，但并不是所有的药物都能制备，大多数固体药物适合制成缓控释制剂，另外，还与药物的溶解度和稳定性有关，水溶性较大的药物比较适合制成缓控释制剂。靶向制剂可以提高药物的溶出度和稳定性，增加药物对靶细胞的指向性，降低对正常细胞的毒性，使药物具有药理活性的专一性，减少剂量，提高药物制剂的生物利用度，适于临床运用。随着植物提取物新工艺、新技术及新材料的应用，需要研制新型的药物载体来满足高效、速效及给药剂量小、毒副作用低、控释、缓释给药的要求。

此外，在功能食品、食品添加剂、日化产品、农药等方面，剂型也有所不同。功能食品通常不受剂量限制，多沿用药物的一些传统剂型；食品添加剂目前仍以散剂为主；日化多以外用剂型为主，增加可溶性液剂、微乳剂、水乳剂、乳油、喷雾剂等新剂型；植物源的农药剂型仍以乳油、可湿性粉剂为主。

1.3.7 专用装备的制造

植物提取物装备制造包括促进目的有效物质增量的植物定向培育过程中采收装备的制造、植物目的有效物质的分离纯化过程中进行质量控制的分析仪器、生产设备的制造以及新剂型制备过程中所需要的制剂设备的制造。其中，最重要的是植物目的有效物质的分离纯化装备和新剂型装备的制造。

（1）植物目的有效物质的分离纯化装备的制造。分离纯化装备包括对目的有效物质进行质量控制所需的分析仪器和生产过程中需要的生产设备。

目前，分析仪器主要依赖国外先进设备进口。二极管阵列检测器高效液相色谱分析仪和蒸发光散射检测器的高效液相色谱分析仪主要用于检测非挥发类物质。高效液相色谱分析仪通常用于制备高纯度的目的有效物质，检测挥发性物质如农药残留。此外，质谱、各种高效液相色谱－质谱联用仪、气相色谱－质谱联用仪、等离子体质谱等高尖端的分析仪器也已经广泛应用于植物提取物行业中。目前，生产设备仍以借用医药、化工、轻工工艺的传统设备为主，如二氧化碳超临界萃取设备、膜分离设备、微波萃取设备等都在植物提取物行业得到了广泛应用。

整体而言，我国部分资金雄厚的企业能够引进国外的先进设备，还有部分生产企业具备了自主研发的能力，如东北林业大学森林植物生态学教育部重点实验室研制出了负压空化混旋装备和低压成膜浓缩设备，大大促进了我国植提产业设备制造的发展。负压空化混旋装备操作简单，能够有效提高提取率；低压成膜浓缩设备的底部抽气设计，也大大提高了浓缩率。

但是目前我国植提产业设备还处于借用医药化工领域设备的尴尬境地，尚无植物提取物的专用设备，尤其是成套的智能设备。生产设备是工艺的基础，我国植物提取物行业的健康发展势必要攻克设备技术创新的瓶颈，尤其是促进专业设备的自动化和智能化发展。

（2）新剂型装备的制造。制剂设备目前主要有口服和注射两种。其中口服新剂型制剂设备主要有膜控缓释包衣设备和骨架缓释微丸包衣设备及离心包衣造粒机。目前对于口服制剂设备还停留在单机、手工操作的水平，迫切需要进行智能化成套设备的制造。

注射制剂设备主要包括灌装设备、灭菌设备及清洗设备的单机或联动设备，已经实现了智能化的联动生产方式。目前联动设备的灌装机能够在线清洗和在线灭菌，不需拆卸，接通热水或蒸汽后，机器自带的清洗程序即可对与植物提取产品液接触的部件进行彻底清洗和灭菌。

1.3.8　产品质量控制

植物提取物产品质量控制是整个产业链条的核心环节，应该贯穿整个链条的始终。植物提取物作为新兴产业，质量控制成为拓宽全球市场、提高产品竞争力的关键。

中国植物提取物进入国际贸易市场在植物提取物的技术法规、技术标准、检疫、检验制度与措施、包装和标签等方面通常会遇到技术性贸易壁垒，主要表现在植物提取物原植物来源，目的有效物质含量与得率，活性与功能分析，以及质量控制（目的有效物质的含量、农药残留、重金属监测以及微生物限量）等技术措施方面。这些强制性或非强制性的技术性措施，成为中国植物提取物进入国际贸易市场的主要障碍。

为了解除国际贸易的技术壁垒，植物提取物产品的质量控制就显得尤为重要。这种质量控制首先是对目的有效物质的含量和得率进行控制，其次是对农药残留、重金属监测以及微生物限量加以控制。

目前，植物提取物产品的质量控制主要包括定量检查和限量检查，定量检查是指与物质的效果直接相关的项目，主要是目的有效物质的含量检测。限量检查项目包括：杂质、水分、灰分、重金属、农药残留、微生物等。另外，为了保障原料的可追溯性，国内植物提取物企业纷纷开发自己的原料种植基地，通过标准化的管理，旨在建立质量可控的产品原料供应基地，从源头保障产品质量。

1.4　植物提取物产业发展特性分析

植物提取物产业依赖于植物原料的获取，因此呈现出一定的区域性、季节性和周期性特征。

1.4.1　植提产业发展的区域性

植物的分布和生产，离不开一定的自然条件，这就形成了植物资源分布分地域性。植提产业依赖于植物原料的获取，为了节省运输等成本，一般在选址时靠近原料产地，这就使得植提产业发展具有很强的区域性。例如，东北地区作为全国优质人参主产区，也是人参提取物的集中产地；云南文山市是三七的主要产地，文山市也将三七提取物产业园作为"十三五"创新规划的重点项

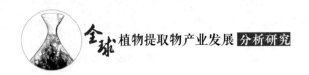

目；江苏省邳州市港上镇作为"中国银杏第一乡"，是国内银杏叶提取物的主要集中产区之一，聚集了包括贝斯康、金纳多在内的多家知名企业。

1.4.2　植提产业发展的季节性

植物的生长具有一定的生长周期，这就使得植物提取物行业原料采收具有很强的季节性。例如，干辣椒的采购期限一般集中在 10 月到次年 5 月；万寿菊的采购期限是从每年 8 月到次年 1 月；棉籽是从每年 11 月到次年 4 月；罗汉果是从每年 10 月到 11 月大批量上市，因此原料充足的下半年，生产量往往较上半年旺盛，带动出口额的增长。

1.4.3　植提产业发展的周期性

市场经济的商业周期是客观存在的经济现象。短周期主要受到供给侧生产新季和非产新季以及需求侧销售淡旺季等因素的综合影响。长周期往往受到宏观的经济、资源、货币、劳动力、技术、政策等因素的影响。植物提取物作为参与市场竞争的行业，其整个行业链的各个要素必然受到市场经济规律的约束。

植提产业发展的周期性主要体现在上游原材料的周期性。从最直观的供给角度来看，若市场行情好，引起一窝蜂地种植，会导致供过于求、价格暴跌；行情不好，种植面积萎缩，会导致供不应求、价格飙升。在包括中药材在内的植物资源的仓储和预警体系不健全的情况下，上游原料价格的波动会直接传导到中下游产品，通过价格形式体现出来。例如 2011—2012 年国内辣椒由于高利润推动种植面积大幅扩张，供求关系失衡导致后期辣椒价格低迷，也造成当年辣椒红素毛利率下降。

1.5　相关上下游产业链分析

植提产业链上游主要是种植业，下游主要是医药、保健品、食品添加剂、化妆品等行业（图 1.1）。

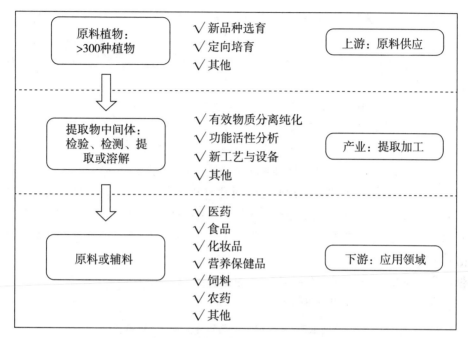

图 1.1 植提产业及其上下游产业链示意

1.5.1 植提产业上游供应链分析

1.5.1.1 农林产品（药材）种植业发展状况

中药材是中医药事业传承和发展的物质基础，是关系国计民生的战略性资源。我国中药材的种植有着悠久的历史，早在唐代就开始了中药材的栽培种植实践，清代开始大规模种植中药材，但多品种大量种植始于 20 世纪 50 年代。从药学家试种、商业性栽培、分散个体种植，到规模化、集约化、产业化栽培、基地生产，中药材种植经历了萌芽期、发展期、成长期和兴盛期。目前种植品种达 200 多种，其中六七十种已形成较大规模生产能力；三七、人参、地黄、白术、川芎、红花等大宗品种已不再使用野生药材。2015 年，我国中药材种植面积达 5045.5 万亩，主要分布在湖南、贵州、陕西、甘肃、辽宁、广东等省市。2015 年，我国中药材产量约为 363.8 万吨，同比增长 3.35%；消费量为 350.6 万吨，同比增长 2.3%。

我国中药材大部分属于植物类产品，其本质上属于农产品，受自然及市场价格波动等因素影响较大。基于此从 20 世纪 80 年代开始，我国中药材种植开始向基地培育模式发展。"九五"期间，科技部曾设立专项基金支持中药材种植基地的建设，自 1999 年我国提出中药材 GAP 概念、2003 年开始实施认证以来，中药材规范化生产逐渐为社会各界所认同。中药材种植的规范化及 GAP 基地建设，将进一步推动中药材品质和供应的稳定性，降低行业经营风险。

2017 年，农业农村部、国家中医药管理局、国家乡村振兴局等五部门联合发布《中药材产业扶贫行动计划（2017—2020 年）》，明确要在贫困地区实施中药材产业扶贫行动，强力推进中药材种植业的发展。

目前全国已有多个中药材种植面积超过 400 万亩的大省。近三年，已有 22 个省份陆续发布了"中药材产业专项发展规划"，各地方政府对中药材产业的重视程度和支持力度逐渐加强，有些省份更是将中药材产业视为支柱产业。中药材基地建设和中药材产业发展在我国大部分省份均如火如荼地开展着，整体产业发展前景良好。

2014 年纳入统计的 29 种药材，根据价格波动情况基本可以划分为三类：持续下跌、持续上涨和基本持平（表 1.3）。

表 1.3 中药材重点品种价格波动情况

中药材价格波动	价格波动幅度 R	中药品种
持续下跌	$R > -20\%$	三七、党参、甘草、当归、太子参等
持续上涨	$R > 20\%$	水飞蓟、麦冬、附子、连翘、半夏、山药、枸杞、黄芩等
基本持平	$-10\% < R < 10\%$	丹参、金银花、厚朴、黄连、白芍等

1.5.1.2 植物提取物生产技术和设备分析

植物提取物行业是一个典型的技术依赖型行业，提取工艺的改进与精密设备的研发和引进一方面可以提高产品质量，更好地应对国内外日益严格的质量监管；另一方面能提高原材料的利用率，降低生产成本，提高企业自身市场竞争力。因此，在日益激烈的市场竞争下，不断改进技术和开发新工艺是企业制胜的最佳战略。

尽管市场主体已经认识到工艺创新的战略意义，但是受限于研发成本压力和技术瓶颈，纵观国内市场传统的生产提取过程还存在着提取和分离工艺繁杂、分离效率低下、成本高、环境污染严重以及劳动强度大等问题，成为行业发展壮大的阻碍。因此，研发新的植物提取物加工工艺、提取设备迫在眉睫。

随着市场主体认识到工艺创新的战略意义，企业纷纷加强技术研发投入。

近年来推出的技术和设备主要有二氧化碳超临界萃取、超声波强化提取、微波提取等（表1.4）。

表 1.4　植物提取物主要技术方法及优缺点

技术	技术优点	技术缺点
二氧化碳超临界萃取	选择性强、提取物纯度高，适合于从固体物料中提取已知化学结构、分子量较小的亲脂性物质	操作压力高、能耗大、设备放大时制造成本高。不适宜提取成分不明的混合物和在二氧化碳中溶解度较小的物质
超声波强化提取	超声波振动能量强化扩散过程，使溶剂容易浸入固体，固体溶质容易从固体内部扩散至固液界面，使得提取过程加速	受超声波功率限制，大规模生产的经济性不好，安全性难以保障
微波提取	利用微波对极性分子的作用加热溶剂和材料，使细胞壁破裂，达到加速萃取的目的	受微波发生功率限制，难以大规模生产

特定方法技术的实现依赖于特定的工艺设备。当前植物提取物设备主要可以分为浸漉萃取设备、多功能提取罐、动态提取罐、索氏提取浓缩机组。植物提取物目前主要采用的工艺设备及优缺点见表1.5。

表 1.5　植物提取物目前主要采用的工艺设备及优缺点

设备名称	简介	优点	缺点
浸漉萃取设备	通常溶剂从罐体上部加入，对罐内的药材进行萃取后从底部排出	提取液质量好、杂质少、提取得率高；设备简单，易于制造维护	萃取速度慢、溶剂用量大、生产效率低、能量消耗大，大规模生产时需要大量的提取罐，占地多、投资高
多功能提取罐	用夹套蒸汽加热浸没在溶剂中的药材，浸泡萃取。除适合加温萃取外，还可利用密闭的冷凝系统回收药材中的挥发油	支持加温萃取，有效成分回收率高；采用二级或三级错流萃取工艺时能提高提取得率	罐体直径过大时，固体物质阻碍传热效率，物料难以充分煮透，以致提取效率下降，大规模生产时需要大量的提取罐
动态提取罐	相当于加有搅拌装置的多功能提取罐	粉可以在搅拌作用下悬浮于溶剂中，传热和扩散速度快，萃取速度快、萃取率高	药材需要处理成细粉，功率消耗很大。渣滓与提取液分离需要通过离心机或板框过滤机，人力、动力消耗更大

设备名称	简介	优点	缺点
索氏提取浓缩机组	根据索氏提取器原理将多功能提取罐和浓缩器组合在一起的一个机组	整个提取过程是一个微分的多级错流萃取，只要时间充分可以达到很高的提取率，生产效率和提取率要优于以上各种设备	同多功能提取罐

以上提及的工艺设备均为单罐、间歇提取设备，总体优点是生产安排灵活、适合小批量多品种的植物提取，小规模生产时投资少等。缺点是总体效率低、生产成本高、工艺设备还不够成熟，一些新开发的提取工艺在放大时存在技术难题，因此未来还有待进一步升级，跳出单罐萃取的模式。

随着信息技术和自动化控制技术的发展，有望在提取设备智能化上迎来较大发展。以基于物联网的植物提取物产品全生命周期质量监控追溯技术、自动化批量控制技术、模糊控制技术、MES 应用技术以及智能诊断、智能决策与智能控制技术为代表的新兴技术在未来植物提取物设备自动化和智能化制造上有很大的应用潜力。另外，嵌入式技术、机器人应用技术（AVG 运载）、气流输送技术、自动装卸与执行装置等各类模块与装置应用技术将有效降低整个植物提取物行业的人力成本。

1.5.1.3 植物提取物检验/检测设备分析

植物提取物的检测方法常见的有五种，分别为高效液相色谱分析法（HPLC）、紫外吸收光谱分析法（UV）、薄层色谱分析法（TLC）、气相色谱分析法（GC）和原子吸收光谱分析法（AAS）。每一种方法的作用原理和应用都各不相同。其中，HPLC 和 UV 适用于标准植物提取物，TLC 适用于比例植物提取物，GC 适用于挥发性液体或油类，AAS 适用于检测植物提取物重金属含量。

（1）高效液相色谱分析法。

高效液相色谱分析法（High Performance Liquid Chromatography，HPLC）是 20 世纪 60 年代后期发展起来的一种分析方法。作为色谱法的一个重要分支，该方法以液体为流动相，采用高压输液系统，将具有不同极性的单一溶剂或不同比例的混合溶剂、缓冲液等流动相泵入装有固定相的色谱柱，在柱内各成分被分离后，进入检测器进行检测，从而实现对试样的分析。目前该方法已成为化学、医学、工业、农学、商检和法检等学科领域中重要的分离分析技术。尤其在保健食品功效成分、营养强化剂、维生素类、蛋白质的分离测定等领域应用广泛。世界上约有 80％的有机化合物可以用 HPLC 来分析测定。

（2）紫外吸收光谱分析法。

紫外吸收光谱分析法（Ultraviolet，UV）又称紫外分光光度法，是根据物质对不同波长的紫外线吸收程度不同而对物质组成进行分析的方法。此法所用仪器为紫外吸收分光光度计或紫外—可见吸收分光光度计。光源发出的紫外光经光栅或棱镜分光后，分别通过样品溶液及参比溶液，再投射到光电倍增管上，经光电转换并放大后，由绘制的紫外吸收光谱可对物质进行定性分析。

（3）薄层色谱分析法。

薄层色谱分析法（Thin Layer Chromatography，TLC）又称薄层层析，是色谱法中的一种，是快速分离和定性分析少量物质的一种很重要的实验技术，它兼备了柱色谱和纸色谱的优点。一方面适用于小量样品（几到几十微克，甚至 0.01μg）的分离；另一方面若在制作薄层板时，把吸附层加厚，将样品点成一条线，则可分离多达 500mg 的样品，因此又可用来精制样品。故此法特别适用于挥发性较小或在较高温度易发生变化而不能用气相色谱分析的物质。此外，薄层色谱法还可用来跟踪有机反应及进行柱色谱之前的一种"预试"。在进行化学反应时，常利用薄层色谱观察原料斑点的逐步消失来判断反应是否完成。

（4）气相色谱分析法。

气相色谱分析法（Gas Chromatography，GC）是一种用气体作为移动相的色谱法。根据所用固定相的不同可分为两类，即气固色谱法和气液色谱法。其中气固色谱法固定相是气体，气液色谱法固定相是液体。

气相色谱系统由盛在管柱内的吸附剂，或惰性固体上涂着液体的固定相和不断通过管柱的气体的流动相组成。将欲分离、分析的样品从管柱一端加入后，由于固定相对样品中各组分吸附或溶解能力不同，即各组分在固定相和流动相之间的分配系数有差别，当组分在两相中反复多次进行分配并随移动相向前移动时，各组分沿管柱运动的速度就不同，分配系数小的组分被固定相滞留的时间短，能较快地从色谱柱末端流出。

（5）原子吸收光谱分析法。

原子吸收光谱分析法（Atomic Absorption Spectrometry，AAS）的基本原理是：每一种元素的原子不仅可以发射一系列特征谱线，而且可以吸收与发射线的原子吸收光谱相同的特征谱线。当光源发射的某一特征波长的光通过原

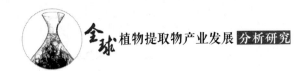

子蒸汽时，即入射辐射的频率等于原子中的电子由基态跃迁到较高能态（一般情况下都是第一激发态）所需要的能量频率时，原子中的外层电子将选择性地吸收其同种元素所发射的特征谱线，使入射光减弱。

可从所测未知试样的吸光度，对照已知浓度的标准系列曲线进行定量分析。由于原子能级是量子化的，因此，在所有的情况下，原子对辐射的吸收都是选择性的。由于各元素的原子结构和外层电子的排布不同，元素从基态跃迁至第一激发态时吸收的能量不同，因而各元素的共振吸收线具有不同的特征。原子吸收光谱位于光谱的紫外区和可见区。

1.5.2 植提产业下游应用链分析

植物提取物通常作为主要原料或重要添加组分，被应用于药品、食品、化妆品、营养保健品、饲料及农药等产品中，而出现在终端消费市场。因此，植提产业下游应用链产品市场的景气程度将直接影响植提产业的需求旺盛程度。本小节通过调研植物提取物下游产业市场的发展现状与趋势，探讨植提产业未来的需求潜力与发展前景。

1.5.2.1 医药产业市场现状及前景

医药产业是植物提取物最重要的下游产业之一，也是关系国计民生的重点领域，具有高投入、高产出、高风险、高技术密集型等特点，但是也有很强的技术壁垒。医药产业被认为是保障国计民生的支柱产业，在保护和增进人民健康、提高生活质量，增强国民幸福感、促进社会和经济稳定发展方面具有重要作用。

2017 年，我国医药产业发展态势整体向好。2017 年规模以上医药企业主营业务收入 29826.0 亿元，同比增长 12.2%，增速较 2016 年提高 2.3 个百分点，恢复至两位数增长。尤其是中药饮片加工业和化学药品原料药制造业增长显著。

习近平总书记在 2018 年全国卫生与健康大会上强调，要把人民健康放在优先发展的战略地位，以普及健康生活、优化健康服务、完善健康保障、建设健康环境、发展健康产业为重点，加快推进健康中国建设，努力全方位、全周期保障人民健康。医药产业作为普及健康生活的基石，是健康产业最重要的组成部分。随着我国对健康产业支持力度的进一步增加，医药产业与健康产业的融合将会给医药产业的发展带来更大的机遇。

1.5.2.2　食品产业市场现状及前景

食品产业也是植物提取物重要的下游产业之一。近年来，食品工业在整个工业体系中占比不断提高，连续多年增幅超过10％。同时，食品进出口贸易规模稳步扩大，2015年已近1600亿美元。自2015年起食品产业利润有较大回升，食品产业已经进入提质增效新阶段。

近年来，食品工业增加值在全国工业增加值的占比稳定在12％左右，食品工业对全国工业增长贡献率连续四年超过10％。2017年上半年，食品工业增加值同比增长6.7％，若不计烟草制品业，同比增长则达到8.3％，比全部工业高1.4个百分点。从经济效益来看，食品工业整体保持平稳增长，盈利能力稳定趋好。规模以上食品企业2012—2016年主营收入增长速度均高于全国工业平均水平，2017年上半年，主营收入和利润总额分别达到59499.2亿元和4092.4亿元，同比分别增长8.7％和6.9％。

与此同时，食品产业的发展也正经历着一个重要的转型期。随着我国城镇化进程的深化以及中等收入人群数量的迅速提高，我国食品消费需求也将逐渐发生变化。民众对于健康食品、均衡营养及食品质量的重视程度不断提高，食品产业发展环境、资源与成本压力也随之提升。天然健康、设备先进、技术成熟度高、生态链完整的植提产业在食品产业中的竞争优势将更加突出，在未来的食品产业中势必将有更广阔的应用发展前景。

1.5.2.3　化妆品产业市场现状及前景

化妆品产业也是植物提取物重要的下游产业之一。我国化妆品产业起步基础非常低，在20世纪80年代初，我国化妆品销售额仅有2亿元，人均消费则是人民币1元。其后随着经济的发展，增长速度非常快，在20世纪90年代初上升到每人5元的消费水平，到2000年底人均消费则已经达到25元。到2011年，我国化妆品市场销售额首次超过1000亿元；2016年销售额则突破1690亿元，约占全球化妆品市场的8％，成为仅次于美国的全球第二大化妆品消费国（图1.2）。在企业方面，我国截至目前获得化妆品生产许可证的企业大约有4000家，现有的化妆品种类非常多，接近50万种。

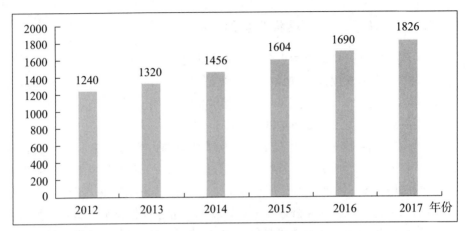

图 1.2　2012—2017 年我国化妆品市场销售额统计（单位：亿元）

随着国民收入的增长、消费习惯的改变和健康护肤消费理念的提升，以及绿色、健康的发展观念，我国植物提取物在化妆品领域的应用未来势必将有更大的发展。

1.5.2.4　营养保健品行业市场现状及前景

根据《中国食品安全国家标准保健食品》定义，保健食品是指具有特定保健功能或以补充维生素、矿物质为目的的食品，适宜特定人群食用，具有调节机体功能，不以治疗疾病为目的，并且对人体不产生任何急性、亚急性或者慢性危害的食品。营养保健品的概念渊源较早，但我国保健品市场真正兴起于20 世纪 80 年代左右，并随着经济社会发展水平的提高而得到了快速发展。

（1）在市场规模方面。根据中国保健协会数据显示，当前我国保健品年销售额超 3000 亿元，其中面向老年消费群体的保健品销售额约占半壁江山。近年来，受到国民健康意识的增强与经济购买力提升因素的影响，以及在生物与大健康产业发展的带动下，保健品产业整体发展涨势强劲。预计到 2023 年，我国保健品市场规模将达到 5800 亿元，因此未来十年被视为保健品产业发展的黄金期。

（2）在企业方面，目前我国保健品生产企业数量众多，但规模不大，产业集中度不高。据国家食品药品监督管理总局《2016 年度食品药品监管统计年报》，截至 2016 年底，我国共有 2328 家保健食品生产企业，但是投资总额在1 亿元以上的大型企业目前只有约 2％。与此同时，保健品进出口贸易逆差接近 52 亿元，说明我国保健品企业目前还难以抗衡国际巨头企业。

（3）在产品方面。截至 2017 年 7 月，国家食品药品监督管理总局共批准了 16631 种保健食品，其中国产保健食品为 15879 个、进口保健食品为 752 个。这些保健品的主要功能为：免疫、维生素、抗疲劳、睡眠、降血脂等。

（4）在产地方面。我国保健品产地主要集中在沿海发达地区，呈现较高的地域集中度。目前北京、广东、山东、上海、江苏和浙江 6 省的保健品企业数量之和，占到了全国总量的一半左右。

未来在《国民营养计划（2017—2030 年）》和《中国食物与营养发展纲要》等重要战略政策推动下，众多利好因素将把保健品产业推向更高的发展水平。植提产业作为保健品的重要内涵之一，未来也将具有重大的市场发展潜力和发展机会，甚至一些医药型企业能够凭借其原有的研发、生产和行销能力顺利转型，推动保健品产业更好地发展。

1.5.2.5 饲料行业市场现状及前景

我国饲料行业起步较早，经过数十年跨越式发展，我国在 1991 年成为仅次于美国的世界第二大饲料生产国；在 2012 年饲料产量达到了世界第一后，已经多年蝉联榜首（图 1.3）。

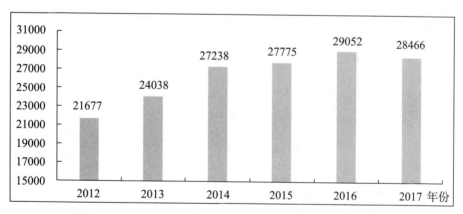

图 1.3 2012—2017 年我国饲料产业市场规模（单位：亿元）

近年来，饲料产业的调整较大。首先，我国饲料的原材料来源结构由于在较大程度上依赖进口，受国际市场的影响较大。尤其是 2018 年以来，受中美贸易摩擦影响，我国进口大豆价格、供应波动变化，对饲料行业影响较大。但是随着我国大力推进粮改饲，鼓励以养定种、草畜结合，促进粮食种植结构调整，这一情况将逐渐有所缓解。其次，饲料企业调整加剧。随着国内养殖业规模化进程加速，下游养殖业集中度的提高并从小农散户养殖走向规模化，饲料

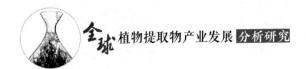

行业进一步的集中整合是必然现象。近几年的"洗牌"速度明显加快。由于饲料企业产能利用率不高，国家也开始调整企业布局。2020 年中国饲料企业减少至 3000 余家，同时 100 万吨产能的饲料企业增加至 60 家，约占全国饲料产能的 60%，使饲料产业的企业集中度得到有效提升。

随着饲料行业未来将朝着规模化、集群化和高产能化方向发展，植物提取物作为一种天然、绿色的功能性添加剂在饲料产业中的应用也将进一步增加，从而有着更广阔的发展空间。

1.5.2.6 农药行业市场现状及前景

农药对于提高单位面积粮食产量，保障粮食作物安全具有重要意义。我国农药工业经过多年的发展，现已形成包括科研开发、原药生产和制剂加工、原材料及中间体配套的较为完整的产业体系。2012 年，我国农药总产量达到 354.9 万吨，成为世界第一（图 1.4），近几年的农药产量也一直保持在稳定水平，整体产量呈小幅度上涨，持续位居世界前列。目前，我国有获得农药生产资质的企业大约 2000 家，其中原药生产企业 500 多家。

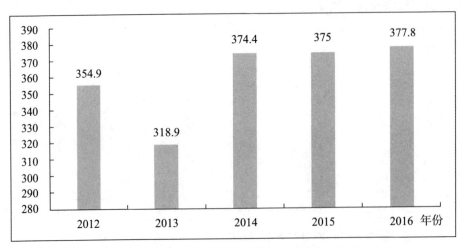

图 1.4 2012—2016 年我国农药产量（单位：万吨）

然而由于污染环境、破坏生态等因素，全球对农药行业的态度基本处于审视性发展阶段。在 2015 年，全球作物保护用农药销售额为 518.35 亿美元，同比下降 8.5%；我国农药产量增长势头自 2014 年开始也连续三年处于相对停滞状态，被认为农药产业规模已接近饱和。在这种局面下，国家层面致力于调整农药产业布局，促进农药产业的健康发展。2016 年 5 月，中国农药工业协会发布《农药工业"十三五"发展规划》指出：农药原药生产进一步集中，到2020年，农药原药企业数量减少30％，其中销售额在50亿元以上的农药生产企业5个，销售额在20亿元以上的农药生产企业30个；国内排名前20位的农药企业集团的销售额达到全国总销售额的70％以上；建成7.5个生产企业集中的农药生产专业园区，到2020年，力争进入化工集中区的农药原药企业达到全国农药原药企业总数的80％以上；培育2~3个销售额超过100亿元、具有国际竞争力的大型企业集团。

随着全球人口持续增长和耕地面积的不断减少，粮食需求与粮食安全问题愈发严重，对于农药的需求从长远来看势必将重新回到高位。这种需求度更多的是倾向于具有绿色环保性质，对环境和生态破坏相对较轻，同时药效也较好的农药品种。因此，植物提取物未来在农药行业优化调整中的发展前景也较为乐观。

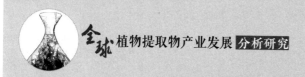
全球植物提取物产业发展 分析研究

第二部分
地区发展篇

第 2 章　全球植物提取物产业发展状况及分析

2.1　全球植物提取物发展现状概览

2.1.1　全球植物提取物总体市场规模

　　植物提取物是植物药剂的主要原料，具有毒副作用小、不易产生抗药性等优势，应用十分广泛，在保健品、化妆品、植物药等领域，深受各国市场青睐。近年来，在世界范围内，尤其是欧美等发达国家和地区对植物提取物需求量的稳定增长大大刺激了本行业的发展。前瞻产业研究院的分析报告显示，2007 年全球植物提取物销售额达到 126.3 亿美元，2017 年达到 389.5 亿美元，年均市场发展速度约为 12.5％（图 2.1）。

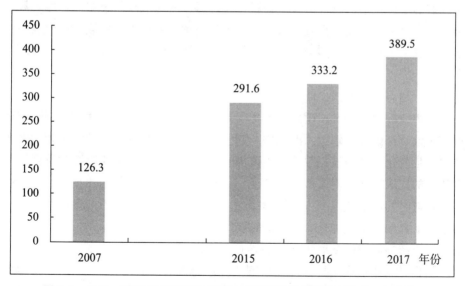

图 2.1　2007—2017 年全球植物提取物市场规模增长情况（单位：亿美元）

2.1.2 全球植物提取物技术研发情况

20 世纪 80 年代初，基本完成工业化的欧美等发达国家掀起了回归大自然的潮流，人们对具有副作用的化工合成产品的关注度和排斥度逐渐上升，对天然、安全的植物提取物好感回归、大为推崇，行业应势兴起。1994 年，美国颁布了《膳食补充剂健康与教育法》，正式认可接受植物提取物作为一种食品补充剂使用，植物提取物行业迅猛发展起来。我国中医历史悠久，医药人员自古重视对植物的性状、药性的分析。至 20 世纪 70 年代，国内部分制药厂开始采用机械设备提取植物成分，但这只是作为药品制造的一个生产环节，并未发展成一个独立行业。90 年代中期以后，随着对外开放程度加深，对外贸易开始兴旺，受政策制约较少的植物提取物行业开始发展起来。植物提取物相关技术包括植物提取技术、分离技术以及植物提取物分析检测技术。

2.1.2.1 植物提取技术

目前植物提取常用的方法有溶剂提取法、超声波提取法、微波提取法和酶提取法，而超临界流体萃取法、微波辅助提取法等则作为新的提取技术被广泛使用。

（1）溶剂提取法。

溶剂提取法是用溶剂从固体原料中提取有效成分，所用的溶剂必须具备与所提取的溶质互溶的特性。将植物材料粉碎后，放入适合的容器内，加入数倍量溶剂，可采用浸渍、渗漉、煎煮、回流和连续提取法进行提取。在溶剂提取法的提取工艺过程中，溶剂的浓度、料液比、提取温度、提取时间会直接影响有效成分的提取率。

（2）超声波提取法。

超声波提取法是利用超声波产生的强烈振动和空化效应加速植物细胞内物质的释放、扩散并溶解进入溶剂中，同时可以保持被提取物质的结构和生物活性不发生变化。超声波提取原理主要为物理过程，是近年来逐渐受到重视的一种较新的提取方法。对多数成分来说，超声波提取法较常规的溶剂提取能大幅缩短提取时间，消耗溶剂少，浸出率高，因此具有较高的提取效率，并且一般在室温下提取，无须加热，节约能源。

（3）超临界流体萃取法（超临界 CO_2 萃取）。

超临界流体萃取法是一种较新型的提取分离技术，一般采用 CO_2 作为提取剂。超临界流体萃取法的原理是利用超临界流体的独特溶解能力和物质在超临界流体中的溶解度对压力、温度的变化非常敏感的特性，通过升温、降压手段（或两者兼用）将超临界流体中所溶解的物质分离出来，达到分离提纯的目的。它兼有精馏和提取两种作用，具有活性成分不易失活、产品质量高、提取分离过程同步完成等优点，特别适合于不稳定天然产物和生理活性物质的分离与精制。又因为超临界状态下的 CO_2 极性较低，因此本法适合于提取醚、酯、挥发油、环氧化合物等低沸点、亲脂性的物质，而对极性高的物质，还需要加入夹带剂。

（4）微波辅助提取法。

微波辅助提取法是利用微波能提高提取效率的一种新技术。微波辅助提取就是利用微波加热的特性对物料中的目标成分进行选择性提取的方法，通过调节微波的参数，可有效加热目标成分以利于提取。一方面，具有热特性的微波使药材植物细胞中的极性分子加热，特别是水分子在吸收微波能量后，快速升温汽化，使细胞内部压力增大，进而使细胞膜和细胞壁破裂形成微小孔洞；另一方面，由于水分的流失，使得细胞收缩，表面产生裂纹，裂纹和孔洞的存在使得细胞内有效成分更容易逃逸出来。微波辅助提取法适用于沸点高、挥发性低的物质，比如生物碱、苷类、黄酮类等，应尽量避免应用于蛋白质、酶、多肽等热敏性物质。

（5）微波超声波协同提取法。

微波是一种非电离的电磁辐射，被辐射物质的极性分子在微波电磁场中快速转向及定向排列，从而产生撕裂和相互摩擦引起发热，这可以保证能量的快速传递和充分利用，具有高效节能、无工业污染等优点。但微波的穿透深度有限（与其波长在同一数量级），且它在强化提取过程中传质功能并不显著。超声波是一种高频机械波，具有湍动效应、微扰效应、界面效应和聚能效应等，但超声波所产生的热效应不显著，且局限在空化泡周围的极小范围。将它们两者结合起来，协同作用有利于破壁组分释放等，即通过微波－超声波协同强化提取技术可获取一种高效、价廉、无污染的生物活性物质的提取方法。

（6）酶提取法。

酶提取法利用纤维素酶、果胶酶、蛋白酶等（主要是纤维素酶），破坏植物的细胞壁，以促使植物有效成分最大限度地溶解分离出去。在酶提取法的提取工艺中，酶的选择、酶浓度、pH 值、酶解温度、酶解时间都会影响植物提取物的提取率。

与传统的提取工艺相比，酶分离提取技术具有低耗能、环保程度好、产物收率高、产物纯度高等特点，在提取有效成分低甚至痕量，受溶剂影响较大，

易发生结构变化的药材中效果更好。

（7）分子印迹提取技术。

分子印迹提取技术源于抗体对抗原的专一性，利用了一种具有分子识别功能的聚合物材料对药材中的有效成分进行分离提取。其基本原理是利用一种功能性单体与印迹分子相互作用形成复合物，然后加入交联剂，使其与功能性单体的特殊基团发生聚合反应，形成印迹分子—功能性单体—交联剂三维聚合物，最后利用合适的溶剂将印迹分子从三维聚合物中除去，这样聚合物网络内就会形成一个空穴，可对印迹分子或与其结构相似的分子实现特异性识别。这种技术具有选择性好、制备简单、化学性质稳定等特点。

（8）半仿生提取法。

半仿生提取法是近几年提出的新方法。它是从生物药剂学的角度，将整体药物研究法与分子药物研究法相结合，模拟口服药物经胃肠道转运吸收的环境，采用活性指导下的导向分离方法；也是为经消化道口服给药的制剂设计的一种新的提取工艺。半仿生提取法有效成分损失少，成本低，生产周期短，在对多个单味中药和复方制剂的研究中，已经显示出较大的优势和广阔的应用前景。

2.1.2.2 分离技术

从植物中初步提取的物质一般是许多有效成分的混合物，为了得到某一单一的有效成分，还需要进行进一步的分离纯化工作。目前国际通用的植物提取物分离纯化技术主要有以下几种。

（1）大孔吸附树脂分离技术：可利用不同性质的树脂选择性吸附目标物质或杂质，从而形成有效分离，主要用于提取银杏提取物及大豆异黄酮等。

（2）离子交换树脂分离技术：是利用离子交换树脂与溶液中的离子发生交换进行分离的方法，是一种固液分离方法，主要用于辛弗林、石杉碱甲等。

（3）吸附色谱技术：是利用吸附性不同而进行的色谱分离和分析的方法，基于在溶质和用作固体吸附剂上的固定活性位点之间的相互作用来达到提取和分离的目的。

（4）膜分离浓缩技术：用于对温度敏感或容易电离的活性成分，该技术可在较低温度下富集活性成分，而且选择性较强。

（5）分子蒸馏技术：可在较低温度和高真空状态下根据分子的沸程差完成物质的分离。

（6）固相萃取技术：利用固体吸附剂将液体样品中的目标化合物吸附，与样品的基体和干扰化合物分离，然后用洗脱液洗脱或加热解吸附，达到分离和富集目标化合物的目的。固相萃取作为样品前处理技术，在实验室中得到了越来越广泛的应用。

（7）高速逆流分配色谱技术：是一种液－液色谱分离技术，它的固定相和流动相都是液体，没有不可逆吸附，具有样品无损失、无污染、高效、快速和大制备量分离等优点，可以较小的溶剂用量提取纯度更高的产品。

2.1.2.3　植物提取物分析检测技术

植物提取物分析检测技术是指通过对效标成分和有害物质进行定量分析，或与标准品进行对照，或采用指纹图谱鉴定，对原料、生产过程和成品进行检测的技术。在植物提取物的质量控制中，现代分析仪器是必不可少的，以HPLC应用最为广泛，同时 HPCE、UV 及原子分光等方法和仪器也常常用到。其他分析检测技术如下。

（1）ICP－MS（等离子体质谱）技术：可对多个金属元素同时进行定量。

（2）气相色谱技术（GC）：是指用气体作为流动相的色谱法，由于样品在气相中传递速度快，因此样品组分在流动相和固定相之间可以瞬间达到平衡。

（3）液质联用技术（HLPC－MS）：它以液相色谱作为分离系统，以质谱作为检测系统。样品在质谱部分与流动相分离，被离子化后，经质谱的质量分析器将离子碎片按质量数分开，经检测器得到质谱图。可对被分析物质同时定性定量。

（4）气质联用技术（GC－MS）：以气相色谱作为分离系统，以质谱作为检测系统。主要用于挥发性成分的同时定性定量。

（5）生物检测技术：以生物活性对提取物的质量进行表达，如 Anti－PAF作用和 α－淀粉酶抑制作用的测定。

2.1.3　全球植物提取物市场竞争结构情况

在全球草药市场规模不断增长的背景下，2016 年，全球植物提取物市场继续保持上涨，全球已经基本形成了美、德、日、法四强并立的局面，且四强的市场占比均呈增长趋势。德国已经超过美国，成为全球植物提取物市场规模最大的国家，2017 年全球市场占比 23.73％，高出美国近 0.78 个百分点。美国位居世界第二，2017 年市场占比 22.95％。日本位居第三，2017 年市场占比突破 21.15％。法国位列第四，2017 年市场占比接近 15％。我国经过近几年快速的发展，在全球植物提取物市场的地位日益重要，2017 年市场占比超过 9%，市场规模比 2016 年增长接近 2 个百分点，增长幅度明显（图 2.2）。

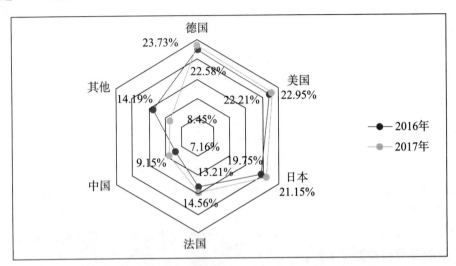

图 2.2　2016—2017 年植物提取物销售规模地区占比分析

2.1.4　全球植物提取物应用结构

在西方主要消费市场，特别是欧洲市场，植物提取物是植物药制剂的主要原料，而在北美、日本市场，植物提取物则主要应用于营养补充剂、保健食品、化妆品等行业，是天然保健品市场的核心产品（图 2.3）。

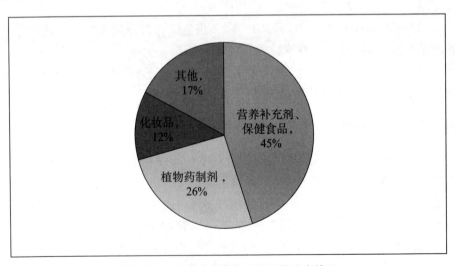

图 2.3　全球植物提取物应用结构分布情况

保健用途的植物提取物是美国市场的主力产品，服用膳食补充剂是大部分美国人的生活习惯，从而对植物提取物的需求不断增长。美国消费者可以通过天然产品和专业零售店、大众市场零售、网络销售等渠道购买到膳食补充剂。

欧洲是全球膳食营养补充剂消费的第二大市场，欧洲营养保健食品市场相对成熟，营养保健食品市场渗透率较高。欧洲地区增长最快的植物提取物主要有三类：一是有预防作用的保健药品，如大蒜、人参提取物等；二是医学机构认可的产品，如治疗失眠和神经紊乱的产品，如加纳籽、酸枣仁提取物等；三是发现了新治疗作用的产品，如月见草油和银杏制剂等。欧洲各国政府和学术界对植物提取物持积极态度，不断支持对植物药和传统药的研究，以银杏制剂为代表的植物药受到了普遍的欢迎。

在亚洲，日本、韩国是中国的主要植物提取物出口国，日本也是最早研制营养保健食品的国家，自 20 世纪 80 年代初就成为主要生产国和最发达的营养保健食品市场之一。日本最大的汉方药厂厂家——津村株式会社，其产量占日本汉方制剂总产量的 80%。

2.1.5 我国植物提取物出口情况

我国植物提取物行业国内需求量相对较小，主要销往海外市场，是中药产品出口最主要的形式之一。受益于海外市场对中国植物提取物产品的旺盛需求，我国植物提取物出口保持了快速增长的态势，除 2016 年有小幅下降外，由 2011 年的 11.30 亿美元提高到 2016 年的 19.27 亿美元。植物提取物出口占我国中药产品出口的比重也随着出口快速增长而提高，由 2011 年的 48% 提高到 2016 年的 57%（表 2.1、图 2.4）。

表 2.1 2011—2016 年中国中药各类产品出口额（单位：亿美元）

年份	2011	2012	2013	2014	2015	2016
中药材及饮片	7.70	8.58	12.11	12.95	10.39	10.25
提取物出口额	11.30	11.64	14.12	17.77	21.64	19.27
保健品出口额	2.02	2.13	2.48	2.65	2.87	2.49
中成药出口额	2.30	2.66	2.67	2.50	2.61	2.25
中药类产品总量	23.32	25.01	31.38	35.87	37.51	34.26

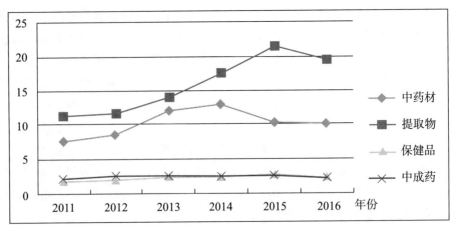

图 2.4   2011—2016 年中国中药各类产品出口额（单位：亿美元）

分区域看，我国植物提取物出口市场较为分散，包括了 100 多个国家和地区，主要的市场有日本、美国、欧洲和东南亚。不同的出口市场对产品需求也存在较大差异，美国主要用于膳食补充剂和食品添加剂，日本主要用于保健品和汉方药生产，东南亚主要进口天然色素、香精香料，德国主要是芦丁等药用植物成分。

2.1.6   全球植物提取物前景预测

（1）植物药/植物提取物将成为世界药物市场和研发的新热点。

全世界生产的化学药中，有 25％最初来源于植物，最著名的有阿司匹林、奎宁、洋地黄、长春碱和紫杉醇等。目前，在植物药的研发方面有两个趋势：一是以美国为代表的单成分研究方法（即西药化的方法，由植物提炼的单分子结构药物）；二是以德国为代表的欧盟国家的组分研究法。与单成分研究法相比，组分研究法更便于商业开发，也更符合中国植物药产业的现实情况。由于欧洲的植物药市场从政策法规、技术水平、消费者心理等几个方面发展得都比较成熟，因此国内企业通过欧盟进入国际植物药市场是一条便捷的途径。

（2）天然保健品需求将不断增长。

近年来的研究表明，现代社会大量的"现代病"如冠心病、癌症、高血压、糖尿病等，与人们的日常饮食有很大的关系。人们认识到，某些天然植物提取物具有保健甚至具有预防和治疗某些疾病的作用，与其病后吃药不如用天然保健食品防病于未然，因此国际上对植物药剂的需求日益增长。消费者对由有机种植的药草为原料的产品需求不断增长，并且这一趋势将持续；有充足科学论据的植物配方产品逐渐增多，有助于拉近健康食品和大众市场之间的距离。

（3）各市场呈现出的本土化趋势。

2007 年国际金融危机之后，欧洲、美国和日本三大市场都表现出了很强的本土化趋势。欧洲市场推崇不饱和脂肪酸产品，主要产地在挪威等北欧国家；日本市场以植物发酵和豆类产品为主流产品，而中国这类产品很少；美国市场畅销的前 7 种产品都是本土化产品，有弱化中国产品的趋势。

（4）我国植物提取物国际竞争力堪忧。

我国植物提取物产品一般以低价换取竞争优势，产品质量参差不齐，在国际市场上竞争力较弱，缺乏话语权。不摆脱提取物粗糙、同质化严重的困境，市场竞争力将难以保障，后续发展前景堪忧。

2.2　全球主要国家和地区植提产业发展特点分析

2.2.1　美国植提产业发展特点

美国地域广阔，土地肥沃，森林和水资源丰富，本土森林覆盖率达33.0%。美国境内横跨亚热带、温带、亚寒带等多个气候带，同时具有沙漠、高原山地、地中海、草原等多种气候环境，造就了本土 17000 种植物资源，为发展植提产业提供了天然的优势。美国国内乔木以云杉、杨树、枫树、松树、棕榈树为主；落基山脉山间盆地地区则分布着丰富的小麦草、野燕麦、鼠尾草等小型植物；加利福尼亚州东南部至得克萨斯州一带的沙漠地区还分布着广阔的仙人掌及豆科灌木；蕨类植物、苔藓等也有广泛分布。

美国市面上生产和销售的植物提取物主要可以分为两类：一类是标准提取物，这类植物提取物有明确、统一的质量标准和完善的生物分子学研究，比如银杏提取物；另一类是植物粗提取物，这类提取物通常只有提取比率而没有明确的标准，比如木贼提取物。

近年来，由于美国民众对天然植物提取物的需求不断增加，因此虽然美国本土具有丰富的植物资源和强大的植物提取物制造能力，其原药材或提取物依然大部分依赖外部进口，其中我国对美国出口量巨大，最畅销的产品主要是银杏、贯叶连翘、大豆、人参、大蒜等植物提取物。

2.2.2 欧洲植提产业发展特点

欧洲地处中高纬地区，面积较小，平原广阔，气候温和湿润，在植物区系和植被特征方面具有不同于世界各洲的突出特点。欧洲植被分布的主要特点是具有明显地带性，自北向南分布着苔原、针叶林、阔叶林、草原、荒漠植被等，同时由于阿尔卑斯山脉等高大山地的存在，也表现出一定的垂直分布特性。其中，德国作为全球植提产业的龙头，同时也是典型的传统草本医学国家，其国内主要种植的草本药用植物包括洋甘菊、车矢菊、黑孜然、奶蓟、洋蓟、蔓越莓、假马齿苋、七叶树等；法国不仅将香根鸢尾作为国花，大量种植和栽培，同时也以此作为获取香精香料的重要植物来源，并且其主要种植的蓝羊茅、细叶针茅、蒲苇、苔草、芦苇、狼尾草、鼠尾草、迷迭香、罗勒、薰衣草等，大多是用以制造化妆品或植物药品的香料来源；意大利具有典型的地中海气候，其植被多为树木，比如橙子、柠檬、橄榄、棕榈和香橼等，高海拔地区则主要以高大乔木如松木、杉木为主。

欧洲主要以植物提取物作为生产植物药的原材料，拥有目前世界上最大的植物药生产市场，占全球植物药市场的45%。此外，欧洲也是世界上最大的食品保健品及化妆品生产研发中心。目前欧洲市场以植物提取物作为原材料的植物药产业增长最快的主要有三类：一是具有预防作用的保健药品，比如人参、大蒜提取物等；二是医学机构认可的药用产品，比如助益睡眠类药物；三是经研究发现具有新疗效的老药品，比如银杏制剂和月见草油。目前欧洲各国政府及学术界都对植物提取物持积极态度，开展了广泛的植物药研究，以银杏制剂为代表的植物提取物受到了普遍的欢迎。

2.2.3 亚洲植提产业发展特点

亚洲植被与土壤类型组成及分布规律直接受现代自然地理因素影响。起伏极端的地形、多种多样的气候，是亚洲具有多种多样植被的主导因素。其中尤以我国最具代表性，我国地域辽阔，气候类型多样、气温和降水量等差异较大，这一地理特性带来了多样化的植物资源，为我国植提产业发展奠定了坚实的物质基础。印度地处热带和亚热带，气候温暖，具有丰富的植物资源，印度药用植物约有7263种，同时印度与我国毗邻，存在着交叉的植物资源，其植提产业发展也具有天然的资源优势。日本、韩国都被海洋环绕，具有显著的季风气候，两国国内植物种类都较为丰富，日本国内有约4500种植物，韩国国内则有约3400种植物，依托两国较强的制造能力和较大的国内、国际市场，其植物提取物原料很大一部分依赖于进口，我国是重要的进口来源。东南亚国家地处热带，气候温暖湿热，适宜热带植物的种植和生长，高大乔木以橡胶树、油棕树、椰树、可可等为主，都是东南亚重要的经济作物，也是其植提产业的主要原材料。

亚洲的植物提取物市场主要集中在日本、韩国与中国。我国凭借植物资源优势已经成为全球排名前列的植物提取物出口国，主要以原材料、营养补充剂为主。日本、韩国则是全球主要的中草药生产大国，其汉方药、韩药也都源于我国的中医中药。

2.2.4　我国植提产业发展优劣势及发展建议

2.2.4.1　优势

（1）我国地域辽阔，地理环境和生物资源丰富多样，相较于美国和欧洲在植物提取物原材料种植和栽培方面都具有较大的优势。特别是我国植物资源具有较强的地域特色，生产的植物提取物产品在国内和国际都受到了广泛关注，出口量巨大，有广阔的发展前景。

（2）我国在中医、中草药研制方面具有悠久的历史，与韩国、日本的韩药、汉方药具有较深的渊源，也为植物提取物的发展积累了一定的技术和文化基础。

（3）相较于欧洲及美国，植提产业在我国乃至整个亚洲都属于新兴产业，随着民众整体生活水平提高且健康养生意识的唤醒和提升，国内植物提取物市场潜力巨大。

2.2.4.2　劣势

（1）植提产业很大程度上依赖农业种植业，我国农业尚属于发展中阶段，而农业高度发达的国家，比如美国、德国、法国等，则早已形成了大规模的机械化、标准化、专业化的生产以及产业化的农业经营模式，并且具有高度发达的农业科技，因此我国对比这些国家还欠缺一定的农业技术和设备基础。

（2）我国乃至整个亚洲植提产业起步较晚，相比之下，美国和欧洲一些国家对于植物提取物的生产和应用研究开展较早，积累了较强的制造工艺、设备以及人才优势。

（3）我国对于植物提取物的企业培植力度较为欠缺，虽然我国植提企业众多，但大多规模较小，并且产品质量良莠不齐。相比之下，欧美则培植了一大

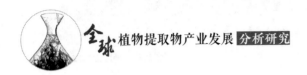

批全球植提产业的龙头企业,其生产工艺、设备、人才、技术体系都较为完善。

2.2.4.3　建议

(1)推动我国农业快速高效发展,汲取国际农业大国的发展经验,完善我国农业发展体系和创新我国农业发展科技,为植提产业发展提供可靠的支持。

(2)学习国际植物提取物发达国家的先进生产工艺,引进先进生产设备,同时注重研究创新,培育相应研究领域的人才骨干。

(3)培植一批先进的植物提取物领军企业,调整优化内部组织结构,促进共享与交流,加强对技术引进、投资研发、学习创新的重视,不断获取新的市场信息,加强对于产品质量的把控,注重企业在外形象,提升其品牌影响力。

(4)注重我国与亚洲乃至世界其他国家植提产业的交流,实现资源共享和优势互补,为我国与世界的植提产业发展提供必要的社会和经济基础。

(5)注重对植物多样性和生态系统的保护,进行适度开采和合理利用,加强优质品种的研发和人工种植,实现植提产业的可持续发展。

2.3　全球主要国家和地区植物提取物政策规划分析

2.3.1　美国政策规划

(1)药政管理机构:美国食品和药品管理局(FDA)。

FDA早在1996年8月16日就开始起草植物药研发相关的政策法案,并广泛征求意见,几经易稿,于2000年8月在网上发布了《植物药研发工业指南》草案,接着又在该草案内容的基础上进行了修改,于2004年6月9日正式发布了《植物药新药研究指南》(Guidance for Industry Botanical Drug Products)(以下简称《指南》)。该《指南》对美国植物制品市场的发掘起到了举足轻重的作用,也对世界各国植物药的管理相关法规的进步起到了促进作用。2015年8月17日,FDA药物评价和研究中心(CDER)发布了《指南》的修订草案,这是指南时隔11年后的首次更新,重点从产品监管转向研发监管,突出了对植物药产品从研发到上市的全程监管。新指南共分7个部分,包括简介(Introduction)、背景(Background)、一般管理办法(General Regulatory Approaches)、植物药研发的新药临床试验申请(Botanical Drug

Development under Inds)、Ⅰ期和Ⅱ期临床研究申请（Inds for Phase 1 and Phase 2 Clinical Studies）、Ⅲ期临床研究申请（Inds for Phase 3 Clinical Studies）、植物药新药上市申请（Ndas for Botanical Drug Products）。

2017 年 7 月 3 日，美国食品药品管理局发布 82FR30731，修订 21CFR73 部分，扩展了螺旋藻提取物可用于煮鸡蛋壳的染色，用量要求符合良好制造规范。修订后的规定如下：螺旋藻提取物可作为着色剂安全用于糖果（包括糖果和口香糖）、糖霜、冰激凌和冰冻甜点、甜点涂料和装饰配料、混合和粉末状饮料、酸奶、奶油冻、布丁、奶酪、明胶、面包、即食谷物（不包括膨化谷物），以及应用于膳食补充剂片剂和胶囊的涂料配方，用量要求符合良好制造规范，也可用于煮鸡蛋壳的染色。

（2）《食品补充剂健康和教育法案》（DSHEA）。

美国于 1994 年 10 月 25 日通过了《食品补充剂健康和教育法案》（DSHEA），该法案对"饮食补充剂"的定义包括了"草药或其他植物"及其"任何浓缩物"，这毫无疑问地确定了植物提取物作为饮食补充剂的合法地位。

（3）《美国药典》。

《美国药典/国家处方集》（简称 USP/NF）由美国政府所属的美国药典委员会（The United States Pharmacopeia Convention）编辑出版，于 1820 年出版第一版，目前最新版本是 2016 年 12 月份的第 40 版。在 2000 年版《美国药典》中收载了植物药提取物（含植物油、芳香油等）20 种。

（4）《外国供应商验证体系最终规定》（FSVP）。

2017 年 5 月 30 日，美国发布的《外国供应商验证体系最终规定》（FSVP）全面实施，美国对本国进口商和国外供应商包括植物提取物在内的产品审核和相关监管更加严格。上述规定要求，外国供应商须为实际生产食品的企业，且必须有对应的美国本土货主或收货人，如果食品进口时没有美国货主或收货人，那么该食品的外国所有人必须指定一名美国代理人，由其负责确保为进口的每样食品进行供应商验证活动。验证活动主要是对供应商的设施进行年度现场审计、取样和检测，或检查供应商的食品安全记录综述等相关文件。如果美国进口商没有进行 FSVP 验证，FDA 会要求将外国供应商的产品退回或销毁。

2.3.2 欧盟政策规划

2.3.2.1 欧盟对植物药的监管

从 1965 年开始，欧盟就有专门法令（65/65、75/318、89/341）对植物药给予高度重视。在 1995 年专门成立了欧洲药物制品审定委员会（ENEA：European Agency for the Evaluation of Medicine Products）负责欧盟药物审查注册、管理和监察药物上市后的反应等，其由两个科学委员会组成，一个专门审定管理用于人体的药物（CPMP：Committee for Proprietary Medicinal Products），一个专门为兽用药品审定（CVMP：Committee for Veterinary Medicinal Products）。2015 年 8 月 6 日，（EU）2015/1362 批准二氧化硅（E551）作为防结块剂用于迷迭香（E392）提取，最大限量为 3000mg/kg，同时修订（EU）1333/2008 附录Ⅲ第二部分的相应内容。2017 年 5 月 12 日，欧洲食品安全局（EFSA）发布 10.2903/j. efsa. 2017.4777 号文件，根据法规（EC）No.258/97，允许蔓越莓提取物粉末作为新食品原料。蔓越莓提取物粉末由蔓越莓生产通过使用吸附树脂柱的乙醇萃取来保留汁液浓缩物酚类成分，蔓越莓提取物粉末根据提议的使用方法和使用水平作为食品成分是安全的。

欧盟把药品分为 8 类，即专利药、仿制药、非处方药、天然植物药、疫苗制品、血液制品、生物制品和抗抑郁剂。除英、荷两国外，德、法、意等国均将天然植物药列为处方药或 OTC 药物进行管制。2003 年 11 月，欧盟议会通过了《欧洲植物药注册程序指令》修改意见，规定传统植物药可以含有非植物药成分，部分放宽了传统植物药注册的临床使用时间要求。该指令生效后，原受有关食品法规管辖的传统植物药制品，如果其含有的天然植物药物质或天然植物药提取物的含量低于医用剂量，则该植物药制品仍由相关食品法规管辖。

2.3.2.2 《欧洲药典》

《欧洲药典》（European Pharmacopeia）是欧洲药品质量检测的唯一指导文献。所有药品和药用底物的生产厂家在欧洲范围内推销和使用的过程中，必须遵循《欧洲药典》的质量标准。《欧洲药典》第一版出版于 1977 年，列出了提取物（Extracts）通则，从 1980 年开始陆续进行修订并推出增补本，2000 年增补版中收载了 3 种标准化提取物：芦荟、番泻叶和颠茄叶标准化提取物，并正探讨对提取物进一步规范和分类。按内在质量分为量化提取物（Quantifide Extracts）、标准提取物（Standardized Extracts）和纯化提取物

(Purified Extracts)。欧洲产生了各种药用植物的标准化提取物，如紫锥菊、缬草、短棕榈和银杏叶等。最新的《欧洲药典》9.2 版于 2013 年 3 月出版，2014 年 1 月正式生效。

2.3.3 德国政策规划

2.3.3.1 德国政府对植物提取物的监管情况

德国不仅对植物药有自己的立法标准，该国卫生部还规定凡在德国上市的植物药制剂必须符合欧盟药品委员会制定的 65/65/EEC 中有关植物药的质量标准、安全性和有效性规定。早在 1961 年，德国通过的第一部药品法令就正式在第 29~31 条中列入了在药品市场上允许存在的许多植物药物。1976 年德国通过了第二部药品法令，要求所有的药品，包括传统药、药草和草药，都要通过特定的专家委员会的评审。

在德国的立法程序上允许植物提取物作为处方药进行登记，德国注册药品中约有 60000 种含有草药成分，大部分是草药浸剂，这些药品基于 600~700 种植物，制作的提取物或制剂约有 5000 种。中药如欲作为植物药进入德国市场，则有严格的审批程序。首先，需填写申请表，产品的质量应符合《中国药典》的德译本，重金属含量不能超标，农药残留量小于 0.1~1.0mg/kg，化学、微生物试验结果达标，还要有产地国生产许可证等证明材料和德国专家证明书等多种证明文件。一般我国中药多以保健品形式进入德国，按食品管理形式申请。

2.3.3.2 德国药政管理机构

（1）联邦卫生局。负责对药物的质量、安全和功效进行正式鉴定，即负责注册新药及复查老药。

（2）复查委员会。复查决定是以对质量、安全和功效的要求为基础的。为详细制定最重要的评价标准，根据德国《药品法》第 25 章第 17 节，联邦卫生局设立了专家特别委员会，这些委员会被授权制定药物安全与功效的最后标准。由于对各种适应证的治疗原则不同，有 15 个不同的复查委员会负责对熟悉的药物进行评价。

（3）植物药剂协会。是草药制造商为帮助草药药物专家委员会工作而成立的。实际上是由他们出资让欧洲的科学家们撰写有关植物的专论，从而确定植物的安全性和功效的通用标准。

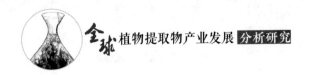

2.3.3.3 《药品法》

德国于 1976 年 8 月 24 日颁布的《药品法》中明确规定,应用草药药物的法规要求与应用其他药物的法规完全相同。1990 年 4 月对该法作了第 4 次修正,但对应用草药药物的法规要求没有改变。根据《药品法》的规定,植物、植物的某些部位及其制剂,无论是否进行过加工还是处于生药状态,只要用于治疗、缓解或预防疾病、身体不适、机体损伤、各种症状以及那些影响机体本能、状态、功能或精神健康的物质,均称为药物。《药品法》还规定,尽管一种草药制剂实际上是由多种不同的化学成分组成,但仍被认为只具有一种活性成分。而那些从原草药分离出来的成分如洋地黄毒苷元、桉油醇等均不被认为是草药制剂。草药制剂如果主要并非用于医疗目的,而是用作诸如食品、化妆品等,则不受药物立法的限制。

2.3.4 法国政策规划

法国药政管理机构为卫生部医药局。法国卫生部批准的可作为药物使用的药用植物共有 195 种,由此加工的植物药制剂有数百种。这些药用植物均已通过药政部门的安全性、有效性试验。法国卫生部还特别规定,植物药制剂只可用于非严重疾病的治疗,复方草药制剂中的药用植物种数不得超过 5 种。在法国,绝大部分植物药被卫生部列入"药品"范围,仅有 34 种药用植物、11 种藻类植物和少数芳香植物可作为食品销售。

2.3.5 意大利政策规划

意大利 1973 年 10 月就有专门针对植物制品的法令,现仍执行 65/65/EEC 法令。草药制剂是指标有治疗作用或特有的药学活性。与现时 EMEA 的草药组观点相同,对于已从植物中分离出的化学物,或高纯度植物药提取物,意大利药审局认为不属于草药制品,而属于药物,意大利尚无专门法律管理。《意大利药典》中有专门表格列出有毒物和麻醉剂,其中有些来自植物,例如颠茄,其在意大利只作为处方药,虽然是植物来源。

1981 年 1 月 8 日,意大利卫生部颁布了通告 No. 800. 7. AG. 8/254,通告中将小部分植物分成两部分:A 部分列出植物药只能在药店销售,B 部分列出植物制剂可以在药房以外的商店出售。单一植物制剂归入 A 部分,它虽具有药学活性,但没有标出具有治疗作用,而且确认该植物不具有毒性,也不属于麻醉品。如果 A 部分和 B 部分的植物制品标有治疗作用,则都必须注册登记,正如意大利的其他药品一样，必须经药店销售，不能在药店以外销售。但这个通告在意大利并没有成为法律条款而执行。

意大利政府为了执行欧盟 89/398/EEC 法令，于 1992 年 1 月 27 日通过意大利法令 111 号（I2），主要针对草药制剂（包括传统植物制剂）作为食品或香料，也可作为营养剂在意大利上市，但不能标有治疗作用。其中有些产品作为肉食的营养替代品，须经由意大利卫生部食品营养和动物健康科证实。至于其他产品，如食品补充剂由 RDA 管理。对于产品说明书无特殊规定，但必须报卫生部备案的非医疗用植物制品遇到投诉时，只有卫生部才有权决定该产品的说明书是否侵权或有错误。

意大利现存的植物制剂销售系统中，可允许同一植物制剂同时在市场以药品（作为预防、治疗用）和新鲜饮料销售，如在意大利可见的洋甘菊（Camomile）。关键是产品标明的是什么用途。意大利也允许植物制剂归于化妆品，诸如在意大利市场上可见的金盏花乳膏（Calendula Cream）。

2.3.6　瑞士政策规划

2009 年，瑞士开始实施的宪法法条中有关于 TM/CAM 的规定，即联邦和各州政府应在其权限内确保对补充医学给予考虑。2006 年，开始实施专门的植物药规章——《补充药物和植物药条例》（Ordonnance Surles Médicaments Complémentaires et les Phytomé Dicaments）和《植物药指令》（Instructions Sur les Phytomédicaments）。在瑞士，植物药被作为处方药和非处方药而受到监管。获得注册的植物药产品（Herbal Medicine）的销售要满足药品要求，未能获得注册的植物药产品（Herbal Product）要满足食品、膳食补充剂或功能食品的要求。2010 年颁布的国家药典涵盖植物药内容，名称为 "Pharmacopoea Helvetica"，具有法律效力。1985 年颁布针对植物药生产的 GMP，名称为 Switzerland Uses the GMP Guides of the Pharmaceutical Inspection Convention and Pharmaceutical Inspection Cooperation Scheme（PIC/S）——《瑞士使用的药品检查公约和药品检查合作计划（PIC/S）的 GMP 指南》。依据药典采取与传统制药 GMP 相同的监管。当局定期对生产企业和实验室进行检查，申请销售许可及市场监督时需要生产企业提供实验室检测样本。现行的植物药注册系统中已有 600 余种植物药。

2.3.7　日本政策规划

日本虽历史上深受中国文化的影响，是中国中药出口的第一大市场，但汉

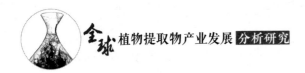

方医药的使用也受到极大的限制。药政管理机构为厚生省。在日本，汉方药的药政管理与西药品的药政管理原则上是一致的，所有药品的药政管理，汉方药亦被要求实施。但由于汉方药具有其自身的特点，针对这些特点制定了一些与之相关的法规以利于管理。如相继制定、颁布、实施的《关于如何对待医疗用汉方浸膏制剂的问题》《医疗用汉方制剂管理的通知》《汉方浸膏制剂的生产管理和质量管理的自定标准（草案）》等，有效地提高了日本汉方制剂的管理水平。日本政府将药品分为医疗用药品（PD）和一般用医药品（OTC），所以汉方制剂也相应地分为医疗用汉方制剂和一般用汉方制剂。

目前除已批准的 210 种方剂外，厚生省对新增汉方药的审批异常严格，以等同于化合物新药的方法对待汉方药，几乎等于关紧了大门，并对进口中成药的审批也有不少限制性措施。但近年来，日本政府对健康食品的管制明显趋于缓和，如取消了剂型的限制，放宽了可以用于健康食品的天然植物药种类的限制等。日本将推出新的《药事法》，其基本原则是"规制缓和"，对药品生产、流通的管理办法进一步向欧美靠拢，将放松以往过于严格的限制。

2015 年 4 月，日本启动《食品营养成分色标识法》，主要适用于便当、甜食领域。此外，日本在保健品领域的规范政策也稍微放宽，这对日本的植物提取物行业将起到极大的促进作用。

2.3.8 韩国政策规划

2.3.8.1 药政管理机构：韩国食品药品管理局

韩国食品药品管理局是韩国植物性药材的主管机构，下辖 6 个地方办公室及国家毒理研究所，承担保障食品、药品和消费品等的安全等职责。另外，韩国医药品输出输入协会、首尔药令市协会、植物性药材供需调节委员会等一些相关行业组织在对保护行业利益、协助政府管理、组织贸易和学术交流方面都发挥了作用。

2.3.8.2 法规标准及管理要求（植物药）

（1）《大韩药典》。

韩国食药局颁布了《大韩药典》第九改正版，即韩国国家药典，并颁布了《大韩生药规格集》作为补充，规定了 500 多种植物性药材及其制剂的性状和质量标准。

（2）《韩国植物性药材典》。

《韩国植物性药材典》（The Korean Herbal Pharmacopoeia，KHP）于2002年进行了修订，记载了植物药来源、药用部位、科名、性状和质量指标等。

（3）《进口医药品管理规定》。

根据《进口医药品管理规定》的要求，除因用于科研、调研等少量需要进口无须检验外，其他植物性药材的进口均需要根据要求检验。植物性药材属进口质量限制商品，所有植物性药材进口均需领取韩国食品医药品安全厅（KFDA）的"质量检验证书"，并向韩国医药品进出口协会（获政府职能授权的民间机构）备案。

（4）韩国植物性药材管理其他相关标准。

2008年4月7日，韩国食药局发布植物性药材黄曲霉毒素B1标准，涉及甘草、决明子、桃仁、半夏、柏子仁、槟榔、酸枣仁、远志、红花9个品种，其黄曲霉毒素B1须低于10 μg/kg。

2011年，韩国食药局发布2011-27号公告，对韩国"生药等残留污染物质标准和实验方法"再次进行修订，制定了生药及其提取物和制剂产品的重金属、农药残留、二氧化硫残留、真菌毒素、苯并芘标准和实验方法，并以此来确定生药的质量管理标准。

2013年，韩国将安全性、功能性受到认可的保健食品枳椇果实提取物、当归混合提取物等约147种原料作为新认定的保健食品。

2.3.9　印度政策规划

《印度药典》（Indian Pharmacopoeia，IP）是对印度生产的药物的质量标准，这些药物必须按照药典标准规定的内容控制质量。《印度药典》分为三卷。第一卷包括凡例、前言、印度药典（IPC）委员会的结构、通则。第二卷包括原料药、制剂和药用辅料（A-M）。第三卷包括原料药、制剂和药用辅料（N-Z），第三卷还包括人用疫苗和免疫制剂，草药和草药制剂，血液和血液相关的产品，生物技术产品和兽用产品。该药典的范围延伸到生物技术产品，本土的草药，病毒滤过疫苗，抗反转录病毒药物和制剂，也包括最常用的固定剂量的联合用药。

2.3.10　新加坡政策规划

新加坡卫生部药物行政处和药品部管理药品的产销经营。1975年出台的

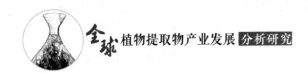

中医药法令，内有条目分明的管理细则。1992 年又颁布一套传统药物管理方案，其中包括中草药、日本汉方药、印度传统药、阿拉伯药品，均应按要求办理药学检验、申请登记注册手续。中药饮片不必进行药物检验和临床试验，而注重传统应用资料和药典记录。

新加坡从 1999 年 9 月 1 日起分三个阶段对进口中药实施新的管理规定。规定指出，为确保本国进口中药的质量以及使用的安全性、可靠性，自 1999 年 9 月 1 日起，将对进口中药采取以下管理措施：①所有中药进口商、批发商、制造商和包装商都必须在其产品进入新加坡市场前先向新加坡的卫生部门提出申请，并在获得进口许可证的情况下方能进口；②中药进口商或代理商在申请进口许可证时必须出示有效证件，证明其进口中药应附有的有关标签，内容包括药物成分说明、生产系列编号、有效日期以及制造商或批发商的名称、地址，以供审核检查；③代理商必须确保中药标签不标示能治疗新加坡医药法禁止宣称可以医治的一些病症（如癌症等），以及所有中药的重金属（如砷、铜、铅、水银等）含量和微生物含量没有超过本国卫生部门规定的限量标准。

上述规定将依次于 1999 年 9 月 1 日、2000 年 9 月 1 日、2001 年 9 月 1 日分三个阶段分别对药丸药饼类、液态类和所有中药类逐步实施进口许可证制度。规定还指出凡违反上述条款而进行进口、销售或供应中药者，将被罚款或监禁。目前，新加坡卫生部门已正式通知全国的中药进口商或代理商务必在规定时间内向有关部门提出进口许可证申请并办理有关审批手续。

2.3.11　印度尼西亚政策规划

2.3.11.1　对中医药进口的管理

1975 年印度尼西亚卫生部颁发新法令，严格管制药品进口。每种药物进口后，必须经印度尼西亚卫生部药物管理机构列号注册，才准出售，该法令还明文规定禁止中国成药的进口。目前，该条例有所放宽，药品在印度尼西亚的销售方式主要实行代理制，各大药厂对进口的药品分级代理。传统药物进入市场，其主要程序要经过食品与药物管理局的注册。印度尼西亚对传统药物的流通具有非常严格的规定，除界定基本成分含量外，对于流通申请手续也给予明确的规定：

（1）经印度尼西亚政府地方官员认可，授予生产商成药的自由销售许可证；

（2）由印度尼西亚食品与药物管理局局长指定实验室的安检证明；

（3）原产国生产商或商标持有者出具的授权书或指定书原件。

上述文件报食品与药物管理局局长。申请注册，包括认证过程和检验过程，时间很长。2000 年 7 月 3 日印度尼西亚政府颁布法令，决定缩短药品的注册时间，从原来的两年缩短到 80～300 个工作日内完成。国家成药评估委员会由来自四所大学的医药卫生专家学者组成，在规定时间内，对需检验的药品进行细查。

2.3.11.2　关于植物卫生的相关法规

2006 年 5 月 29 日，印度尼西亚农业检疫局发布了《有关木质包装要求和印度尼西亚进口物质包装材料植物检疫措施的农业部法令草案》，规定了木质包装材料的定义，木质包装的一般及特殊要求，植物检疫措施，木质包装植物检疫有害生物名单，木质包装处理和标志的类型以及包装声明。2006 年 8 月 17 日，印度尼西亚农业部农业检疫局发布了《有关致病物质和/或兽药材料检验检疫措施的农业部法令草案》。该法令草案规定了进口致病物质和/或兽药材料的要求，包括要求提供原产国批准机构签发的证书，指定了入境点及检疫措施。

2.3.12　马来西亚政策规划

（1）药政管理机构为马来西亚药品管理局和马来西亚药品监管机构。

在马来西亚，相当一部分的中药产品注册为传统药物（当然也有一部分作为 OTC 产品或膳食补充剂进行注册，这部分内容不进行详述）。传统药物是指在本土医学中使用的包含一种或多种动、植物或矿物质等天然物质的提取物或非提取物的药品以及顺势疗法药物（为了治疗某种疾病，需要使用一种能够在健康人中产生相同作用的药剂）。它由马来西亚卫生部下属的马来西亚药品管理局（BPFK）和马来西亚药品监管机构（DCA）负责管理。

马来西亚政府要求所有在马来西亚生产、进口、销售的药品都要在 DCA 进行登记注册。若外国公司希望产品以药品形式进入马来西亚，必须在申请注册前指定该国的一家当地公司作为产品注册证书的持有人，该公司将负责产品注册相关的所有事务或所有的注册事务都要以该公司的名义进行。

（2）《健康补充品和传统药物良好操作规范指南》。

生产传统药物的工厂必须是具备 GMP 资格的工厂，相关要求也详细列明在马来西亚的《健康补充品和传统药物良好操作规范指南》（以下简称《操作规范》）中。这份《操作规范》主要是依照马来西亚本地的行业现状和药品管

理要求等进行编写的。

2.3.13　全球植提产业政策环境分析

我国植物提取产品主要出口发达国家和地区,包括欧盟、美、加、日、韩等国。近年来,上述国家已陆续建立了有机农业条例、标准、法规,对健康产品进行认证。因此,在国际市场检测标准日益提高的情况下,国内企业应该主动快速成长,适应环境变化。此外,我国主要贸易国家还设立多种贸易壁垒,限制我国的植物提取物产品出口,同时,由于我国相关产业的知识产权意识较弱,也导致了植物提取物产品在国际贸易中受阻。

2.3.13.1　标准化壁垒

发达国家不断提高植物提取物产品进入其市场的产品标准,将对中国植物提取物行业产品出口产生不同程度的影响。美国将针对膳食补充剂做进一步的规范和管理,出台膳食补充剂 GMP 管理规范。该规范对植物提取物供货商提出了更高的要求。迫于环保压力、食品安全保证,欧洲、日本和印度等进口国家或地区对天然食品添加剂、天然植物提取物等产品都制定了较为严格的产品质量控制和管理规定,并不断修订进口产品标准。虽然中国进出口企业目前已经建立了比各进口国进口产品标准更加严格的产品质量标准,研发中心质检部建立健全了各项检验、检测制度和体系,配备了 UPLC/MS/MS、HPLC 等高精度检验检测设备,但如果出口地国家对天然植物提取物产品进口标准大幅提高,出口企业用现有技术设备加工处理后无法达到其标准时,出口业务将受到影响。在这种大环境下,相关企业只有以规范为基础,踏踏实实地做好产品的研发、生产,才能在激烈的市场竞争中占有一席之地。

2.3.13.2　贸易壁垒

在制定标准化壁垒的同时,世界各国纷纷实施贸易保护政策,各种技术性贸易壁垒层出不穷,中国企业的低成本竞争已经不再占优,依靠技术进步和品牌运营转变,科技创新和形成具有自主知识产权的产品和服务才是企业应对技术性贸易壁垒,在激烈的竞争中立于不败之地的重要手段。

近来的中美贸易战中植物提取物也受到了波及。自特朗普主动掀起美中乃至整个世界的贸易战以来,这场没有硝烟的战争已经让多个行业受到影响,其中就包括植物提取物行业。人参、干豆和蔬菜都在特朗普的加税名单之内。Pontiakos 在最新一期的公司简报中表示,目前大多数植物原料没有关税,预估特朗普或为它们加征 10％的关税，而另一些植物提取物和其他相关产品已经有了关税，数额也许会进一步提升。不过现在还很难预料最后的结果。美国作为中国植物提取物最主要的出口国之一，一旦加收关税，将对中国整体的出口额产生较大的影响。虽然具体数额暂时难以预估，但是可以预见的是，加收关税后中国植物提取物的整体出口额会有较为明显的下降。

2.3.13.3 知识产权壁垒

随着中药类产品的国际化，各国逐渐认识到中药类产品的重要性。研发竞争越来越激烈，知识产权的保护也越来越受到重视。近年来，日韩两国的中药专利申请量远大于中国，占中药国际市场专利申请量的 70％。中国中药国际知识产权意识淡薄，据国家专利局统计，在所有申请的中药专利中，申请了国际专利的比例不到 1％。而在所有中国中药专利申请中，个人申请超过 80％，企业申请不到 20％。这个比例与中国中药配方世代相传的个人传承有一定的关系，但也说明中国企业知识产权意识较低，对中药研发的重视程度不够。究其原因，其一在于中国中药本身质量和机理不明确，达不到国际专利申请的要求。其二在于跨国医药公司对中药配方的抢先一步的申请，导致中国中药出口受阻。没有知识产权的中药提取物产品很难在国际市场上有一席之地。

我们对专利权人进行聚类分析发现，从植物提取物专利申请人来看，排在前列的大部分是日本的日化用品和制药企业，比如国际知名的日用品和化妆品品牌花王、资生堂、芳珂、狮王等，以及东洋新药、小林制药、丸善制药等日本知名药企，在位列前 15 的专利申请人中占据了 8 席。除此之外，亚洲还有印度烟草公司、印度科学工业研究理事会及韩国化妆品公司爱茉莉太平洋位于前列；欧洲有法国化妆品公司欧莱雅和瑞士食品公司雀巢上榜；美国只有两家大型化妆品公司玫琳凯和雅芳分别排在第 8、9 位（图 2.5）。在排名前列的专利申请人中，并未发现有我国的企业，我国虽然在植物提取物申请数量上排名世界前列（表 2.2），但是实际上大多数是国外公司在我国进行的专利申请布局，国内企业的专利申请相对较为分散，缺乏在植物提取物领域的研发龙头企业。这种情况值得引起产业的重视。

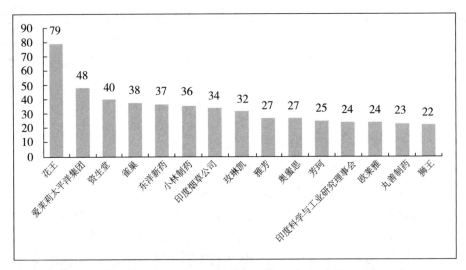

图 2.5　植物提取物行业国际专利主要布局企业专利数量（单位：件）

表 2.2　各优先权国家专利申请数量（单位：件）

序号	记录数量	优先权国家
1	1571	日本
2	1460	美国
3	997	中国
4	666	加拿大
5	634	韩国
6	445	俄罗斯

2.3.14　我国相关应对建议

2.3.14.1　政府层面加强标准制定与管理

　　我国植物提取物行业标准还不够完善，与国际标准兼容性不强，因而导致出口受到影响。我国现有植物提取物品种超过 1000 种，中国药典收载了 47 个品种，国家食品添加剂标准有 60 个，商务部制定的涉及植物提取物的标准有 5 个，林业部及农业农村部制定的涉及提取物的标准有 5 个。显然，现有标准难以满足植提产业的发展需求。

　　制定符合我国植物提取物特点并被国际认可的中国标准规范体系，控制产品的重金属含量、农药残留量和微生物限量，可以很好地解决我国产品出口的瓶颈问题，生产出在国际主流市场具有强大竞争力的植物提取物产品，争取多个植物提取物产品通过美国 FDA、DMF、COS、SDA 认证进入国际主流市场，全面带动我国植物提取产业的国际化，取得可观的经济效益。克服"资源浪费、标准缺失、品牌无名"三道难关，促进我国植物提取产业的健康发展，增强我国植物提取物企业的国际竞争力，打造民族品牌，提升产品的国际形象，争取使我国早日成为植物提取产业强国。

2.3.14.2 产业层面提高知识产权意识

目前，我国已经加大对中药提取物研究的资助力度，但是对研究成果方面的管理或要求较少，每年我国中药科研结题数量较多，但是申请专利较少，向国外申请专利的则更少，这使得我国中药行业在国际上的知识产权保护力度整体偏弱。而印度等国则非常注意对本国知识产权的保护和推广，特别是传统药物的知识产权。1993 年，美国的一项专利"在创伤治疗中姜黄的应用"被授权后，印度 CSIR 向美国专利局提供了 32 份参考文献证明该用途早已在印度民间使用，最终使该专利被撤销。我国拥有比印度更为丰富的传统药物经验，应当由类似机构及时对传统药物的知识产权进行保护和挽救，避免其向外流失。

对中药提取物及其中主要活性成分和有毒物质的探索仍是未来长期的科研方向，我国企业应当一方面加强相应的研发力度，一方面注意进行专利保护，特别是对有重要经济价值的提取物或活性成分，建议在多个国家申请专利，以获得最大的潜在市场。

2.3.14.3 企业层面进行质量控制

质量控制是植物提取物生产企业进入国际市场的重要前提。质量控制包括对目的有效物质含量进行定量控制和对重金属含量、农药残留量、微生物进行限量控制。国际上对植物提取物的原植物及产品的农药残留含量、重金属含量、微生物限量提出了严格要求，由于我国的检测标准同欧美等发达国家存在着较大的差距，我国植物提取物出口企业面临着严峻的贸易壁垒，并为此承担巨大的损失。因此，植物提取物产业必须解决农药残留、重金属超标问题，并有效地控制植物提取物微生物限量。从植物提取物生产的源头抓起，加强原植物人工培植基地建设，严格控制农药和化肥的使用，提高原植物药材内在质量，引导绿色生产。植物提取物国际化的关键环节是在植物提取物制品生产过程中采用各种与国际统一接轨的质量检测技术和全面实施 GAP 和 GMP 质量

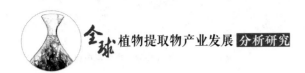

管理体系。发展的趋势是与国际先进技术接轨，按照 FDA 和 COS 认证的要求，严格完善植物提取物质量量化标准，争取实现中国植物提取物的制品与美国、加拿大、德国、法国、英国等欧美国家的同类制品相比，其各项质检指标及 GAP、GMP 质量管理标准无明显的差距。

从事植物提取的企业需建立符合 GAP 规范的现代植物提取物原植物种植基地，并严格按照 SOP 的标准对栽培技术、采收加工、成分含量、重金属、农药残留量等理化物化指标进行质量监控，逐步建立和完善量化 GAP 基地示范体系指标。按照最高的国际标准进行 GMP 生产，全面提升 GMP 生产水平，严格规范各项生产工艺规程、岗位操作规程及检验操作规程，对原料药和制剂的生产过程进行全面质量监控，使得到的最终产品具有可追溯性，促进植物提取物的质量规范化和标准化，为产品最终走向国际市场打下坚实的基础。

2.4 全球植提产业技术研发分析

2.4.1 德国

德国是欧盟中使用植物药最多的国家。据 WHO 统计（2008 年），近年全球植物药市场规模已接近 400 亿美元，欧盟占全球植物药市场份额的 40％。德国拥有欧洲最大的植物药市场，2005 年植物药市场年销售额达 30 亿美元，已占欧盟总销售额的 35％。德国是植物药制剂的主要出口国，其发展水平在欧盟国家中是最成熟的，其质量控制策略主要体现在以下几个方面。

2.4.1.1 制定严格的原药材质量标准

德国的植物药生产对原药材进行严格的控制，如威玛舒培博士药厂（Schwabe）是世界上最负盛名的植物药企业之一，公司研发的最成功的产品——金纳多是至今被业界关注最多的植物提取物。公司对金纳多的质量控制自银杏叶原料开始，约 70％的叶子来源于在法国和美国的种植园，除自己种植外，早期开始是从韩国和日本购买银杏叶，后来将当地的银杏种植机械化和科学化，使购得的叶子质量有基本的保证。

2.4.1.2 采用现代化的生产设备

德国在植物药的生产过程中，已广泛采用现代化的生产设备、前沿的分析检测手段和先进的检测设备，实现了生产程控化、检测自动化、输送管道化和包装电机化，达到了生产全过程工程化的要求。如"智能化"时间－压力灌装系统能够满足较高的灌装要求，它的智能化控制系统监控所有灌装参数，保证灌装过程的安全可靠性，保证清洗、灭菌操作的实施，方便安装和操作。"智能化"时间－压力灌装系统的操作是灌装软管与分流管相连接，通过软管挤压阀，即可进行灌装操作，无摩擦磨损零部件。在分流灌装的末端装有压力传感器，操作过程由计算机控制。生产过程中控制软件是满足灌装工艺质量控制的关键，国外组态软件比较知名的有 Intouch、iFix、WinCC 等，其特点是具有方便直观的图形系统，配有实际灌装参数显示装置，以及功能强大的报表与记录系统，且性能稳定。中控系统大大降低了设备的维护难度，给设备维护人员带来了很大便利，提高了效率，可为以后自主开发更加完善的网络化、信息化生产管理系统打下基础。

2.4.1.3　拥有先进的生产工艺水平

德国的植物药生产采用从单味药中提取活性成分或有效部位组方，复方药采用各植物药的标准提取物或有效成分组方。德国拥有先进的生产工艺，金纳多的 27 个提取工序在欧洲获得了永久性专利，其有效成分和药理作用都已明确。

德国最高卫生主管机构（BGA）的公定书（相当于中国的药典）中明确记录生产金纳多应符合以下几项内容：①提取浓缩比例 50 : 1，即 50 份干燥银杏叶中提取 1 份银杏叶提取物；②24％的银杏黄酮苷；③6％萜类；④银杏叶酸<5 ppm（1/10 万单位）。提取物的各种成分作为一个整体，即所含的黄酮醇苷、萜类内酯、原花青素类、少量有机酸和酚酸类成分起着互补和协同的作用。生产者曾试图将金纳多精制，但药理作用并未见增强。金纳多与其他厂家的银杏叶提取物的区别，在于其特定的工艺和标准，其生产工艺是以丙酮－水为起始溶剂粗提取，再经脱脂、除去银杏酚酸、原花青素、双黄酮、富集萜类内酯、富集黄酮醇类等 15 道工序，制成提取物。金纳多所含各类成分的大致比例经过多年的数据积累，提取比例是 35 : 1~67 : 1，平均是 50 : 1；总黄酮苷 22％~27％；萜内酯 5％~7％，其中银杏苦内酯 A、B、C 2.8％~3.4％；白果内酯 2.6％~3.2％；银杏酸<5 mg/kg。

2.4.2　美国

近 10 年来美国研发、生产和应用植物提取物与欧洲相似，植物药主要是

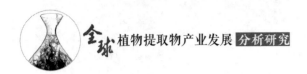
单方药，采用提取物为原料，制成片剂或胶囊出售。美国食品与药品监督管理局（FDA）考虑到植物药的特点，在植物药质量可控性和一致性方面非常强调对原药材的质量控制和生产全过程的严格控制，主要体现在以下几个方面。

2.4.2.1 制定严格的原药材质量标准

FDA 对于植物药的产地做出了严格的规定，并对野生药材的生产进行严格的限定要求——提供对环境的评价报告。DSHEA 法案规定，植物药必须用植物全株或其根、茎、叶、花、果等部分，不得掺加任何化学合成药物或任何违禁化学组分。原药材质量控制必须达到如下标准：①建立充足的生药质量控制手段；②对每种植物生药、植物药中间体和植物成药已经建立合适的参考标准并留样。

2.4.2.2 具有严格的控制工艺水平

FDA 在植物提取物生产全过程的质量控制包括对中间品和产品。DSHEA 法案规定植物药必须达到如下技术要求：①生产工艺已经最终成型和确证，建立生产过程质量控制，具有可查阅的实际生产的批次记录。②所有相关批号的化学、物理和生物试验的全部实验结果，已表明植物药中间体和成药的批与批之间具有生产一致性；在植物药中间体各批号间的所有化学成分在光谱和/或色谱、指纹图谱上应具有可比性。③建立了适合于植物药中间体和成品的质量控制标准（试验项目列表、分析方法和试验过程，以及所用的标准），包括鉴别和活性成分含量测定，特征性指标成分的鉴别和含量测定，和/或生物测定。④完全验证了分析方法和试验过程的可靠性。用于分析指纹图谱的方法应当能够尽可能地检测到各种化学成分，也可以用多种不同分离方法和试验条件来建立多个指纹图谱进行联合质量控制。另外，在联合分析方法中，应当表明能够检测出试验样品的绝大多数成分。⑤稳定性研究的分析方法已成熟，能够检测植物药中间体和植物成药的稳定性。植物药中间体或植物成药的稳定性一般不是按照活性成分的含量、特征性指标成分的含量测定或生物测定来决定，因为在植物药中间体或成药中，由其他成分降解而形成的降解物也应当得到很好的控制，分析方法应能检测到这些降解物。2004 年，DSHEA 法案又规定对于美国或他国没有上市的，或发现存在安全问题的植物药产品，在其申请Ⅰ期、Ⅱ期临床时，应提交关于植物原药材的部分药材生长条件和采收时的生长阶段两项内容。2006 年 10 月 30 日，FDA 批准从绿茶叶中提取的 Veregen™ 成为处方药，成为自 2004 年 6 月美国 FDA 颁布的《植物药研制指导原则》以来第一个通过审批的植物药。Veregen 的组成说明它是一个相对简单的植物药,即一种植物(茶)的一个部位(叶)的有效组分,儿茶素含量达到总有效成分的 85% 以上,除去 2.5% 的其他成分,未知成分只占总有效成分 7.5% 左右。

2.4.3 日本

日本汉方药大多使用颗粒剂,处方中广泛使用的是浸出物制剂而不是煎剂,这类制剂在稳定性、药效与安全性方面易于标准化,重现性好,且调剂与服用简便。

2.4.3.1 将现代农业栽培技术应用到药用植物栽培中

日本现已贮藏了国外 1500 种药用植物的种子用于引种栽培。为了开发生药资源,日本学者采用生物学和遗传学的手段进行了选拔优良品种、育种及栽培移植方面的研究工作。他们将现代农业栽培技术迅速移植到药用植物栽培上,并不断改进,普遍注意在田间操作中使用小型机械精耕细作,注意有效成分的监测追踪,尽量不用化肥和农药,以确保生药质量。日本还采用药用植物栽培业合同制,药厂与产地合作,保证原药材质与量的稳定,增强了生产的计划性与合同性,避免了农民盲目栽培、过剩生产,确保产品质量尤其是优良品种的选育。对于那些生产条件苛刻、栽培难度大的品种,日本政府给予扶持。2004 年 7 月,日本正式颁布了药用植物生产质量管理规范,从 1988 年开始日本进行了药用植物现状调查及制定栽培药用植物品质评价指南,它包括了在日本可能栽培的 80 种药用植物,这可看作日本的《中药生产质量管理规范》(Good Agraculture Practices,GAP),在此基础上归纳总结得到的总论即是日本的药用植物栽培规范。《药用植物栽培与品质评价》指南的基础工作细致,内容详尽严谨,包括各种药用植物的以下几项内容:①植物名包括日语名、生药名、学名,生药名用汉字及片假名表示,学名采用日本药局方以及植物分类学广泛使用的学名;②药用部位;③植物形态;④生药的特征及产地:主要按照日本药局方及专业领域广泛认同的性状记载,并记载主产地;⑤栽培种的特性:包括形态、生态、成分、地域适应性以及生长特性,其中地域适应性及生长特性又包括气候、土壤、日照及遮阴性,并附总的区划地图;⑥栽培方法:依次记载了品种、适应性、育种育苗、定植、肥料、田间管理、病虫害、采收加工、炮制、产量,所用肥料记载含氮、磷、钾的含量;⑦生药的品质评价:原则上按照日本药局方的规格执行;⑧特征分类表:记载各个栽培品种的植物形态,并测定有效成分含量;⑨栽培周期:按时间顺序记录栽培方法中规定的

内容；⑩其他资料：包括种苗的来历、少量确认栽培实验、该生药的用途、主要被使用的汉方药等。此外尚附有各个栽培时期及生药炮制过程的照片。

2.4.3.2　生产设备实现机械化

汉方药各种剂型的生产全部实现机械化，并应用先进的工艺技术如固液分离技术、冻结干燥工艺、真空包装技术、洗净灭菌技术等。在浸膏生产中，从投料到冻结干燥制成干浸膏，全部生产过程由中央管理室的操作盘进行自动控制。生药的提取一般采用封闭式的大型不锈钢提取罐，外加加热的套管，并备有搅拌装置。提取液的过滤主要采用离心机分离和压榨式过滤机分离。

2.4.3.3　采用先进的生产工艺

日本中药材的前处理工作，生药鉴定、质量检验，按其品种、规格进行剪裁加工，清洁整齐，包装规范化，低温贮存等由专门的生药加工厂完成。在生产工艺上，从原药材的选用、提取、浓缩、干燥到成型等过程，尽量避免主药指标成分的损失和破坏，故采用高效、低温（甚至冷冻）的制备技术；在提取过程中尽可能保存有效成分；在生产过程中重视指标性成分的理化性质，如溶于水、不稳定、不因煎煮而被破坏、不易挥发、专属性强等。除此之外，用水量、（溶媒）温度、时间、次数、提取技术及设备等对有效成分的含量影响也很大。因此，他们进行了大量的研究，如麻黄汤提取液用水量越大，其指标性成分甘草酸、麻黄素的提取率越高；由于药材成分性质的差异，长时间加热也会损失或破坏有效成分，还有些成分会因发生化学反应而变成不溶性物质，在滤液中被丢失，应尽量避免或减少损失。对以下各种项目，都要求上报科学实验数据：①提取溶剂和数量一般而言，用全生药量的 20 倍水量，日本汉方制剂一般都用水作溶媒，而不用醇来提取；②生药提取次数原则上只提 1 次；③生药加工规格的大小，投料量的多少，生药混合的顺序，升温的速度，提取的温度，过滤的材料和方式等。日本汉方药生产企业在 20 世纪 80 年代就已经在企业内部采用高效液相指纹图谱控制质量，迄今已为数百个药方建立起指纹图谱，对一种中成药应含有哪些有效成分、每种有效成分含量范围做出严格规定，使不同企业所生产的同种汉方药的成分、药效相对稳定。近年来，津村在成药质量控制方面采用了三维高效液相指纹图谱技术，以探求药物的安全性、均一性、有效性，使品质评价得到高层次的保证。

2.4.4　意大利

以意大利最大的植物提取物公司 Indena 为例。Indena 是世界领先的植物原料公司，研发实力强大，包括对药用植物的筛选，新植物活性成分的鉴定，以及对萃取纯化技术工业化应用的不断开发与完善。Indena 拥有超过 150 项专利，并与世界上最著名的大学和私人研究机构合作，进行生物安全性和有效性评估并进行到临床 I 期。

2.4.4.1　原料植物资源的质量控制

除了通过传统方法收获野生植物，Indena 还建立了全球化的专用种植与供应体系，保证鲜工厂提供高质量的道地植物。凭借 80 多年在植物学方面的经验，Indena 在世界各地发展了 3000 公顷符合良好农业及采集规范 GACP 标准的种植基地，并由国际知名植物学专家进行监控。目前，Indena 生产所需的植物原料 60% 都由设在全球各地的专业化种植基地稳定供应。

Indena 强调，该公司会应用微组织繁殖技术和传统的植物栽培技术来获取植物资源，但是从不运用转基因技术。

2.4.4.2　完备而现代化的生产设备和高度质量控制的生产工艺

Indena 生产设备包含经过认证的独立区域，质量管理体系符合 cGMP、危害分析和关键控制点（HACCP）的要求。主要设备包括：粉碎机、踢球器、反应器、浓缩机、液液萃取器、色谱柱、离心机、压滤机、干燥器、喷雾机、研磨机、混合机。采用密闭度合成工艺设计，具有工艺开发和工艺放大能力，依据 ICH 分析与开发研究，在工业化生产中所有生产线具有集成过程控制能力。

Indena 工厂定期接受国际法规监管机构如美国 FD，意大利药品处 AIFA 及法国国家药品和健康产品安全处 ANSM 的 GMP 合规评估，以及监管部门对食品安全性的评估。

2.4.4.3　对植物提取物研究领域的其他贡献

Indena 在培养药用植物和纯天然产品方面做了许多努力，包括：1924 年创办 Fitoterapia 杂志，现在已经是世界公认的药用植物行业期刊代表（SCI 期刊），出版药用植物方面的专著，赞助植物疗法的专家或专业院校，为青年研究者提供奖学金。

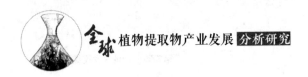

2.4.5 我国植提产业技术发展现状

 国际市场植物提取技术比较先进，在植物提取方面具有绝对优势。相比之下，我国植提产业技术装备水平参差不齐，高新技术企业和作坊式工厂并存，行业总体技术水平较低，尤其是实力较弱的中小企业往往不具备仪器分析能力，从而制约了我国植物提取物产品在国际市场上的总体竞争力水平。

 我国某些大型植物提取公司如北京金可、浙江康恩贝集团等实力较强，其装备水平接近国际先进水平，如超临界萃取、膜分离技术等都有应用。先进的提取设备投入资金量大，国内中小企业还不具备这个实力，由此造成了国内植物提取物产品质量水平差别较大，较多缺乏资金的中小企业的产品水准拉低了我国出口产品质量的总体水平。技术创新理应是植物提取物企业的核心竞争力，但我国大部分企业自主创新不足，仍处于模仿阶段，导致行业持续发展动力不够。另外，我国的植物提取企业在技术研发方面不够重视，投入的资金、研发力量等都不足，如在原料的健康改善功能方面的研究匮乏。而且在缺乏强制的标准法规和明确门槛要求下，很大程度上削弱了我国植物提取物产品的国际竞争力。

 综上，在产业技术上，我国植物提取物行业竞争劣势主要表现如下：

 （1）植物提取物质量良莠不齐，缺乏统一控制；

 （2）产品初级，少经深加工，卖不上价钱，也造成资源浪费；

 （3）新产品少，科技含量低，恶性竞争严重；

 （4）植物提取物的检测标准和方法不多，难以与客户交流清楚，经常达不到客户要求。

2.5 全球植提产业市场分析

2.5.1 全球植物提取物进出口分析

2.5.1.1 全球范围植物提取物市场不断扩大

 近年来，西方主要国家对于植物提取物需求的提升导致植提市场不断扩大，特别是欧美等发达国家和地区对于植物来源的膳食补充剂、药品的需求增加大大刺激了本行业的发展。数据显示，2007年全球植物提取物销售额达到

126.3 亿美元，2017 年达到 389.5 亿美元，这 10 年来持续平稳增长（图 2.6）。

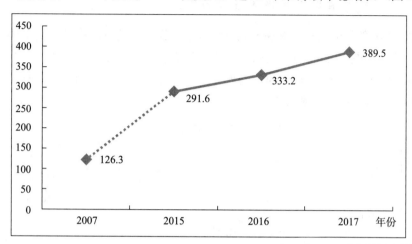

图 2.6　2007—2017 年全球植物提取物市场规模（单位：亿美元）

2.5.1.2　我国植物提取物行业保持较高出口水平

我国在全球范围内的植物提取物出口体量较大，2011—2015 年出口额一直保持上升趋势，但 2016 年较前一年有 10.95％ 的下跌。不过总体来看，近年来我国植物提取物出口一直占据全球总体出口份额的 30％ 以上，保持着较高的出口水平。美国是我国最大的植物提取物出口市场，其次是日本、韩国，但我国 2016 年对北美和亚洲市场出口跌幅明显，分别达－1.28％ 和－18.78％，对欧洲市场出口具有 3.44％ 的增加（图 2.7）。

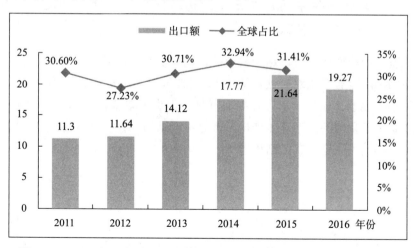

图 2.7　2011—2016 年我国植物提取物出口额及全球占比（单位：亿美元）

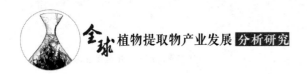

2.5.1.3 我国植物提取物保持较高贸易顺差

2016 年我国植物提取物进口额为 5.23 亿美元,进口的产品种类主要集中在薄荷醇、柠檬油等精油产品以及甘草酸粉等。综合进出口情况来看,我国植物提取物市场仍旧保持较高的贸易顺差,且呈现上升趋势,虽然 2016 年相较于 2015 年稍有下跌(图 2.8)。

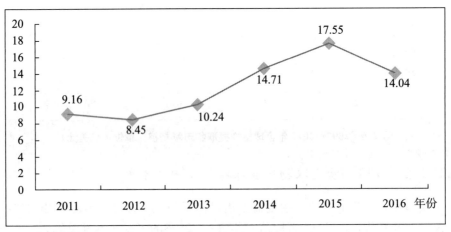

图 2.8 2011—2016 年我国植物提取物净出口额(单位:亿美元)

2.5.2 整体中药产业分析

2.5.2.1 我国整体中药产业出口结构与世界整体结构相反,总体市场占有率较低

从整个中药产业来看,尽管我国植物提取物的出口量高居世界首位,但中药产业的国际占有率相对较低,从 2011 年的 5.75%增长到 2014 年的 6.57%,每年呈小幅度增长趋势,2016 年略有降低,但也基本维持为 6.5%(图 2.9)。这主要是由于我国的出口产业结构与世界主流结构存在差异,甚至与一些主要发达国家形成了完全相反的结构。

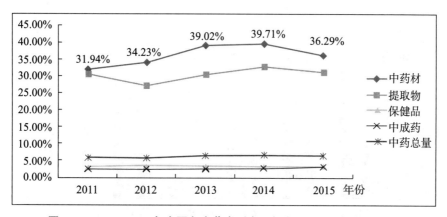

图 2.9　2011—2015 年中国各中药类别出口额占世界总份额的百分比

中药不同品类之间差异和波动也较大。由图 2.9 可以看出，从 2011 年到 2013 年，中药材的国际市场增长了近 10％，2014 年维持在 40％左右，2015 年下降至 36.29％。中成药国际市场占有率最低，基本保持在 3％左右。这是因为中国中药材凭借价格优势和品类优势，成为全球植物药企业的中药材及植物提取物原料出产地。相反，中成药的国际市场竞争力较弱，这与主要国家的市场进入许可管理严苛、准入标准较高、药品注册审批困难以及贸易壁垒等多种因素相关。同时我国中成药普遍存在着质量检验欠佳、标准化程度较低、中成药国际标准制定尚未获得主导权等现状。这也是我国目前还没有一个中成药以药品形式被美国 FDA 和欧盟 EMEA 批准注册的根源所在。2015 年起，中国中药材由于人工成本增高，价格优势减弱，国际竞争力相应减弱。中药提取物的国际市场占有率波动较大，整体保持在 30％上下。而保健品的国际市场占有率则以略高于中成药的态势轻微向上浮动。

通过 2011—2015 年世界范围的出口额结构比例可以看出，世界整体范围保健品和中成药出口额较高。而植物提取物与中药材这类初级产品的出口额则大幅低于保健品和中成药。这一定程度上是由于植物提取物与中药材附加值较低，而保健品和中成药附加值较高，以植物提取物和中药材为原材料经过深加工生产出的产品价格往往可以增加数十甚至上百倍（图 2.10）。

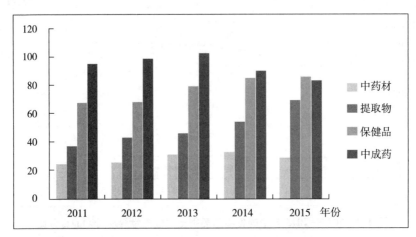

图 2.10　2011—2016 年世界中药产品出口额（单位：亿美元）

　　而我国的中药类产品出口结构则与之相反，如图 2.11 所示，植物提取物与中药材及饮片的出口额占到整体中药类出口额的绝大多数，而保健品与中成药的出口额仅有较少的相对出口量。

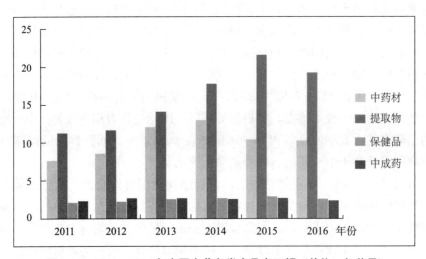

图 2.11　2011—2016 年中国中药各类产品出口额（单位：亿美元）

2.5.2.2　我国中药产业结构与发达国家存在较大差距，处于产业链低端

　　日本与德国为中药产业的发达国家，印度为中药传统大国，且这三国与中国有较多的贸易往来，此处选取这三个国家与中国进行对比。

（1）日本。

日本的汉方药是在 5～6 世纪从当时的中国传到日本的一种医药，日本人服用汉方药的习惯由此形成。日本的中药企业在全盛期有 40 家左右，而到现在为止仅剩 17 家。除了领头羊津村是上市公司，其余都是中小企业。日本中药产业集中度高，这就为产业发展带来了雄厚的资金和技术力量，使得研发技术投入资金大，故而能占据技术优势。

如表 2.3 所示，日本的中药产品出口总额较小，不到中国的 1/5。但从日本中药出口结构上看，日本的中成药出口占比较大。日本在 2016 年出口中成药 1.74 亿美元，仅与中国相差 0.49 亿美元。日本的中药材和植物提取物出口则分别围绕 0.03 亿美元和 0.24 亿美元上下波动，占比较小。

表 2.3　2011—2016 年日本中药各类产品出口额（单位：亿美元）

	2011	2012	2013	2014	2015	2016
中药材	0.02	0.03	0.02	0.02	0.01	0.04
提取物	0.29	0.24	0.24	0.19	0.20	0.24
保健品	3.70	3.58	3.30	3.41	4.15	4.82
中成药	2.01	2.07	1.93	1.50	1.17	1.74
中药总量	6.02	5.92	5.49	5.12	5.53	6.84

（2）德国。

与其他欧洲国家不同，自 1901 年帝国法令颁布以来，植物药就在德国拥有了一项特权，即在药厂之外允许许多植物药进行贸易。帝国法令重新修订后开始允许植物作为药物成分。自 1991 年北京中药大学和德国巴伐利亚州建立了德国第一家中医医院开始，中药在德国才开始慢慢普及。经过一个多世纪的发展，植物药已经在德国以药品身份进行销售，用于治疗、预防疾病或者减轻有关的症状。如表 2.4 所示，2016 年，德国中成药出口额是中国的 1.6 倍，德国的中药材及植物提取物出口额远远小于中国。

表 2.4　2011—2016 年德国中药各类产品出口额（单位：亿美元）

年份	2011	2012	2013	2014	2015	2016
中药材	1.43	1.38	1.47	1.60	1.51	1.50
提取物	1.55	1.70	0.19	1.77	1.54	1.75
保健品	28.32	28.73	31.91	33.68	29.16	30.68

年份	2011	2012	2013	2014	2015	2016
中成药	3.43	3.62	3.29	3.00	3.39	3.58
中药总量	34.73	35.43	36.86	40.05	35.60	37.51

（3）印度。

印度是世界上制药规模最大的国家之一，其中中药生产规模也名列前茅。中印两国都具有历史悠久的传统医学体系，同为制药大国，互为强大的竞争对手。如表2.5所示，印度中药材和植物提取物出口额占比较大，在严格的标准化管理下，其中成药出口额比中草药出口额更大。

表2.5　2011—2016年印度中药各类产品出口额（单位：亿美元）

年份	2011	2012	2013	2014	2015	2016
中药材	1.66	1.96	2.08	2.39	2.37	2.59
提取物	1.43	1.79	2.55	2.61	2.69	2.78
保健品	1.16	1.30	1.63	1.68	1.75	1.91
中成药	3.88	4.52	3.84	2.65	2.45	2.47
中药总量	8.13	9.57	10.10	9.33	9.26	9.75

虽然从整体产业出口额体量来看，上述三国与中国均未有明显的优势，且日本、印度的总值甚至大幅低于中国。但是值得关注的是，日、德两国的整体出口结构与世界中药产业贸易结构更为相似，保健品和中成药等高附加值类产品的出口额占主导地位，均超过了90%（图2.12）；印度与中国同为资源型发展中国家，印度该比例接近50%，而中国该比例仅为14%，差距悬殊（图2.13）。可见在出口产业结构方面，我国主要以原材料生产及植物提取物这类初级产品为主，而发达国家在产业链顶端的高技术产品则占据主导。

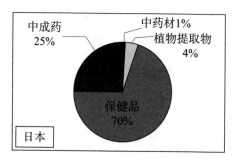
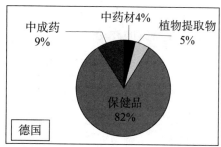

图 2.12 2016 年日本、德国中药产业出口结构

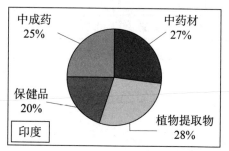
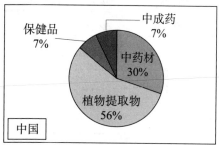

图 2.13 2016 年印度、中国中药产业出口结构

2.5.2.3 我国中药产业竞争力指数总体水平中等，但高端产品竞争力较低

贸易竞争力指数（Trade Competitive，TC）是对国际竞争力分析时比较常用的测度指标之一。它表示一国进出口贸易的差额占进出口贸易总额的比重，即 TC 指数＝（出口额－进口额）/（出口额＋进口额）。它剔除了通货膨胀、经济膨胀等宏观总量方面波动的影响。因此，在不同时期、不同国家之间是可比的。无论进出口的绝对值是多少，它均介于－1～＋1 之间。该指标值为－1 表示该国或产业、产品只进口不出口，为＋1 表示只出口不进口。

如表 2.6 所示，我国 TC 指数总体呈现在 0.5 波动，出口竞争力保持中等。但是可以看出，总体竞争力指数主要是靠中药材与植物提取物类产品拉高的，中成药与保健品的竞争力处于较低的水平。

如图 2.14 所示，2011—2016 年共出现了两次下降，即 2012 和 2016 年。中成药 TC 指数在 2011 年为－0.08，2012 年上升至－0.01，而后下降至 2014 年的－0.15。2015 年回暖至－0.05，而后 2016 年又下降至－0.18。总体上呈下降趋势波动。中药材及饮片的 TC 指数最高且较为稳定。其次为中药提取

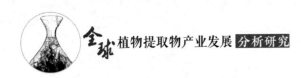

物，随市场波动较大。保健品位居第三，从 2011 年的 0.14 下降到 2016 年的 0.13，处于持续的波动。

表 2.6   2011—2016 年中国中药类产品贸易竞争力指数

年份	2011	2012	2013	2014	2015	2016
中药材	0.73	0.71	0.69	0.70	0.73	0.76
提取物	0.68	0.57	0.57	0.71	0.68	0.57
保健品	−0.08	−0.01	−0.05	−0.15	−0.05	−0.18
中成药	0.14	0.20	0.17	0.22	0.28	0.13
中药类总体	0.53	0.48	0.49	0.55	0.57	0.49

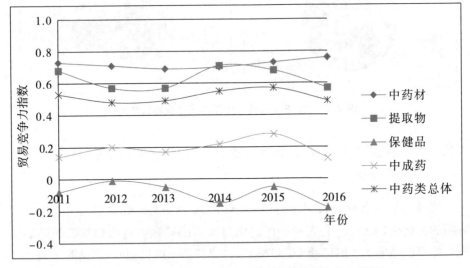

图 2.14   2011—2016 年中国中药类产品贸易竞争力指数

2.5.2.4   我国整体中药产业的高端产品出口面临困境

虽然我国天然制药与植物提取物一直在发展进步，最直观的结果是较为良好的。但是，在中药产业整体层面来看，我国面临着许多问题。欧美发达国家凭借着通过各种法律法规、技术标准及多重认证制度建立起的各类隐形、显形壁垒，掌握着天然植物制药的研发与营销的高附加值终端，发展中国家则作为自然资源的输出国，向发达国家大量出口价值链底部附加值较低的原料或辅料。全球植物提取物市场情况如表 2.7 所示。

表 2.7　世界主要国家和地区生物制药、植物提取物市场现状

国家	生物制药、植物提取物市场现状
中国	发展快，主要的植物药原料、辅料出口国
美国	最大的植物药销售国，最大的植物提取物需求国；65％的植物药原料需要进口；中药提取物销售额增长快，年均增速超过 11％
欧洲	世界最大的植物药市场之一；约占全球植物药销售的 40％，其中德国、法国、英国都占较大比重；植物药发展快于传统药品
其他地区	亚洲国家的植物药应用历史悠久；大洋洲的澳大利亚是首个给予中医药合法地位的发达国家，其购入我国的植物提取物产品占我国植物提取物总出口的份额较大；全球对非洲国家的出口一直处于极低水平

事实上，已经有专家认识到了这种困境，中国植提桥传媒公司媒体总监张淑丽在 2015 年度中国植提国际论坛（北京）研讨会上表示，"现在很多国人出国旅游喜欢购买国外的膳食补充剂和生物医疗药品，实际上，很多国外产的保健品都使用了我国的植提物成分。泰国的精油类和一些日化产品需要我们的植提物，印度的食品色素有我们的植提物。"这很大程度上是因为，绝大部分国内消费者因为担心质量而不认可国产保健产品，形成了我们国家自己的提取物绕一大圈才能进入我国的市场这种怪象。

除了消费者不认可，国际贸易限制、知识产权壁垒等种种因素也制约了我国中药产业结构向合理化转型。一个著名的例子就是曾获得诺贝尔医学奖的成果青蒿素。由于历史原因造成了国际贸易的壁垒，且世界卫生组织对抗疟药物设立了标准限制，使得中国原始专利持有人中国军事医学科学院将青蒿素类复方药物的国际销售权出售给了瑞士公司汽巴－嘉基（Ciba－Geigy，后来的诺华制药），而中国则成为该公司原材料的供应商。由于处于产品价值链的低端，中国没能收获国际市场收益的最大份额。有报道称，青蒿素原料和成药销售利润比约为 1：20。

2.5.2.5　我国中药产业结构调整建议

植物提取物行业具有一定的特殊性，它是一个有一定技术含量的制造业。相较于其他行业的劳动力密集型加工制造者，植物提取物企业需要有更高的技术能力，但是相较于知识密集型的生物制药行业，技术要求相对略低，企业更容易实现技术的积累与创新。同时，植物提取物行业的提取技术与国际标准挂钩，技术流动基本不存在障碍，企业更容易获得技术能力。另外，大部分植物提取物公司是天然的国际化企业，它们成立之初就面向全球的植物提取物市

场，拥有更好的国际资源平台，获取信息相对更加容易，企业沿全球价值链向上攀升的过程相对容易。

因此，中国应重视各类植物提取物国际化重大原始创新和集成创新科研成果，进行完整的再研发，加快具有长远市场价值的重大科研成果向现实生产力的转化，为植物提取物国际化规模生产提供成套成熟的且具有自主知识产权的工艺技术和工程装备。同时拓展产业链，更多地加入高附加值产品的生产研发中去。

此外，我国企业应积极拓展中药的应用领域，进行多元化研发和专利申请。目前国内的相关专利申请已涉及包含中草药的食品、化妆品等周边产品。国内中药企业在进行常规药物生产的同时，可以考虑利用自身优势进军周边产品，例如云南白药推出的药物牙膏已获得非常好的市场效益，其相应的专利申请也已授权，这值得其他具有一定规模和扩张能力的中药企业学习借鉴。

2.6 全球植提产业重点企业分析

2.6.1 美国重点企业

2.6.1.1 阿沃卡公司（Avoca Inc.）

阿沃卡公司作为化药实验室（Phamachem Laboratories）的子公司（于2017年5月17日被亚什兰公司收购），是全球首屈一指的植物提取公司，主要提供植物提取产品和相关服务。从20世纪60年代开始，阿沃卡公司就以自己种植的新鲜植物为原料，并通过改进和实施复杂的提取方法和纯化技术，实现了单次大批量生产的提取规模和加工能力，每日提取量可达到2～240吨，年提取量达9万吨。

主要产品：鼠尾草油、香紫苏醇、香紫苏内酯。

2.6.1.2 豪泽公司（Hauser Inc.）

豪泽公司是美国膳食补充剂市场的领先生产商和天然产品提取物、植物原料及相关产品的供应商。豪泽公司具有专门的提取和纯化技术用以制造植物原料提取物，同时该公司还提供跨学科的实验室技术检测服务，其15%左右的年销售额都来自技术支持服务。

2.6.1.3　A. M. Todd 集团（A. M. Todd Group）

A. M. Todd 集团原名东土草药公司（East Earth Herb Inc.），成立于 1869 年，1999 年结合 Folex 公司组建而成 A. M. Tood 集团，其总部位于美国密歇根州卡拉马祖，主要通过植物提取物生产调味产品，年销售额约 3 亿美元。

主要产品：薄荷提取物、薄荷草油等。

2.6.1.4　萨宾莎公司（Sabinsa）

萨宾莎公司由 Dr. Majeed 创办于 1988 年，总部位于美国新泽西州，是专业研发和生产化妆品与保健品天然活性原料的科技型企业。公司从事研究、生产和销售的分支机构遍布美国、欧洲、澳大利亚、中国、日本、韩国、阿联酋、南非和马来西亚等国家和地区。萨宾莎公司拥有 8 万亩种植园，在印度班加罗尔建有世界一流的以天然活性物为主的研发机构萨米实验室（Sami Labs），并在周边城市建立了 7 个大型的生产基地，所有生产基地都严格按照 cGMP 标准运行。目前，萨宾莎公司已经发展成为依托科研力量致力于发展人类健康和美丽事业的世界知名天然活性物跨国企业，研发并生产一系列安全、独特、有效的高纯度天然活性物，已在世界顶级保健品和化妆品领域取得认可并广泛应用。

主要产品：植物营养剂、草药提取物、提纯化学制剂以及用于制药和食品行业的有机中间产物。

2.6.2　欧洲重点企业

2.6.2.1　德国

（1）美町宝（Martin Bauer）。

美町宝是全球植物提取物行业的引领者，总部在德国，植物提取物及相关天然产品年产值约 2.5 亿美元，在德国有两个工厂（Martin Bauer GmbH & Co KG 和 Plantextrakt GmbH & Co KG），在北美有全资子公司 MB North American，主导产品是绿茶提取物等。2005 年成为桂林莱茵公司的北美销售代理（表 2.8）。

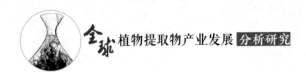

表 2.8　美町宝集团全球架构

国家	公司
德国	Martin Bauer GmbH & Co. KG（维滕贝格，阿尔维斯洛赫） Plantextrakt GmbH & Co. KA（维滕贝格，克莱诺斯泰姆） Finzelberg GmbH & Co. KG（安德尔纳，辛齐希） Martin Bauer Services GmbH & Co. KG（维滕贝格）
意大利	Martin Bauer SpA（尼凯利诺）
波兰	Martin Bauer Polska Sp. zo. o（维塔兹采） Martin Bauer Managementservice Sp. zo. o（克莱卡）
俄罗斯	OOO Martin Bauer（克拉斯诺戈尔斯克）
新加坡	Martin Bauer Pte. Ltd.（新加坡）
西班牙	Plantafarm S. A.（莱昂）
土耳其	Martin Bauer A. S.（伊兹密尔）
美国	Martin Bauer Inc.（锡考克斯）

美町宝公司成立于 1930 年，源于农业学家 Martin Bauer 建立的草药加工厂。20 世纪 50 年代，Martin Bauer 将水果提取物及药用茶等加入其核心业务。20 世纪 60~70 年代，Martin Bauer 通过创新草药精细提炼方法扩大了制药规模，每天产出量达到数十吨，使其产业迅速发展。近年来，Martin Bauer 通过在世界各地建立新厂或者与其他公司进行整合，形成了跨国龙头企业规模。

美町宝集团下分三个业务部门：

①Martin Bauer 分部的主要业务涵盖草药和水果浸剂、药茶、精制绿茶和红茶、植物粉末、萃取物等。

②Plantextrakt 分部从 1980 年成立开始就主要运营植提产业，其主要产品包括草药、水果、红茶及绿茶提取物，低咖啡因茶等天然茶类产品，其来源包括 120 多种植物并具有 2000 多种配方。

③Finzelberg 分部主要经营植物药和营养补充剂的植物提取物，同时也直接生产一些植物药产品。

（2）施瓦布（Schwabe）。

施瓦布公司生产银杏叶提取物，位于德国卡斯陆，每批次处理 5 吨的干燥银杏叶，约可产出 100 公斤的银杏提取物，产出率仅 2%。全年处理的银杏叶原料总量约 800 吨。主要产品如下：

①Tebonin：有效成分是银杏叶提取物，针对老年人心脑血管问题、耳鸣、中风症状有良好疗效。

②Umckaloabo：有效成分是天竺葵提取物，主要用于急性支气管炎、急性鼻窦炎，预防各种呼吸道病毒的繁殖和抑制某些细菌的黏附细胞呼吸。此外，本产品还有助于清除呼吸系统中过多的黏液。

③Neuroplant：有效成分是圣约翰草提取物，含有单胺氧化酶（MAO）抑制活性因子，能提高大脑中维持正常心情及情绪稳定的神经递质的水平，主要用于抑制抑郁症。

④Prostagutt：有效成分为锯棕榈果和荨麻根提取物，用于治疗良性前列腺增生。

⑤Crataegutt：主要成分为山楂提取物，属于心脏保健药品，主要用于心肌缺血、心绞痛等。

⑥Euvegal：缬草提取物，有安神助眠功效。

⑦Venoplant：马栗种子提取物，适用于腿部因静脉功能障碍导致的不适（慢性静脉功能不全）。

2.6.2.2　法国

（1）纳图瑞克斯（Naturex）。

纳图瑞克斯是法国知名的植物提取物制造企业，成立于1992年，2005年6月收购纯净世界公司（Pure World），在植物提取、天然原料研发和为食品、健康及美容行业提供解决方案等方面处于国际领先地位。该集团设于全球的工厂和位于法国阿维尼翁的总部聘用员工1700名，2017年食品和饮料、健康和营养以及个人护理三大部门的收入与2016年持平（表2.9）。纳图瑞克斯于2018年3月26日被瑞士奇华顿集团以5.22亿欧元收购。

表 2.9　纳图瑞克斯公司财务数据

年份	销售额/亿美元	利润/亿美元	利润占比/%
2017	4.72	0.75	15.8
2016	4.71	0.72	15.2
2015	4.64	0.60	12.9
2014	3.81	0.43	11.2
2013	3.74	0.62	16.5

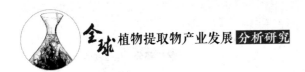

续表2.9

年份	销售额/亿美元	利润/亿美元	利润占比/%
2012	3.49	0.42	12.0
2011	2.96	0.35	11.9
2010	2.64	0.32	12.1

①公司结构。纳图瑞克斯在全球共有 15 个生产基地，分别位于欧洲、美国、巴西、印度和大洋洲，另有多个销售办公室分布于世界各地，在中国有全资子公司纳图瑞克斯商贸（上海）有限公司。

②主要产品。包括 Nat Color 系列（天然食品色素）、Nat F&V 系列（天然果蔬粉）、Nat Healthy（植物提取功能性原料）、Nat Stabil（天然食品抗氧化剂）等。

（2）益普生（Ipsen）。

益普生是一家以专科疾病治疗为主导的国际制药公司，其 2016 年的销售总额超过 16 亿欧元。Ipsen 集团一直致力于成为目标疾病领域内提供专科治疗方案的领导者。集团的业务发展策略由四个目标疾病领域支撑，分别是以 Dysport 为代表的神经学领域，以 Somatuline 为代表的内分泌学，以 Decapeptyl 为代表的泌尿肿瘤学和血液病学。更为重要的是，集团一直遵循积极的合作伙伴政策，其研发始终关注于创新和多样化的以患者为主导的肽及蛋白质工程技术。2016 年，Ipsen 在研发方面的总支出约 2 亿欧元。目前集团在全球范围内拥有逾 4900 名员工（表 2.10）。

表 2.10　益普生历年财务数据

年份	销售额/亿美元	利润/亿美元	利润占比/%
2017	22.24	5.87	26.4
2016	18.47	4.24	23.0
2015	16.83	3.82	22.7
2014	14.86	3.04	20.4
2013	14.27	2.66	18.6
2012	14.21	1.34	9.4
2011	13.52	0.85	6.3
2010	12.82	1.50	11.7

Ipsen 于 1992 年在天津设立代表处，并于 1997 年在天津华苑产业区投资建立起符合 GMP 生产标准的博福－益普生（天津）制药有限公司，至今已经成为益普生集团在全球范围内的第二大市场。

其主要产品包括达纳康、银杏叶浸膏，主要用于老年人慢性神经感觉和认知的病理性缺陷的症状等。

2.6.2.3 瑞士

（1）奇华顿（Givaudan）。

奇华顿是一家历史悠久，享有盛誉的跨国集团，在世界香精香料行业一直处于领先地位。公司已有 180 年悠久历史，为香精、香料、香精原料研究、开发、生产及销售商。Givaudan 总部设在瑞士日内瓦，业务遍布全球 40 个国家及地区，雇员数近 5800 名，并在世界各地设立了 8 个香精香料研究中心，拥有世界级调香师 100 多名，致力于满足不同地区的客户需求。Givaudan 公司于 2018 年 3 月 26 日收购法国知名植物提取物企业纳图瑞克斯（表 2.11）。

表 2.11 Givaudan 公司年报数据

年份	销售额/亿美元	利润/亿美元	利润占比/%
2017	51.13	8.54	16.7
2016	47.20	8.47	17.9
2015	44.50	8.18	18.4
2014	44.58	7.62	17.1
2013	44.22	6.98	15.8
2012	43.09	5.71	13.2
2011	39.63	4.81	12.1

（2）生物力量公司（BioforceAG）。

生物力量公司是最早的植物提取物生产商之一，成立于 1923 年，主导产品为紫锥菊提取物、勾果草提取物、贯叶连翘提取物等，其 A. Vogel 品牌在欧美很有影响力。目前生物力量公司已经发展成大型的跨国公司，全球约有 500 名员工，产品出口 30 多个国家，年销售额超过 1.1 亿瑞士法郎。

2.6.2.4 意大利

意迪那公司（Indena SPA）是世界领先的植物化学公司，致力于植物活

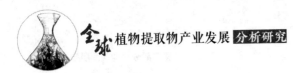

性成分的鉴定、研发和生产，产品广泛应用于制药、保健食品和个人护理行业。意迪那在全球拥有超过 800 名员工，其中 10% 从事全职的研发工作。意迪那在全球拥有多个工厂、种植基地和子公司，产品销往全球 70 多个国家和地区。同时，公司还与世界上著名的大学和私立研究机构合作，进行生物安全性和有效性评估直至 Ⅰ、Ⅱ 期临床研究。其植物化学研究工作的重要战略目标之一是开发新的应用于制药的植物活性成分。凭借 90 多年的植物学研究经验，意迪那在世界各地发展了完善的植物原料种植和供应链系统，由专家管理，保障了正常生产的需求和研发的需要。同时，有效抑制了非理性采收对药用植物物种的破坏，保护了生物多样性和自然生态平衡。现在，意迪那生产所用的植物原料 60% 以上来自全球各地的专业化种植基地。

2.6.3 亚洲重点企业

2.6.3.1 日本

日本津村株式会社作为全球最大的汉方药制药公司，生产接近 150 种汉方药，大多数汉方药以粉末为主。津村株式会社的汉方药原材料主要来自中国，根据津村的年报披露，目前津村在中国四川有分公司——四川川村中药材有限公司，这个公司主要负责汉方药的药材种植和培育。同时，津村在深圳有一个分公司，主要负责汉方药原料的处理和质量控制，在湖北还有一个深圳津村的分支机构；在上海的分公司则主要为日本津村株式会社生产医疗用汉方制剂的中间体浸膏粉末，并从中国向日本出口（表 2.12）。

表 2.12 津村株式会社年报数据

年份	销售额/亿美元	利润/亿美元	利润占比/%
2017	10.50	1.46	13.9
2016	10.28	1.81	17.6
2015	10.09	1.78	17.6
2014	10.05	2.05	20.4
2013	9.65	2.11	21.9
2012	8.72	1.94	22.2

（1）国内公司。

津村有 1 家津村研究所，2 家制药工厂（茨城工厂和静冈工厂），另有 3

家子公司分管物流、销售及种植药材。

株式会社夕张津村于 2009 年 7 月在北海道设立。通过在北海道的大规模机械化栽培，有望达到增加产量和缩减成本的目标。夕张津村作为北海道生药原料的生产、加工调制以及贮存基地，于 2009 年 10 月开始在津村所有农场栽培生药。该公司计划在 10 年内使北海道全部的生药栽培面积达到约 1000 公顷，产量扩大到 2000 吨。

（2）海外公司。

深圳津村药业有限公司：加工、生产、经营中药材及其制品等业务。2010 年设立湖北分公司。

上海津村制药有限公司：主要为津村生产医疗用汉方制剂的中间体浸膏粉末。

津村（美国）公司：设在美国加利福尼亚州，负责在美国的医药品研发项目。

津村（老挝）公司：作为"稳定提供安全放心的生药"的一个环节，以强化生药可追溯体系为目的，针对从东南亚各国采购的生药原料，津村从 2005 年开始与老挝政府开展了关于生药栽培的共同研究。由于该栽培研究取得了较好的成绩，2010 年 2 月与老挝政府签署了"项目开发合同"，并设立了当地法人"津村（老挝）公司"。

2.6.3.2 印度

（1）Remedies 私人有限公司（Remedies Pvt. Ltd.）。印度起步较早的公司，拥有自己的工厂，主导产品是藤黄果提取物、姜黄提取物等。

（2）Bioprex 实验室（Bioprex Labs）公司。工厂在马哈拉施特拉邦，符合 GMP 标准。主导产品有藤黄提取物、姜黄提取物等。

（3）Siris Impex 公司。主导产品有香胶树提取物、乳香提取物等。

2.6.4 全球植物提取物主要国家/地区重点企业发展情况对比分析

2.6.4.1 美国

美国具有多家全球植物提取物知名企业，并且都是该领域的行业领导者，形成了跨国龙头的规模。由于美国是全球膳食营养剂第一大消费市场，因此其多家植提企业也将生产植物药剂、营养补充剂作为主要的业务方向，比如 Hauser、Sabinsa 等公司。除此之外，这些公司的业务也拓展至食品、化妆

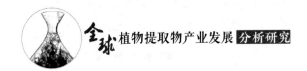

品、个人护理用品领域，形成"重点突出，全面发展"的业务布局。同时，美国企业在扩大生产规模的同时，也积极进行研发创新和国际合作，如 Avoca 总公司 Pharmachem Laboratories 在美国本土及墨西哥建立了 14 家制造工厂，主要负责营养品、香料等产品的研发和原料供应；Sabinsa 公司在印度建立了世界一流的天然活性物研发机构 Sami Labs，同时也依据印度的植物资源优势，建立了 7 个大型的生产基地，作为其产品的原料供给基础；Hauser 公司作为全球领先的膳食补充剂及植物药品制造企业，从事实验室层面的研发和技术检测服务。

2.6.4.2 欧洲

德国、法国、意大利、瑞士等植物提取物出口位于世界前列的国家，都有强大的植物提取物生产能力，其国内都有全球名列前茅的植提企业，多是在全球范围内形成集团规模的大型跨国公司，比如德国 Martin Bauer 公司，作为植提领域的龙头企业，在德国、意大利、波兰、俄罗斯、新加坡、西班牙、土耳其、美国等主要国家和地区建立了分公司和制造加工工厂，同时下属三个业务部门分别负责不同方向的植提产品生产。并且企业之间通过不断重组、整合来实现规模扩张和业务布局的发展，比如瑞士知名香精香料企业 Givaudan 为了加强对于天然植物产物领域的部署，于 2018 年 3 月 26 日收购了法国最大的植物提取物企业 Naturex。并且，这些企业都与中国具有密切的合作关系，法国 Naturex、Ipsen 分别在上海、天津开办了全资子公司，意大利 Indena SPA 在上海设立了意迪那生物技术有限公司。欧洲植物提取物企业的主要业务方向在于植物药品、食品营养剂、化妆品及个人护理方面，布局较为全面，同时也注重产品的研发和生产工艺的创新。此外，多家企业关注资源环境的可持续发展，积极发展植物原料的种植，避免过度开采对植物生态多样性和自然生态平衡造成的破坏。

2.6.4.3 亚洲

我国作为亚洲乃至全球第一的植物提取物出口大国，凭借本国丰富的植物资源优势，发展了一大批植物提取物制造企业，其中以晨光生物科技公司为主，主要从事天然色素、香料、天然营养物及药用提取物的研发。韩国、日本也具有较大规模的植物提取物生产能力，主要布局于植物药品、化妆品等领域。其中日本津村株式会社是全球最大的汉方药品制造公司，与我国合作密切，在四川、深圳、上海等地有多家分公司以及种植生产基地，凭借我国的植物资源优势向日本国内以及全球出口。津村株式会社还在美国加利福尼亚州设置了医药产品研发机构。印度国内也有国际上较有影响力的植物提取物企业，如 Natural Remedies、Bioprex Labs 等，然而从总体上看，印度植提企业虽然数量较多，但规模都不大，并且良莠不齐。由于印度具有天然的植物资源优势，因此许多国际大型植物提取物公司都在印度开办了分公司或者生产基地，如美国 Sabinsa 公司等。新加坡、马来西亚、印度尼西亚等东南亚国家虽然其本国植物资源比较丰富，但植物提取物出口规模都较小。

2.6.5　国内外重点企业对比分析

本部分对国内外重点企业从发展基本情况、发展优势和劣势三个维度进行对比分析。

2.6.5.1　优势

（1）我国具有丰富的植物资源，造就了我国多样的植提产品种类，并且不同地区具有各具特色的植物资源，生产的植物提取物产品在全球市场上都有优势。

（2）我国国内具有广阔的植提消费市场，植提产品也广受欧美等地消费者喜爱，因此我国植提企业有巨大的市场前景和发展潜力。

2.6.5.2　劣势

（1）我国植物提取物企业规模普遍较小，缺少行业龙头企业。而像德国 Martin Bauer，美国 Sabinsa，法国 Naturex、Ipsen，意大利 Indena 等植提领域的领导品牌，已经在全球范围内形成了集团规模，在世界范围内建立了多家分公司或生产研发基地，我国植提企业规模与这些公司相差还较为悬殊。

（2）我国植提产业整体仍然处于成长阶段，企业的人才技术仍然较为缺乏，生产工艺有待提高。国外的植提企业，比如美国 Avoca、Hauser、Sabinsa，德国 Martin Bauer，法国 Ipsen，意大利 Indena，日本津村株式会社等，都是通过不断进行生产工艺革新来实现生产规模的扩张和产品质量的提升。此外，国外优质企业还与相关的科研院所合作或者专门成立研究机构，来从事产品的研发创新。

（3）由于生产工艺、企业规模的限制，我国植提企业产品质量良莠不齐，大多数公司只能提供几个或十几个种类的初级产品。相较于国外的龙头企业，比如德国 Martin Bauer，其植物提取物产品来源于 120 多种植物，生产配方多

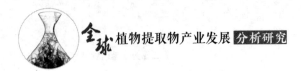

达 2000 多种；日本津村株式会社的汉方药产品也多达 150 种，我国产品相较于这些大型企业还存在较大劣势。

（4）我国植物提取物企业产品体系不够完善，市场定位不够清晰，大多数企业仍然以生产植提原材料为主。而欧美、日韩等大型企业，其产品具有完善的结构体系，能清晰定位到膳食营养剂及植物药品等方面的市场需求，同时也将业务单元分布到化妆品、个人护理等领域。像德国 Martin Bauer 这样的大型公司，还建立了不同的业务部门来分管各业务单元，产品从生产、加工到销售都有较为明晰的体系。

（5）国外植物提取物企业在高端产品的研发方面构筑了一定的知识产权壁垒，我国植物提取物企业很难在相应领域进行专利布局。

（6）我国植物提取物企业在高附加值产品的生产上短板较为明显，大部分是以生产原材料或粗提取物为主。

2.6.5.3 建议

（1）加大对于本土植物提取物先进企业的培植力度，建立完善并具有特色的植物提取物产品体系，注重对企业外部形象的优化，建立具有影响力的品牌效应。

（2）促进与国际植物提取物龙头企业的交流学习，提升本土企业的技术工艺和人才队伍建设，同时注重对植物提取物产品和工艺的研发创新。

（3）构筑完善的市场监管体系，严格把控植物提取物产品的市场准入制度。

（4）加强对我国本土植物提取物知识产权的保护，营造良好的研发创新环境。

（5）鼓励企业加强对植提产业末端高附加值产品的生产研发和制造。

（6）加强对植物提取物产品的营销力度，针对不同国家和地区进行市场细分营销，针对不同文化进行本土化营销，建立完善的营销渠道管理体系。

（7）培养企业的可持续发展意识，注重植物多样性和生态环境的保护，大力发展植物原料的种植和栽培。

第3章　中国天然植物提取物
产业发展情况及分析

3.1　中国植提产业发展概况

我国植提产业源自传统瑰宝中草药，受益于我国丰富的地理和气候条件，植物提取物的原料资源具有非常好的物种基础。但是，我国现代化分离提纯技术发展滞后，导致现代植提产业在我国起步相对较晚。因此，植提产业在我国是一项历史渊源悠久，但是现代化发展相对较晚的新兴产业。近年来，随着世界范围内"回归自然""绿色健康"理念的不断升温，植物提取物受到医药、食品、化妆品等领域越来越多的关注，发展势头较为迅猛，市场潜力非常巨大。

2017 年，我国植提产业市场销售额规模已达到 219.68 亿元，出口额达到 20.1 亿美元，从事植物提取物生产与贸易的企业已超过 3000 家，基本形成了以外贸出口为主要方式，以医药、食品、化妆品为主要应用领域的植物提取物市场格局，总体产业发展态势良好。

随着《食品安全法》的修订，以及《健康中国 2030》《"十三五"国家食品安全规划》《"十三五"国家药品安全规划》的相继出台，尤其是《中药提取物备案管理实施细则》等加强植物提取物监管的重点政策的施行，使得中国植提产业未来势必将朝着更规范、更健全的方向快速、良好发展。

3.2　中国植提产业发展历程

虽然我国植提产业可溯源至传统中草药领域，但是传统中草药鲜有涉及特定物质或组分的分离提纯，受限于我国现代生物化学分离提纯技术的滞后，我

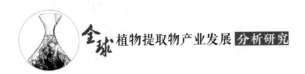

国植提产业起步时间相对较晚。

（1）萌芽阶段。一般认为我国的植提产业大致产生于 20 世纪六七十年代，部分大型的中药厂开始采用机械设备提取植物有效成分，是我国植提产业萌芽的开端。但是初步提取一般作为中药生产的中间环节，未能形成独立产业。

（2）起步阶段。20 世纪八九十年代，随着国际范围内对于"回归自然"的呼吁与逐步重视，一些国际知名的植物提取物企业开始进入我国，与此同时我国对外贸易也进入了飞速发展时期，这使得我国植提产业迅速兴起与发展。

（3）成长阶段。进入 21 世纪之后，随着植物提取物技术的不断发展，比如酶法提取、超声提取、超临界提取、膜分离技术、微波萃取等技术的应用，植物提取效率得到了极大提升，我国的植物提取物行业进入快速成长时期，涌现出一大批植物提取物企业。

（4）跨越阶段。2015 年，由于"银杏叶事件"引起的国内植物提取物市场全面整顿，国家食品药品监督管理总局连续采取系列措施加强对于植提产业的监管，我国植提产业进入短暂的调整期。其后，随着市场和技术标准的进一步规范，占据主流市场的食品、饮料、化妆品以及日用品制造商深入拓展到植物提取的研发和利用阶段，"绿色"理念产品展现出巨大的发展空间和广阔的市场前景，我国植物提取物步入跨越式发展阶段。

3.3 中国植提产业发展的基本特点

（1）新兴产业，发展速度快。

植提产业是我国一个快速发展的新兴产业，具有开发投入成本相对少，技术含量高，附加值大的特点。目前我国植提产业甚至占据我国中药产品出口的半壁江山，市场竞争较为激烈。

（2）产业发展依托自然资源优势。

我国植物提取物企业已超过 3000 家，年出口量超过 3000 万元的企业大多集中在京津地区、陕西、上海、湖南、云南、广西、浙江和广东等几个省份。这些省份中除了京津地区和上海是凭借科研技术、资金和外贸港口的优势，其他省份基本上是植物资源优势集聚地。因此，我国植提产业表现出较强的依托自然资源集聚现象。

（3）小企业众多，龙头优势企业较少。

我国植提产业仍处于成长阶段，整体产业集中度不高，大部分企业的规模较小，人才技术较为缺乏，设备工艺较差，产品质量良莠不齐，尚未形成具有重大国际影响力的龙头企业。据前瞻产业研究院统计数据，我国植物提取物生产企业中规模以上企业（年销售额在 2000 万元以上）仅占比约 2%。大多数企业生产规模和年销售额在 500 万元以下，基本没有科技研发能力和技术核心产品，只能提供技术含量较低的初级产品，企业效益受市场需求的影响较大。

（4）产品种类繁多，但核心竞争力产品极少。

我国植物资源丰富，目前仅天然药用植物品种就已经超过 11000 种，面向国际出口的产品超过 100 多种，产品类型丰富，种类繁多。但是值得注意的是，出口产品中被欧、美、日主流市场广泛接受的品种仅十几种，主要集中在具有一定药效功能的提取物。与此同时，国内企业普遍面临着核心产品缺失且研究能力不足的尴尬局面，一般企业无论规模大小通常都能提供十几种植物提取物产品，同质化严重，缺乏核心竞争力。

（5）标准与监管程度正日益加强。

我国植提产业作为新兴产业，目前相关市场监管、质量技术标准等仍然处于逐步完善的阶段，市场规范化与标准化程度不高，尤其是 2015 年"银杏叶事件"暴露出的标准缺失问题，甚至造成了我国植物提取物在一定程度上的市场信任和国际地位的负面影响。随着近几年来国家食品药品监督管理总局、海关总署等机构密集发布的一系列政策举措和专项行动，我国植提产业正在日趋规范化发展。

3.4　中国植物提取物的资源分布

我国地域广阔，横跨热带、亚热带、暖温带、中温带、寒温带、寒带等气候带，气候类型多样，气温及降水量等差异较大，具有丰富的地理环境和气候条件，为我国植物提取物产业提供了优越的原料资源。目前我国的天然中药品种数量有 12807 种，其中天然药用植物占绝大多数，共有 11146 种，其他为药用动物 1581 种、药用矿物 80 种。此外，我国也是中药材的主要种植区，我国已经有 600 多个中药栽培种植基地，中药材种植面积约 5045.5 万亩，中药材品种数量超过 300 种。我国的中药植物资源为推进植物提取物产业的发展奠定了坚实的物质基础。

我国现有植物提取物品种已超过 1000 种，其中被中国药典收载了 47 个品种，国家食品添加剂标准有 60 个，商务部或医保商会制定的涉及植物提取物的标准有三个批次 25 个品种，林业部及农业农村部制定的涉及提取物的标准有 5 个品种。

我国可用于植物提取物的品种资源主要包括藻类、菌类、地衣类、蕨类和种子植物等类群。当前用于植物提取的原料主要有：银杏叶、青蒿、八角、枳实、红景天、葛根、红车轴草、穿心莲、积雪草、当归、绿茶、人参、葡萄籽、枸杞、水飞蓟、甜菊糖、甘草、大豆、刺五加、山药、淫羊藿、各种菇菌真菌、罗汉果等。

除了满足国内需求，我国植物提取物还大量出口至美国、欧洲等国家。2017 年，我国植物提取物出口排名前十的品种为：甜菊叶提取物、桉叶油、薄荷醇、辣椒色素、万寿菊提取物、甘草提取物、银杏液汁及浸膏、越橘提取物、水飞蓟提取物、芦丁提取物。

按照不同地区的气候特点、土壤和植被类型，以及植物的自然地理分布特点，我国大致可以分为八大植物提取物资源区，具体情况见表 3.1。

表 3.1　我国八大植物提取物资源区基本情况

药用植物区	生长特点	主要产区	主要药材
西南药用植物区	资源种类多、数量大、质量优	秦巴山区、四川盆地、云贵高原地区	"川药"代表有川麦冬、川附子、川郁金、川黄连、川乌、川白芍、川独活、川党参、川黄麻、厚朴、黄柏等；"滇药"代表有云木香、云苓、云归、冬虫夏草、雪莲花、雪灵芝、红景天、云黄连、金鸡纳、重楼、云天麻、三七、续断等；"贵药"代表有半夏、天麻、天冬、黄精、杜仲、吴茱萸、通草等
青藏高原药用植物区	高原药材主产区，野生种类多、蕴藏量丰富	青藏高原地区	藏茵陈、塔黄、雪灵芝、川贝母、藏黄连、冬虫夏草、天麻、姜活等
华南药用植物区	"广药"主产区	岭南、闽南地区	檀香、沉香、儿茶、阳春砂、血竭、安息香、槟榔、益智仁、肉桂、广藿香、田七等

续表3.1

药用植物区	生长特点	主要产区	主要药材
华中药用植物区	道地药材"浙药""淮药""南药"主产区	长江中下游平原、江南山地丘陵和南岭山地三片区域	姜黄、栀子、白芍、茯苓、延胡索、东贝母、菊花、葛根、牡丹皮、白术、乌药、半夏等
华北药用植物区	"怀药"和"北药"主产区	辽东、山东低地丘陵地区，黄淮海平原及辽河下游平原地区，以及黄土高原	地黄、杏仁、金银花、黄芪、党参、山药、怀牛膝、山楂、菊花、紫苑、北沙参、远志、银柴胡、知母、黄芩、连翘、北苍术、玉竹等
东北药用植物区	"关药"主产区，我国种植人参的最主要产地	大兴安岭地区、长白山地区和松辽平原地区三片区域	关黄柏、刺五加、五味子、桔梗、地榆、关升麻、黄芪、党参、赤芍、关龙胆等
内蒙古药用植物区	"蒙药"主产区	大兴安岭和燕北山地	黄芪、防风、赤芍、黄芩、麻黄、知母、甘草、远志、桔梗、郁李仁、蒲黄、苍术、柴胡等
西北药用植物区	"维药"和"蒙药"主产区	新疆天山、宁夏贺兰山和六盘山地区等	甘草、麻黄、锁阳、伊贝母、新疆紫草、枸杞、红花、罗布麻、大叶白麻、大黄、姜活等

在我国八大植物提取物资源区域中，西南地区和华中、华南地区植物资源种类最为丰富，约占全国总数的 50%~60%，各省（区）的植物资源种类约为 3000~4000 种，最多达 5000 多种。华东和西北地区植物资源约占全国的 30%，东北和华北地区约占 10%。高原和山地分布多于丘陵区，丘陵区又多于平原区。其中已形成产业化开发的几种药用植物有：小花龙血树、肉桂、巴戟天、砂仁、芦荟、益智和槟榔。

由于植物资源优势和技术条件，我国植提产业的地域比较集中，按植物提取物工业总产值来看，主要集中在吉林、广东、四川、北京、云南、山东、天津、江西、贵州、浙江等省份，同时在陕西、湖南、江苏、湖北、河南、安徽、贵州、广西、辽宁、河北和重庆等地区也有较好的植物提取物工业产出。

另外，在植物提取物外贸出口方面，湖南、浙江、陕西、江苏、广东、上海、四川和山东等地的表现较为突出。

3.5 中国植提产业政策规划环境

随着社会经济的发展、生活水平的提高，回归自然与健康理念愈发深入人心，我国植提产业受到了越来越多的关注。尤其是在 20 世纪 90 年代美国批准植物提取物作为膳食补充剂进入市场之后，植物提取物出口外贸进一步拉动了整体产业的发展，我国植提产业迅速发展成长。与此同时，国家层面相继出台了一系列与植物提取物相关的产业支持政策以及相关的法规、法令、规划、标准等，逐步加强对植提产业的发展引导、监督和管理，保障植提产业朝着更好、更规范的方向持续发展（表 3.2）。

表 3.2　植物提取物产业近年来的相关国家级政策、法规、规划及标准

时间	名称	类型
2002	《关于加强中药前处理和提取监督管理工作的通知》	法令
2009	《中华人民共和国食品安全法》	法规
	《食品安全法实施条例》	法规
2012	《食品工业"十二五"发展规划》	规划
	《关于规范中药生产经营秩序严厉查处违法违规行为的通知》	法令
2013	《植物提取物商务标准（第一批）》	标准
	《关于促进健康服务业发展的若干意见》	规划
2014	《关于加强中药生产中提取和提取物监督管理的通知》	法令
	《中药提取物备案管理实施细则》	法令
2015	《关于落实中药提取和提取物监督管理有关规定的公告》	法令
	《中药材保护和发展规划（2015—2020 年）》	规划
	《中华人民共和国药品管理法（修订）》	法规
	《中华人民共和国食品安全法（修订）》	法规
2016	《植物提取物商务标准（第二批）》	标准
	《国务院办公厅关于促进医药产业健康发展的指导意见》	规划
	《中华人民共和国食品安全法实施条例（修订草案送审稿）》	法规
	《健康中国 2030 规划纲要》	规划

时间	名称	类型
2017	《植物提取物商务标准（第三批）》	标准
	《植物提取物标准集（2017版）》	标准
	《"十三五"国家食品安全规划》	规划
	《"十三五"国家药品安全规划》	规划
2018	《植物提取物商务标准（第四批）》	标准

3.5.1　植物提取物法律法规层面

2009年，《中华人民共和国食品安全法》《食品安全法实施条例》颁布实施，首次提出"保健食品原料目录"作为市场权威的选购依据，对植物提取物市场起到一定的规范作用。2015年修订后的《食品安全法》以及2016年的《食品安全法实施条例（修订草案送审稿）》进一步就植物提取物在药品或食品中的应用进行了规范。同期，修订后的《中华人民共和国药品管理法》和《中华人民共和国药品管理法实施条例》对中成药、中药提取和提取物加大了监管力度，并对集中规模化栽培养殖、质量可以控制并符合国务院药品监督管理部门规定条件的中药材品种，实行批准文号管理。在国务院2016年10月公布的《中华人民共和国食品安全法实施条例（修订草案送审稿）》中，明确提出"提取物纳入保健品生产许可管理""从事保健食品预混料、提取物等生产加工并对外销售的生产者纳入保健食品生产许可管理"以及"进口提取物实行和进口保健品同一规定"。从法规层面来看，植提产业的监管力度得到加强，整体产业的生产、经营和销售行为均需要在更为规范化的环境下开展，对于我国植物提取物市场的可持续发展具有重要意义。

3.5.2　植物提取物行政法令层面

2002年，国家药品监督管理局发布《关于加强中药前处理和提取监督管理工作的通知》，加强对生产企业前处理和提取车间的监督管理，保证提取物中药产品的质量。2012年，国家食品药品监督管理总局进一步下发《关于规范中药生产经营秩序严厉查处违法违规行为的通知》，规范中药生产经营秩序，严厉查处违法违规行为，以保障包括提取物在内的中药质量。2014年，国家食品药品监督管理总局（CFDA）出台《关于加强中药生产中提取和提取物监督管理的通知》，并同时发布《中药提取物备案管理实施细则》；在2015年进

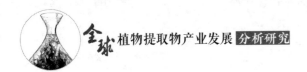

一步发布《关于落实中药提取和提取物监督管理有关规定的公告》，督促各级食品药品监督管理局严格推行中药提取物的生产与使用的备案工作，规范中药提取物的备案范围，严厉整肃中成药企业生产行为，全面禁止中药提取委托加工。一系列法令对植物提取物市场、企业和监管主体进行了有力整肃，净化了植提产业环境。

其中，加强中药生产中提取和提取物监督管理的相关行政法令是近年间监管严、督促紧、执行力度大的重要举措，主要包括以下三项内容：《关于加强中药生产中提取和提取物监督管理的通知》《中药提取物备案管理实施细则》《关于落实中药提取和提取物监督管理有关规定的公告》，要求相关企业和地方食品药品监督管理部门严格落实中药提取和提取物监督管理有关规定，并督促加强监督检查、落实监管责任。在这一系列举措中最重要的事项概括如下：

第一，自 2016 年 1 月 1 日起，生产使用中药提取物必须备案。自 2016 年 1 月 1 日起，对中成药国家药品标准处方项下载明，且具有单独国家药品标准的中药提取物实施备案管理。凡生产或使用上述中药提取物的企业，都必须按照《中药提取物备案管理实施细则》（见 135 号文件附件）在各省（区、市）食品药品监督管理局备案。凡是违反规定、使用未备案的中药提取物投料生产中成药的，各省（区、市）食品药品监督管理局依据《中华人民共和国药品管理法》第七十八条规定严肃查处。各省（区、市）食品药品监督管理局要按照 135 号文件第七条及其附件第二条的要求，严格审查备案中药提取物的范围，对不属于备案范围的不予备案；已经备案的必须取消。

植物提取物生产与使用备案包括以下两方面。其一，中药提取物生产备案。中药提取物生产备案需包括以下内容：本项目《中药提取物生产备案表》，有效的《营业执照》和《药品生产许可证》等证明性文件，国家药品标准和中药提取物标准，生产该提取物用中药材或中药饮片的产地/基原/执行标准或炮制规范信息，包含主要工艺路线/设备/关键工艺参数等和生产厂区平面图/车间编号/生产车间平面图等的关键工艺资料，包含原料、各单元工艺环节物料及过程质量控制指标、提取物成品检验标准，以及完整工艺路线、详细工艺参数等的内控质量标准，中药提取物购销合同，真实性承诺书等其他资料。其二，中药提取物使用备案。中药提取物使用备案需包括以下内容：本项目《中药提取物使用备案表》，有效的《药品生产许可证》《营业执照》《药品 GMP 证书》、使用中药提取物的中成药品种批准证明文件及其变更文件，中药提取物生产备案公示材料，中药提取物标准复印件、中药提取物生产单位营业执照、生产许可证等证明性文件，使用中药提取物的中成药国家药品标准，中药提取物购销合同书，对中药提取物生产企业的质量评估报告，对中药提取物生产企业的供应商审计报告，中药提取物关键工艺资料，真实性承诺书等其他资料。

第二，自 2016 年 1 月 1 日起，凡不具备相应提取能力的中成药生产企业必须停止生产。各省（区、市）食品药品监督管理局要按照 135 号文件的要求，停止批准中药提取委托加工。对于已经批准的中药提取委托加工，要求药品生产企业必须从 2016 年 1 月 1 日起停止委托提取。对于不具备中药前处理和提取能力的中成药生产企业，自 2016 年 1 月 1 日起，停止相应中药品种的生产。逾期不停止生产的，食品药品监督管理部门依据《中华人民共和国药品管理法》（2015 年修订，下同）第七十八条规定严肃查处。

第三，加强监督检查。各省（区、市）食品药品监督管理局要加强监督检查，落实监管责任，确保上述应停产企业按时停产。对检查发现的违法违规行为要坚决依法查处，并及时向社会公开。凡不具备中药提取能力的中成药生产企业，不得换发《药品生产许可证》（或相应生产范围）；对单独生产中药提取物的企业，不再核发《药品生产许可证》。国家食品药品监督管理总局将进一步加大飞行检查、跟踪检查的力度和频次，对违法违规生产行为严肃查处并予以曝光；对于把关不严、监管不力的地方，将予以通报批评，并严肃问责。

3.5.3 植物提取物规划层面

早在 2012 年国家发改委和工信部联合发布的《食品工业"十二五"发展规划》中就明确提出"鼓励和支持天然色素和植物提取物行业的发展，继续发展优势出口产品"，将植物提取物作为我国中药领域的优质国际化子行业资源，着重予以鼓励和支持发展。2013 年，国务院印发《关于促进健康服务业发展的若干意见》，提出"加强药食同用中药材的种植及产品研发与应用"，推动了植提产业的发展。2015 年，国务院办公厅转发工信部、国家中医药管理局等部门《中药材保护和发展规划（2015—2020 年）》，这是我国第一个关于中药材保护和发展的国家级规划，对包括植物提取物在内的我国中药材资源保护及产业发展做出全面部署。2016 年 10 月，国务院印发《健康中国 2030 规划纲要》，将健康服务供给体系上升到国家战略层面统筹解决，而植提产业也是大健康领域的重要组成部分之一。该纲要还进一步提出 2020 年我国大健康产业规模要达到 8 万亿元，2030 年要达到 16 万亿元。同年，国务院出台《国务院办公厅关于促进医药产业健康发展的指导意见》，提出推动中医药现代化，开发现代中药提取纯化技术，推动了植物提取物技术及产业的发展。2017 年，

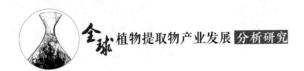

国务院出台《"十三五"国家食品安全规划》和《"十三五"国家药品安全规划》，提出进一步健全法规标准体系、民族药技术标准体系和技术指导原则，并研制中药民族药和天然产物标准物质，将植提产业的安全规范化发展作为重要内容纳入其中。

3.5.4　植物提取物标准层面

我国植物提取物产品标准不完善是制约该产业自律与可持续健康发展，阻碍国际化进程的重要原因。2013年，中国医药保健品进出口商会组织制定和发布了第一批7个品种的《植物提取物国际商务标准》；2016年和2017年发布了第二、三批，目前总共已达到25种。2018年第四批《植物提取物商务标准》有21种参评，预计将于近期公布，届时将有46种植物提取物具有国际商务标准。相关标准的发布有助于我国植物提取物生产和流通环节的有效监管，有利于完善我国植物提取物工艺和产品的质量标准体系，有利于规范行业准入机制，加强行业自律，并对我国植物提取物外贸市场发展具有重要推动作用。

（1）第一批：2013年，中国医药保健品进出口商会（简称医保商会）组织发布了第一批《植物提取物国际商务标准》，包括以下7个植物提取物种类：银杏叶提取物、越橘提取物、人参提取物、虎杖提取物、积雪草提取物、柳枝提取物、水飞蓟提取物。

（2）第二批：2016年，医保商会发布第二批《植物提取物国际商务标准》，涉及6个植物提取物种类：葡萄籽提取物（葡萄籽低聚原花青素）、接骨木提取物、芦丁提取物、槐米提取物、木瓜蛋白酶、橙皮苷（食品原料级、药品级）。

（3）第三批：2017年9月，医保商会发布第三批《植物提取物国际商务标准》，并首次与国家标准出版社合作，完成标准规范化，由标准出版社正式发行植物提取物标准单行本及出版《植物提取物标准集》（2017版）。第三批涉及12个植物提取物种类：白柳皮提取物、槟榔多糖多酚、海藻提取物（岩藻黄质）、虎杖白藜芦醇、金银花提取物（5％绿原酸）、金银花提取物（25％绿原酸）、灵芝提取物（水提）、罗汉果提取物（25％罗汉果皂苷Ⅴ）、罗汉果提取物（50％罗汉果皂苷Ⅴ）、绿咖啡豆提取物、绿原酸、甜叶菊提取物（表3.3）。

表 3.3 《植物提取物标准集》（2017 版）包含的植物提取物种类

批次	种类名称		
第一批	银杏叶提取物	越橘提取物	人参提取物
	虎杖提取物	积雪草提取物	柳枝提取物
	水飞蓟提取物	—	
第二批	葡萄籽提取物（葡萄籽低聚原花青素）	接骨木提取物	芦丁提取物
	槐米提取物	木瓜蛋白酶	橙皮苷（食品原料级、药品级）
第三批	白柳皮提取物	槟榔多糖多酚	海藻提取物（岩藻黄质）
	虎杖白藜芦醇	金银花提取物（5%绿原酸）	金银花提取物（25%绿原酸）
	灵芝提取物（水提）	罗汉果提取物（25%罗汉果皂苷 V）	罗汉果提取物（50%罗汉果皂苷 V）
	绿咖啡豆提取物	绿原酸	甜叶菊提取物

我国植物提取物出口排名靠前的品种中桉叶油、薄荷醇、甘草提取物等尚未入选《植物提取物标准集》（2017 版），缺乏植物提取物国际商务标准。

（4）第四批：2018 年 5 月，医保商会组织开展第四批《植物提取物国际商务标准》制定工作及标准评审会，共有 21 个植物提取物产品标准参加评审，包括：白芸豆提取物、槟榔提取物、当归提取物、番茄红素、花椒提取物、叶黄素油、黑加仑提取物、槲皮素、芦丁提取物、莱鲍迪苷 A、灵芝孢子油、罗汉果提取物（60%罗汉果苷 V）、苹果提取物、瑞鲍迪苷 D、水苏糖、速溶绿茶粉（绿茶提取物）、甜茶提取物（甜茶苷 90%）、万寿菊提取物、岩藻多糖、淫羊藿提取物、柚皮苷。预计第四批标准经过公示后将于 2018 年下半年发布。

3.6 中国植提产业规模情况

我国植物提取物市场整体发展非常迅速，发展速度超过了中药产业，迅速成长为一个蓬勃发展的新兴产业市场。我国植物提取物市场目前总体上属于出口导向型产业，国内植物提取物市场的增长很大程度上得益于国外对于植物提

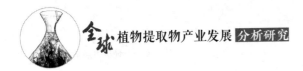

取物需求的增长。中国海关和中国医药保健品进出口商会统计数据表明，我国植物提取物出口额约占市场总销售规模的 60%～80%，出口是带动该产业发展的主要方式。近年来，随着欧美为主的国际市场对植物提取物需求的持续增长，以及国内居民生活品质的提升，我国植物提取物市场规模迅速增长。

3.6.1 中国植提产业市场规模

2017 年，我国植物提取物行业市场规模达到 219.68 亿元，同比增长 24.67%，产量达到 13.94 万吨，比 2016 年增加 2.76 万吨。2017 年，我国植物提取物贸易出口额为 20.10 亿美元，位居全球第一（表 3.4）。

表 3.4　我国植物提取物市场 2016—2017 年产业数据

年度	产业规模/亿元	产量/万吨	出口额/亿美元
2017	219.68	13.94	20.10
2016	176.21	11.18	19.30

随着利好产业扶持政策的不断出台，我国植提产业将继续保持高速发展状态。2018 年我国植物提取物市场规模达到 249 亿元，2022 年市场规模突破 341 亿元。

3.6.2 中国植物提取物产成品规模

产成品又称"成品"，是指已经完成全部生产过程，并经检验符合规定质量标准，可供销售的产品或者按照合同规定的条件送交订货单位的产品。2010—2016 年间，我国植物提取物产成品规模逐年增长，从 2010 年的 3.36 亿元增长到 2016 年的 9.31 亿元，年均增长率达到 29.5%，增长势头良好。产成品规模逐年稳定增加反映出植物提取物市场销售持续良好、活力充沛，植提业界的生产规模在逐步扩大（图 3.1）。

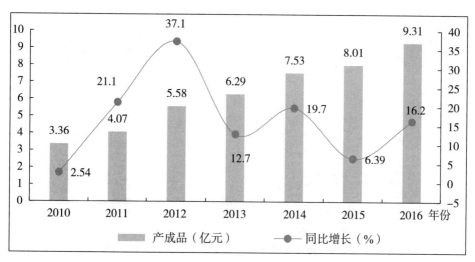

图 3.1　2010—2016 年植物提取物行业产成品及增长率走势图（单位：亿元，%）

3.6.3　中国植物提取物贸易出口规模

据中国医药保健品进出口商会统计数据，2001 年中国植物提取物出口额仅为 1.91 亿美元，到 2010 年出口额已经达到 9.5 亿美元。2011 年，我国植物提取物出口额达到 10.47 亿美元，同比增长 10.21%，成为我国中药出口中第一个超过 10 亿美元的商品种类，是拉动我国中药产品出口增长的主要动力之一。其后的 2012—2015 年，我国植提产业出口额持续着年均 25% 的快速增长，至 2015 年达到 21.63 亿美元的高值。然而，2016 年，我国植物提取物出口额回落至 19.3 亿美元，降幅达到 10.77%，其主要原因有两个方面：其一是 2016 年度人民币相对美元的汇率波动较大，其二是 2015 年"银杏叶事件"的影响迟滞性反映到了 2016 年的出口额上。随着我国植物提取物相关利好政策不断出台，2017 年我国植物提取物出口额重新上涨突破 20 亿美元关口，达到 20.10 亿美元，同比增长 4.33%，成功扭转 2016 年同期下降的不利局面（图 3.2）。

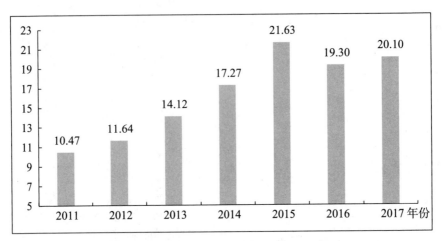

图 3.2　2010—2017 年我国植物提取物出口额（单位：亿美元）

其中，2017 年我国植物提取物出口前十大品种为：甜菊叶提取物、桉叶油、薄荷醇、辣椒红色素、万寿菊提取物、甘草提取物、银杏液汁及浸膏、越橘提取物、水飞蓟提取物、芦丁提取物，总出口额将近 10 亿美元，占提取物出口总额约 50％。

3.7　中国植提产业经营状况

3.7.1　中国植提产业盈利收益能力

2016 年，我国植提产业规模以上企业有 61 家，比 2015 年增加 1 家；资产总计 194.64 亿元，同比增长 19.57％，负债总额 76.29 亿元。2016 年全年实现销售收入为 201.67 亿元，同比增长 18.35％；实现产品销售利润 34.16 亿元，同比增长 30.30％；利润总额为 21.09 亿元，同比增长 28.09％。

中国植提产业 2016 年销售利润率 15.39％，成本费用率 10.68％，总资产报酬率 11.70％，资本保值增值率 112.37％，一系列数据与 2015 年相比持平，反映出我国植提产业销售获利能力和成本获利水平均持续良好，产业的资本保全性和增长性均较好，产业整体盈利能力较好（表 3.5）。

表 3.5　2015—2016 年中国植物提取物行业盈利和经营能力分析

指标	2015 年	2016 年	同比增长/%
企业个数（家）	60	61	1.67
资产总计（万元）	1627866.98	1946383.23	19.57
负债合计（万元）	670694.87	762909.55	13.75
销售收入（万元）	1703922.58	2016655.91	18.35
利润总额（万元）	164638.20	210877.40	28.09
产品销售利润（万元）	262163.13	341588.67	30.30
销售利润率（%）	15.52	15.39	−0.84
成本费用利润率（%）	10.68	10.68	0
总资产报酬率（%）	13.17	11.70	−12.56
资产保值增值率（%）	120.91	112.37	−7.56

3.7.2　中国植提产业运营周转能力

我国植物提取物产业 2016 年的应收账款周转率为 8.86 次，比 2015 年略有增长，反映出植提产业的应收账款变现能力持续保持较好。总资产周转率为 1.13 次，说明产业对于资产的利用效率也较高。产成品周转率 16.31 次，说明植物提取物产成品的周转速度比较快，运营资金在产成品上积压较少。因此，从整体来看 2016 年度我国植提产业的运营周转能力处于较好水平（表 3.6）。

表 3.6　2015—2016 年中国植物提取物行业运营能力分析（单位：次）

主要经济指标	2015 年	2016 年
应收账款周转率	8.39	8.86
总资产周转率	1.10	1.13
流动资金周转率	1.88	1.89
产成品周转率	15.63	16.31

3.7.3　中国植提产业负债偿还能力

2016 年我国植提产业的资产负债率为 39.2%，与 2015 年基本持平，依然保持在最佳资产负债率区间的低位，整体处于负债较低的状态。与此同时，该产业已获利息倍数达到 13.81 倍，充分说明了产业的长期偿债能力非常强。两项数据综合印证了我国植提产业负债规模适中，偿债偿还能力较强，产业长期稳定发展前景较好（表 3.7）。

表 3.7 2015—2016 年中国植物提取物行业偿债能力分析（单位：%）

主要经济指标	2015 年	2016 年
资产负债率	41.2	39.2
产权比率	70.07	64.46
已获利息倍数	10.82	13.81

3.7.4 中国植提产业增长扩张能力

我国植提产业 2016 年的销售增长率达到 18.35%，总资产增长率也达到 19.57%，说明该产业市场规模扩张速度较快。同时，资本积累率达到了 23.64%，反映出该产业能够有效支撑市场快速扩张进度，足以应付潜在的风险，具有较强的可持续增长能力（表 3.8）。

表 3.8 2015—2016 年中国植物提取物行业发展能力分析（单位：%）

主要经济指标	2015 年	2016 年
销售增长率	1.46	18.35
资本积累率	12.37	23.64
总资产增长率	10.53	19.57

3.8 中国植提产业供需平衡状况

3.8.1 中国植提产业供给情况

我国植物提取物在 2010—2016 年间的工业总产值基本呈逐年增加的趋势，从 2010 年的 60.63 亿元增长到 2016 年的 206.14 亿元。其间仅有 2015 年因为"银杏叶事件"的不良影响和国际外贸环境的变动，出现了小幅下滑。反映出我国植提产业的总体供给基本处于持续上涨的状态（图 3.3）。

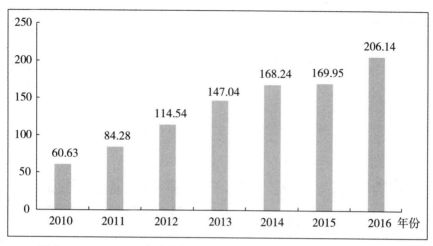

图 3.3　2010—2016 年植物提取物行业总产值变化趋势（单位：亿元）

3.8.2　中国植物提取物需求情况

我国植物提取物销售产值在 2010—2016 年间呈现上升趋势，销售产值从 2010 年的 60.57 亿元连续增长到 2016 年的 204.59 亿元，充分反映出市场对于植物提取物产品的需求非常旺盛（图 3.4）。

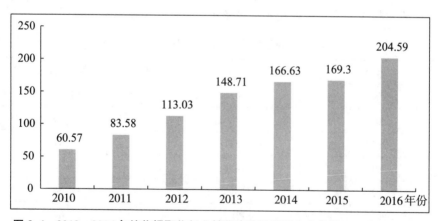

图 3.4　2010—2016 年植物提取物行业销售产值及增长率变化情况（单位：亿元）

3.8.3　中国植提产业产销率分析

2010—2016 年间，我国植提产业的产销率基本保持在 99% 左右，最高达到 99.91%（2010 年），最低也有 98.69%（2012 年），一直维持在较高的水平，充分反映了我国植提产业生产与销售的衔接较好，整体行业处于良好可持续的发展状态（图 3.5）。

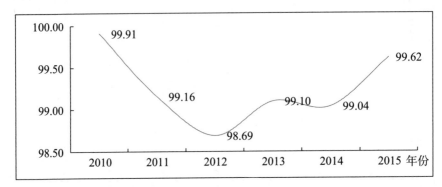

图 3.5 2010—2016 年全国植物提取物行业产销率变化趋势（单位：%）

3.9 中国植物提取物技术研发情况

技术创新是产业发展的动力和灵魂。中国植物提取物行业协会数据显示，我国植提产业的研发投入呈逐年增长的趋势，研发比重基本维持在 14%～15%，研发投入为维持行业技术和设备更新奠定了基础（表 3.9）。

表 3.9 我国植物提取物企业的研发投入及比重

年份	研发投入/万元	研发比重/%
2009	10730.15	14.96
2010	11861.43	14.70
2011	13173.55	14.61
2012	14585.74	14.85
2013	15939.18	14.68
2014	17470.68	14.64

数据来源：中国植物提取物行业协会。

整体而言，我国植提产业技术水平还未达到国际领先水平，如水提取、有机溶剂提取方法等的提取水平与国际水平还有差距。

我国植物提取物行业产业规模较小，面临巨大的研发压力，国内中小型规模企业力不从心，直接导致我国植物提取技术参差不齐，削弱了整体市场的国际竞争力。但是随着研发投入逐渐增多以及企业对于技术研发的重视，我国植物提取无装备水平已经接近国际水平。例如北京金可、浙江康恩贝等公司的超临界萃取、膜分离技术的应用对行业整体技术水平的提升有很大的带动作用。

3.10 中国植物提取物市场竞争情况

（1）我国植物提取物市场以医药和食品领域为主，以外贸为主要销售方式。

我国植物提取物市场仍以医药和食品（含饮料）领域为主，超过 60%，化妆品、营养保健品、饲料、农药等领域相对较少。在医药领域中，我国中药材更多使用植物提取物。在较长一段时间里，我国的植物提取物一般不直接进入终端消费市场，更多的是以医药中间体的形式存在，是中成药生产的重要一环。由于我国中药厂大多采用自给自足的方式，比如银杏叶和紫杉醇制品等，大多直接采购植物原料分离纯化获得植物提取物制成中成药产品再进入市场，因此我国目前在国内销售的植物提取物市场并不大。

基于此，我国植提产业是典型的出口导向型产业，出口额约占市场总销售规模的 60%~80%，外贸出口是我国植提产业的主要方式。比如甘草酸粉及草酸盐类植物提取物产品，国内销售量甚至不到整体销售量的 5%。此外，我国植物提取物出口也是中药材出口的主要组成部分，植物提取物出口额占中药材产品总出口额的比重至少超过 40%。

（2）我国植物提取物市场产品门槛较低、同质化竞争严重。

我国植物提取物大部分取自中国特有的中草药和植物资源，植物提取物产品大多从中医药领域延伸发展而来。总体上而言，我国植物提取物虽然发展时间并不长，但是由于进入门槛相对较低，目前国内从事植物提取物生产和贸易的企业已经超过 2000 家，竞争较为激烈。虽然国内一些优秀企业也通过了 GMP 认证，产品质量控制和检测水平能够达到国际水平。但是由于植提产业技术难度并不高，尤其是对于粗提物而言，导致一旦某种植物提取物产品在市场上走俏，很快就有多个企业迅速跟进、一拥而上，造成无序混乱的竞争。因此，目前我国植物提取物业内的大部分企业仅提供几种或者十几种植物提取物初级产品，同质化竞争非常严重。

（3）我国植物提取物企业规模普遍较小、聚集度低、竞争激烈。

我国植物提取物企业目前虽然已经有了一定的发展，但是普遍存在产业规

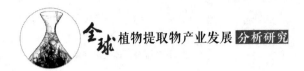

模相对较小、企业数量多但集中度较低、经济效益较低等一系列问题，缺乏集群效应。据中国医药保健品进出口商会统计，目前我国从事贸易和生产的植物提取物企业已有约 3000 家，但是截至 2016 年，工业规模在 2000 万元以上的植物提取物企业仅有 61 家，规模在 5000 万元以上的植物提取物企业更是不足 30 家，上市公司仅有 10 余家，缺乏真正意义上的大型龙头企业。因此，我国植物提取物企业的平均规模虽呈现逐年递增趋势，但总体来说水平还是较低。同时，我国植物提取物企业集中分布在吉林、山东、四川、陕西、湖南、浙江、江苏、上海、云南和京津地区，竞争较为激烈。

（4）我国植提产业仍侧重于劳动密集型、技术创新能力不足。

从总体来看，我国目前在植物种植、加工和提取方面仍处于分散式和小作坊式的生产阶段，产业尚处于劳动密集型阶段，缺乏真正意义上的技术创新。具体体现在我国植物提取物企业缺乏足够的研发能力与创新技术，企业劳动生产率较低，科技水平较为落后，产业集中度不高，创新及研发能力薄弱，产品或品牌的国际影响力较弱，缺少自己的核心技术和优势产品。

（5）政府监管力度有待提升、缺乏统一的标准，市场竞争环境有待改善。

我国植提产业领域长期缺乏统一的产业标准和政府监管，导致植物提取物企业形成了以价格取胜的观念，而不注重产品质量和研发投入使企业利润减少。2015 年"银杏叶事件"是行业监管乏力的集中爆发，尽管相关部门采取紧密措施加强监管，但是整个良好市场氛围的构建依旧任重道远。在行业标准上，尽管中国医药保健品进出口商会多年致力于本行业标准的制定，但是目前标准覆盖范围还较小，甚至出口排行前十的单品，如桉叶油、甘草提取物等还未覆盖。次外，标准属于商会制定标准，与国际市场的兼容性还有待提升。监管乏力和标准缺失的直接结果是市场准入门槛降低，大量中小企业涌入，将价格作为竞争的主要优势，使得产品质量难以保障。

（6）我国植物提取物企业的知识产权保护力度不足。

我国植物提取物企业一直不太重视知识产权的申请和保护，目前我国大多数企业没有申请专利。全国医药企业的专利申请比例只有 2‰。我国企业的中药专利申请有 10943 个，但仅有 0.3% 是在国际上申请的。由于国内企业不注重专利保护，大量国外企业盗用我国技术后注册成自己的商标而谋取高额利润。例如日本的救心丸源于我国的六神丸，返销我国后年销售额达几亿美元。韩国的牛黄清心丸源自我国的牛黄清洗液，年产值接近 1 亿美元。

3.11　中国植物提取物未来发展趋势

未来我国植提产业将会朝着以下几个方向发展：

（1）植提产业生产、经营将进一步规范化。

植物提取物的产业化需要在符合 GAP、GMP、GSP 的条件下进行（开发环节涉及 GLP、GCP），在生产经营全过程须建立和执行一系列技术标准和规范，以保证和提高产品质量。

植物资源是植物提取物产品质量的重要基础。我国规模较大的专业植物提取物生产企业的生产原料大多来自 GAP 种植基地。通过对原材料栽培、采收时间的控制以及对种植过程中施肥、治虫等可能引入的有害物质，如农药残留、重金属等进行控制，从源头上保证了植物提取物的产品质量。目前，我国常用的大宗中药材种植都建有相应的药材 GAP 种植基地。以银杏叶提取物为例，目前正规厂家生产的银杏叶提取物产品，其原料银杏叶都来自 GAP 基地。为确保植物提取物的产品质量，政府和相关商会都在大力推行 GMP 种植基地建设。

从源头保证质量，是植提产业健康发展的先决条件。因此，未来植物提取物生产、经营等一系列流程将越来越规范化，从而才能有效地保障我国植物提取物的品质与产品竞争力。

（2）植提产业相关标准将进一步完善。

质量标准是控制产品质量的关键依据。由于我国植物提取物行业发展时间较短，国家药典中仅有少量的植物提取物标准（并且这些标准与国际接轨程度不高），这已经难以适应植提产业快速发展的需要。为了进一步满足产业发展需求，我国植物提取物相关的学术界以及企业界已基本形成共识，即必须加快步伐制定植物提取物产品质量标准。

植物提取物质量标准应与国际标准接轨，采用先进的检验、检测技术和方法，标准严格可控，以确保产品质量稳定、安全、有效。质量标准应包括植物基源、产地、采收时间、制备工艺、性状、鉴别、检查、含量测定、卫生检查等。在检查项目定量方面应增加水分、灰分、重金属、农药、溶剂残留等项目内容，定性方面应增加指纹图谱（特征性图谱）等内容。

截至目前，由中国医药保健品进出口商会组织制定了三个批次共 25 项的植物提取物标准，被收录入《植物提取物标准集》（2017 版），称之为《植物

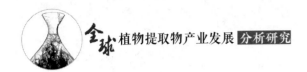

提取物国际商务标准》。2018 年下半年底，第四批植物提取物国际商务标准发布。这将有利于我国植物提取物生产及流通环节的有效监管，有利于完善植物提取物质量标准体系，提高行业准入机制，加强行业自律与可持续健康发展，并在对外贸易环节中获得一定的主动议价权。

然而，虽然目前《植物提取物国际商务标准》的发布在一定程度上能够解决我国植物提取物外贸发展存在的特定问题，但是该标准属于商会组织制定的外贸行业标准，与庞大的国际提取物市场相比，这些还远远不够。因此业内人士呼吁国家相关部门、各企业积极投身质量标准体系研究，不断提升产品质量，引领市场潮流，保证我国植物提取物行业健康有序发展。

（3）植提产业新产品、新工艺、新技术的创新速度将进一步加快。

第一，植提产业新产品研发速度将加快。随着生物技术的不断发展，越来越多的植物及其有效功能将会被挖掘出来，这些新的发现将进一步推动植物提取物行业不断发展进步，未来将有更多、更优质的植物提取物新产品面世。

第二，植物提取物的技术工艺将不断创新。植物提取物的科技含量主要体现在提取工艺，而提取工艺也在一定程度上决定了提取物的质量好坏。随着科技飞速发展，植物提取物工艺的改进与创新将不断加快，从而降低企业生产成本，并带来更高水平的提取物。

第三，植物提取物未来技术的发展方向还涉及高纯度提取和分离有效活性单体。因为植物提取物单体的组分结构更加明确、功效也更好、价格更低，所以该项技术也将成为未来的重点研发方向。

（4）运用于健康领域的功能性植物提取物产品成为一大发展趋势。

目前随着我国经济快速发展，人们的收入和生活水平不断提高，消费观念也在发生着巨大的变化。大众对于健康的重视程度愈发提升，使得具有保健功能的天然健康产品越来越受到重视。鉴于全民对健康的重点关注，植物提取物企业势必将迎合市场需求发展，挖掘更多的能满足人们需求的天然健康功能性植物提取物产品，因此这也将成为当前我国植提产业发展的重要趋势之一。

第4章 国内植物提取物产业各重点区域发展情况及分析

4.1 国内植提产业总体区域结构

从行业销售收入及企业资产规模来看，2016 年我国植提产业主要集中在华东、华中、东北和西南四大块区域。在行业销售收入上，华东地区位居各区域第一，占全国 22.17%；其次为东北地区和西南地区。在行业的资产规模上，华东地区的企业资产规模占全国的 24.91%，紧随其后的为东北地区和华中地区。此外，按规模以上工业企业数量集中程度，华东地区的植提产业规模以上工业企业数量最多，占全国的 27.59%；其中，植物提取物规模以上工业企业最多的省份是安徽（表 4.1、图 4.1、图 4.2）。

表 4.1　2016 年我国植物提取物行业区域市场情况

地区	规模以上工业企业数量/个	销售收入/万元
华东地区	16	542499.92
华中地区	9	423075.28
西南地区	8	312432.13
华北地区	5	212293.70
华南地区	5	175397.05
西北地区	5	89147.87
东北地区	10	423075.28

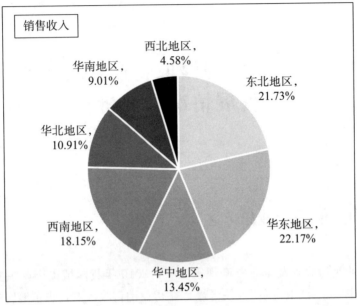

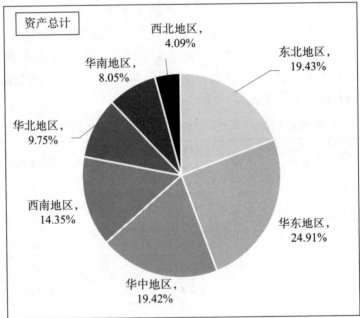

图 4.1 2016 年中国植物提取物行业各区域销售收入和资产总计情况

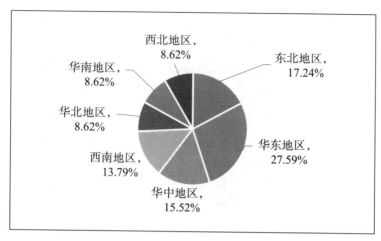

图 4.2　2016 年中国植物提取物行业各区域企业数量情况

4.2　国内植物提取物主要省份产业分布

4.2.1　植物提取物各主要省份行业总产值情况

在植物提取物省域行业总产值上，2016 年我国植物提取物行业总产值排名第一的是吉林省，该年度实现总产值 19.05 亿元，占比全国的 9.2％；排名第二的是广东省的 15.12 亿元，占比全国的 7.3％；四川省以 14.32 亿元的植物提取物行业总产值位居第三；北京和云南的植物提取物行业总产值也超过了 12 亿元，分列第 4 和第 5 位。排名前五的植物提取物省域行业总产值合计占比全国的 35.4％；排名前十的植物提取物省域行业总产值合计占比全国的 56.9％。这说明我国植物提取物行业的分布相对较为集中，表现出受到植物资源优势和资金出口优势两项协同的集聚作用效果（图 4.3）。

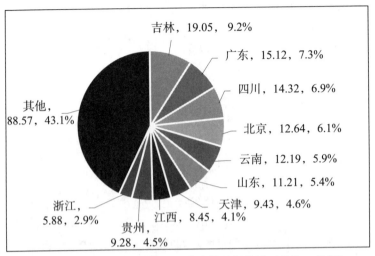

图 4.3　2016 年行业总产值居前十的地区比重（单位：亿元）

4.2.2　植物提取物各主要省份产成品规模情况

在植物提取物省域产成品规模上，2016 年我国植物提取物产成品规模排名前三的为吉林、广东、四川。吉林省植物提取物产成品约为 8644.7 万元，占全国植物提取物产成品的 9.3%；广东省植物提取物产成品约为 6969.7 万元，占比全国的 7.5%；四川省植物提取物产成品约为 6923.2 万元，占比全国的 7.4%；北京市植物提取物产成品约为 6448.6 万元，占比全国的 6.9%；云南省植物提取物产成品约为 5825.2 万元，占比全国的 6.3%。排名前五的省（市）域植物提取物产成品占比全国的 37.4%，排名前十的省（市）域植物提取物产成品占比全国的 60.2%。这反映出我国植物提取物产成品规模的集聚程度处于较高状态（图 4.4）。

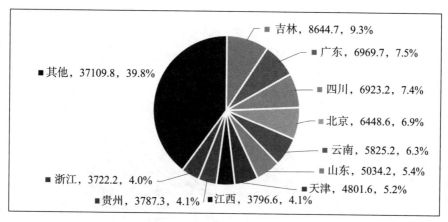

图 4.4　2016 年植物提取物产成品规模居前十的地区比重（单位：万元）

4.2.3　植物提取物各主要省份销售收入情况

在植物提取物省域销售收入上，2016 年我国植物提取物销售收入排名第一的省份是吉林省，销售收入约为 33 亿元，以巨大优势领先；其后为山东省、四川省、江西省、广东省和河南省分列第 2~6 位，2016 年销售收入在 10~15 亿元区间范围；排名前十的还有天津、江苏、湖北和安徽四省市。此外，贵州、广西、湖南、辽宁、陕西、河北、云南、重庆、浙江和北京进入了前二十位（图 4.5、图 4.6）。

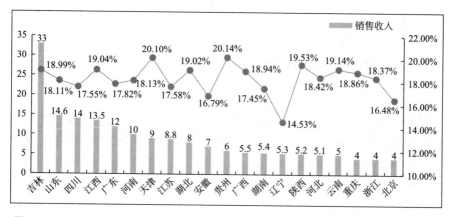

图 4.5　2016 年中国植物提取物行业排名前二十的地区销售收入情况（单位：亿元）

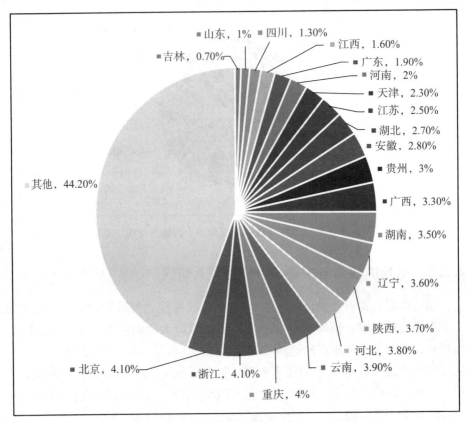

图 4.6　2016 年中国植物提取物行业销售收入各省份占比

4.3　植物提取物各主要省份产业概况

　　根据第三次全国性中药资源普查的结果，我国中药资源种类 12807 种，其中植物来源 11146 种。由于我国地域辽阔，自然环境复杂，中药材的分布呈现不均衡性。常用药材的蕴藏量沿着东北至西南分布，东北、河南、四川、甘肃、广西、贵州、云南等地的中药资源较为丰富。同时，中药的应用范围十分广泛，除了传统的治病，还不断向大健康领域延伸。现代技术逐渐揭示了中药材和人类健康之间的关系，以中药产业为主，中药食品、商业保健品为辅的中药大健康产业的新格局初步形成。国家统计局数据显示，我国植物提取物行业发展迅速，从事植物提取的企业已超过 3000 家，集中分布在湖南、陕西、浙江、江苏、四川、广西、广东、山东、吉林、安徽等省份，此外在贵州、河南、云南、河北、上海、天津、北京、江西、湖北等省市也有一定数量的植物提取物企业。

4.3.1　湖南省植提产业概况

湖南的植物资源蕴藏量在中国名列第二位，这也为植提产业发展奠定了坚实的资源基础。截至 2018 年，湖南省中药材和植物提取物出口货值达到10313.5 万美元，首次实现破亿元。早在 2016 年湖南省植物提取物出口量就达到 2217.6 吨，货值 9205.6 万美元。湖南省中药材以当归、枸杞、黄芩、黄芪、川芎为主，其提取物以虎杖提取物、水飞蓟提取物、人参提取物、万寿菊提取物、罗汉果提取物、银杏提取物、越橘提取物等为主，品种达到 300 多种，主要出口亚洲、欧洲和北美洲的 30 多个国家和地区。2015 年湖南出口植物提取物批次合格率为 99.5%，同比上升 0.3%，其产品质量比较有保障。

湖南省现有植物提取物相关企业 172 家，其中生产企业 68 家，有进出口资质的 73 家，有商检资质的 32 家。2017 年湖南省植物提取物企业年产值约30 亿元，出口约 1.8 亿美元。植物提取物生产企业主要分布于浏阳生物医药园、永州地区、湘西地区，贸易企业主要集中在长沙。

湖南省植提产业一直以外贸出口为主要方式。根据海关统计数据整理结果，相关企业有湖南华诚生物资源有限公司、湖南希尔天然药业有限公司、湖南康隆生物制品股份有限公司、长沙市惠瑞生物科技有限公司、湖南绿蔓生物科技股份有限公司、长沙世唯生物科技有限公司、长沙华康生物技术开发有限公司、湖南朗林生物制品有限公司等一批出口型植物提取物企业。产品出口地以美国、德国、韩国、印度等国家为主。湖南九典制药股份有限公司、湖南华纳大药厂股份有限公司、湖南绿蔓生物科技股份有限公司、湖南华诚生物资源有限公司、长沙华康生物技术开发有限公司、湖南朗林生物制品有限公司等还成为 A 股上市、拟 IPO 或新三板上市的大型植物提取物企业。

4.3.2　陕西省植提产业概况

陕西省中药植物资源品种非常丰富，陕西全省有药用植物、动物及矿物等中药资源共计 4700 余种，其中植物药 3291 种，约占全国药材种类的 30% 以上，优质道地药材 32 种，大宗药材 400 余种。同时，陕西省也拥有中药材规范化种植基地，人工种植面积超过 400 万亩，规模列全国第五位。丹参、山茱萸、绞股蓝等 7 个品种的中药材规范化种植基地通过了国家 GAP 认证，商洛丹参等 24 个中药材及药食两用产品获国家地理标志保护产品认证，凤县林麝、

绥德县全蝎在全国野生产量居前列。

由于具有较好的中药植物资源基础，陕西是我国最早开展植物提取的省份之一，并且是我国植物提取物的主产区之一。陕西省植提产业连续多年保持平均20％以上的增长幅度，目前已经成为陕西省出口排名第四大产业。早期陕西植物提取物以"三颗针""甘草""毛青藤""麻黄""槐米"等产品种类为主，其后"红豆杉""水飞蓟""贯叶连翘""枳实""虎杖"等植物提取物也逐渐增多，目前各种类型的植物提取物产品有约2000种，共同组成了陕西省植提产业的品种类型。

目前陕西省植提企业已有超过600家。陕西嘉禾、西安皓天、陕西森弗、西安天一、陕西锦泰、西安胜天等公司占到本省行业销售量的80％。2014年陕西省植物提取物进出口总额超过2亿美元，总产品量超过1万吨。其中仅陕西嘉禾进出口总额占到陕西省的40％，总额高达8019万美元，占据当年全国同行业的第三名。西安天诚是最先进入植物提取物生产的厂家之一，西安皓天是技术推动型企业，拥有数项发明专利。

4.3.3　浙江省植提产业概况

浙江省是全国中药材重点产区之一，具有丰富的中药材资源，中药材生产总量、均量均位居全国前三。浙江省中药种植历史悠久，所产的浙贝、元胡、白术、菊花、玄参、白芍、麦冬和温郁金素有"浙八味"之称。在植物提取物方面的生产原料主要为银杏叶、麻黄草、红豆杉、当归、蓝莓、越橘等。"浙八味"以及薏仁、山茱萸、厚朴等浙江省中药材产品的品质较好、市场竞争力较强，已经具有一定的国内外影响力，成为浙江省地方特色优势产品，并被列为该省优先发展的主导产业之一。

浙江省中药材主要集中在具有较好自然基础条件的山区或半山区，具体包括磐安、东阳、新昌、桐乡、淳安、天台、景宁等县域，并且各县具有较为明显的主导植物品种。比如磐安主要以浙贝母、白术为主，东阳主要以元胡、杭白芍为主，新昌主要以白术为主，桐乡主要以杭白菊为主，等等。浙江省植提产业作为建立在中药材资源上的一个重要分支，其产品也主要以药用植物提取物为依托，例如银杏叶提取物、越橘提取物、千层塔提取物、人参提取物、黑加仑提取物、绿茶提取物、万寿菊提取物，等等。

浙江省植提产业整体规模在国内居于中等水平，但是该省拥有一批较有影响力的大型植物提取物企业，比如浙江康恩贝制药股份有限公司、宁波绿之健药业有限公司、浙江惠松制药有限公司等。其中，康恩贝制药是浙江省最大的中药企业、国家火炬计划重点高新技术企业和国家创新型企业，其比较有影响力的产品为银杏提取物。宁波绿之健药业在 2012 年通过欧盟 GMP 认证，成为我国植物提取领域第一家进入欧盟药品市场的中国企业。近几年，绿之健药业在全国植物提取物出口中连续排名前三，产值突破 4 亿元人民币。

4.3.4　江苏省植提产业概况

江苏省也是我国华东地区重要的中药材资源大省，具有中药资源品种 1600 余种，其中植物药资源 1400 多种，分属 212 科 764 属。江苏省全省可划分为五个中药材资源区域：第一，宁镇扬低山丘陵道地药材区（包括宜溧低山丘陵区、宁镇茅山丘陵区、江北丘陵区）。该地区是江苏省野生中药材的主产区。野生中药材主要有茅苍术、明党参、百部等；主要栽培中药材有丹参、薏苡、红花等；道地中药材有茅苍术、明党参、百合等。第二，太湖平原"四小"药材区（包括苏州市区丘陵区、太湖平原区）。该地区中药资源种类较多，以"四小"中药资源为特色，主要中药资源有苏薄荷、灯心草、荆芥、半枝莲、金钱草、地丁草等。第三，沿海平原滩涂野生、家种药材区（包括滩涂浅海区、沿海平原区、云台山区）。该地区滩涂浅海是盐生和海洋药用植物、动物资源的集中地，有药用植物、动物资源 230 多种，常见的有茵陈蒿、蒲公英、车前草、苍耳子等。第四，江淮中部平原家种药材区（包括通海沿江平原区、通扬沿江高沙土平原区、里下河低洼平原区）。该地区中药资源有蒲黄、泽兰、薏苡、芡、桑、莳萝、莲、银杏等。第五，徐淮平原家种药材区（包括徐宿淮平原区、东新赣丘岗区、铜邳丘岗区）。中药资源以暖温带北方中药材为特色，是江苏大宗中药材和北方中药材的主产区。主要中药资源有生地、白芍、山药、麦冬、地黄等。

江苏省植提产业规模位居全国前列，2016 年植提产业销售收入位列全国第八，拥有江苏康缘药业股份有限公司、江苏贝斯康药业有限公司、江苏金纳多生物科技有限公司、中科健康产业集团江苏药业有限公司、江苏德和生物科技有限公司等一批规模较大的植物提取物企业。其中，江苏康缘药业股份有限公司为医药类上市公司，拥有国内最大的智能化中药材提取生产线，具有年处理生药材 10000 吨的能力。2010 年，康缘研究院被科技部批准建设"中药制药过程新技术国家重点实验室"，具有较高水平的中医药创新研究能力。江苏金纳多生物科技有限公司和江苏贝斯康药业有限公司均依托全国最大的银杏 GAP 种植基地，都是专业从事研发、生产、销售中药提取物和银杏保健食品的高新技术企业。金纳多生物科技公司拥有三条银杏叶提取物生产线，可年产

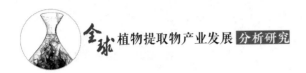

银杏叶提取物 200 吨，产品在国内市场占有率已达到 10％以上；贝斯康药业则拥有国内先进的银杏叶提取物生产线，以及高标准的质量控制体系，建设有国内领先水平的 GMP 银杏叶提取车间和技术研发中心，年产优质银杏叶提取物 100 吨。中科健康产业集团江苏药业有限公司按 GMP 标准建设中药提取物、保健品提取物、保健食品固体口服制剂、药品的制剂车间，主要面向中药提取、发酵项目。项目总投资 6 亿元，预计年生产固体制剂达 10 亿粒。中科健康产业集团在中药材有效成分提取技术研发与生产工艺上拥有较强的技术能力，在 1998 年提出"灵芝孢子 CO_2 超临界萃取方法"，在全球范围内首次研制出灵芝孢子油，并建立了世界首条灵芝孢子油生产线，带动了灵芝产业乃至中药现代化产业的发展。

4.3.5　四川省植提产业概况

四川省地貌复杂多样，特殊的地理环境造就了其良好的药品原料，在中药材资源上占据了三个全国第一。①蕴藏量全国第一。四川省的中药资源有 5000 多种，占全国的 39％，其中植物药有 4600 多种，占我国中药资源的 50％。②常用的中药品种全国第一。目前，全国常用的中药品种有 363 种，四川省有 312 种，占全国的 85％。四川药用植物代表有麦冬、附子、郁金、黄连、川乌、白芍、独活、黄麻、厚朴、黄柏等。③道地药材种类全国第一。四川道地药材共有 49 种，居全国第一位，其中川贝母和附子占 100％，川芎、麦冬占 70％～80％，川芎和川贝母等 7 个品种的人工种植面积和产量居全国第一位。2016 年，全省中药材人工种植面积 277 万亩，产量 84.4 万吨，产值达到 127.4 亿元。

四川省植物提取物产品主要有大豆异黄酮、淫羊藿提取物、红景天提取物、枳实提取物、绿茶提取物、盐酸小檗碱、黄芩苷、人工牛黄等特色产品。四川省作为有名的制药之都，拥有植物提取物相关企业非常多，植提产业销售收入连续五年排名全国前三，产业总体效益较好，在国内外植提产业中具有一定的影响力。但是，四川省植物提取物企业规模都不大，主要有成都华高、成都华康、四川新华康、四川川村、四川鸿龙等公司。成都华高生物制品有限公司是四川省较有影响力的植物提取物供应商之一，以茶叶（主要为绿茶）提取物为主，主导产品还包括大豆、淫羊藿、红景天、枳实等提取物，其中部分产品已占领行业 70％的市场份额，成为我国最大的茶叶提取物生产及出口厂家。成都华康生物工程有限公司专业致力于植物提取物的研发、生产、销售，在枳实提取物系列产品方面，是四川地区植提产业首家出口创汇企业。四川川村中药材有限公司则是由四川省医药保健品进出口公司和日本津村株式会社于1989 年成立的合资企业。该公司主要从事种植、加工、销售中药材，在四川省内建立了多个药材种植生产基地、加工厂区，并引入日本的检测设备和生药管理标准，产品主要出口日本，满足日本津村的制药生产。

4.3.6　广西壮族自治区植提产业概况

广西的药用植物资源、药用动物资源、海洋资源近 7000 种，物种基源种数位居全国前列。全区人工种植药材面积 180 多万亩，约占全国栽培面积的 1/5。广西是全国四大药材产区之一，是我国"天然药库""生物资源基因库"和"中药材之乡"。凭借丰富的中药和物种资源优势，广西成为我国中医药服务贸易先行先试重点区域之一，也为广西植提产业发展奠定了良好的资源基础。

广西植提产业销售收入位居全国中上游水平。在企业领域，主要有桂林莱茵生物科技股份有限公司、桂林兴达药业有限公司，二者均为专业的植物提取物企业。其中，桂林莱茵生物科技股份有限公司成立于 1995 年，是我国第一家以植物提取为主营业务的上市公司，2017 年年报显示，其营业收入 8.01 亿元，同比增长 40.22% 归属于上市公司股东的净利润 2.06 亿元，同比增长195.62%。该公司主要以罗汉果提取物、甜叶菊提取物为代表的天然无糖甜味剂为主要产品，是国内首家获得罗汉果提取物和甜叶菊提取物美国 FDA GRAS 认证的中国企业。该公司在国内外植物提取物、天然甜味剂领域有一定的影响力，曾连续五年入选美国《福布斯》杂志"中国最具潜力 100 强中小企业"榜单。其产品 90% 出口至欧美、日韩、德法等国。据该公司数据，截至 2017 年拥有发明专利 49 项，掌握了 300 多项天然成分提取的核心技术。

4.3.7　广东省植提产业概况

广东省具有较好的地理与气候条件，中药材资源较为丰富，是我国中药材主产地之一，所产中药材具有品种多、分布广、产量大的特点。广东的高等植物约有 8000 种，可供药用的有 2300 多种，常用的约 300 种。广东出产的名贵"广药"主要有：巴戟天、高良姜、阳春砂、广豆根、广防己、广藿香、广金钱草、广陈皮、何首乌、肉桂、鸡血藤、鸦胆子、红花寄生、石蟾蜍、广佛手、化州橘红、广地龙、金钱白花蛇，等等。其中含药用植物最为丰富的有菊科、姜科、木兰科、防己科、唇形科、马鞭草科、伞形科等；广泛分布在粤北山区、粤东北南岭山脉中段与东段、广东中部及雷州半岛。

广东是我国中药材大宗销售区和重要的进出口通商口岸，家种药材年产量

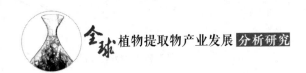

和野生蕴藏量超过一百吨的大宗品种有 190 多种，道地药材出口创汇 100 多种。广东省 2016 年植提产业销售收入位居全国第五，在 2011—2016 年间连续五年进入全国前五。2016 年，广东省植提产业销售毛利率和销售利润率分别为 31.46％和 18.99％，处于较好水平。广东省的中粮德信行健康产业有限公司［原"德信行（珠海）香精香料公司"］和广州汉方现代中药研究开发公司是较有代表性的两家企业。

4.3.8　贵州省植提产业概况

贵州中药材资源丰富，是全国重要的动植物种源地和四大中药材主产区之一，优势十分明显。贵州省现有中草药资源 4800 多种，其中药用植物 4400 多种。对贵州特有和珍稀濒危药用植物进行的资源调查显示，贵州特有药用植物 80 种，珍稀濒危药用植物 97 种，资源优势显著。多年来，全省中药材种植面积持续稳定增长，据《贵州省中药材产业发展报告（2016 年）》显示，2016 年贵州省共实施中药材产业项目 270 个（包括园区建设和产地加工等），全省共有 1091 家中药材种植与产地加工企业和专业合作社，中药材种植总面积 152.35 万亩，总产量 49.46 万吨，总销售收入 60.58 亿元。截至 2016 年，全省有 40 个中药材品种获得国家地理标志保护，有 42 个县把中药材作为富民强县的支柱产业来发展。

2016 年，贵州省植提产业销售收入位居全国第 11 位。虽然产业数据较好，但是与贵州省丰富的植物资源储量地位并不相符。贵州省目前有贵州苗药生物技术有限公司、贵州金之键科技材料有限公司等一些植物提取物企业，积极投身贵州贵安新区大健康产业发展，目前成长较为迅速。

4.3.9　云南省植物提取物发展状况调研

云南省在中国西部，是我国中药材主要生产基地之一。药用代表植物包括茯苓、天麻、半夏、天冬、黄精、杜仲、冬虫夏草、红景天、雪灵芝、三七等。云南省是全国植物种类最多的省份，集中了从热带、亚热带到温带甚至寒带的品种。统计数据显示，云南省有 274 科、2076 属、1.7 万种高等植物，占全国高等植物总数的 61.9％，因此有"植物王国"的称号。丰富的植物品种使得云南成为我国的"药物宝库"，全省中草药多达 2000 种，供中药配方和制造的中成药原料 400 多种，其中三七、天麻、云木香、云黄连、元茯苓、虫草等质地优良。同时，云南是我国拥有最多少数民族的省份，民族药也是云南特色资源。不同民族的草药极为丰富，如藏药、傣药、彝药等，为涌现多个植提龙头企业提供充足的原料资源。

但是，云南省植提产业规模整体在全国仅位于中游水平，2016 年产业销售收入排名全国第 17 位。企业方面，云南在植物提取物领域主要有万方天然药物公司，以生产灯盏花素、三七总皂苷、岩白菜素、青蒿素等产品为主，拥有自己的三七和灯盏花 GAP 种植基地。

4.4　国内植物提取物主要省份规划计划分析

在规划计划上，由于植提产业属于中药、医药及健康产业的范畴，因此在省一级层面的规划计划上一般被纳入中医药或生物大健康进行统筹设计。植物提取物发展较好的主要省份均在药用植物资源（中药材资源）保护及发展规划、中医药发展规划、生物医药与大健康产业发展规划等规划计划中对植提产业发展做出了相关部署。

云南省对于植提产业发展重视程度较高，相关规划设计最为详尽。云南省在中药材种植、中医药产业发展、生物医药和大健康产业、健康服务业、重点产业标准行动规划，甚至《云南省"十三五"科技规划》《云南省着力推进重点产业发展的若干意见》和《建设创新型云南行动计划》等云南省科技产业全局部署中也专门提及了中药提取物或植提产业的发展，将植物提取产业作为该省重点发展的领域之一。湖南、陕西、四川、浙江、广东等一些省份还将包含植物提取物在内的生物医药产业纳入了"十三五"战略性新兴产业发展规划。湖南省专门设计了《湖南省医药大品种培育计划》，对包含植物提取物资源品种在内的药用植物做了重点保护、培育和发展规划。陕西省将植物提取物产品作为重要出口产品纳入医药优势产品推广发展，并进入《陕西品牌出口振兴暨外贸孵化工程 2012—2018 年行动计划》。广东省则将植物提取物产品列入了该省"十三五"食品药品安全规划。

4.5　国内植物提取物主要省份监管制度分析

在监管制度上，各省均下发并执行了国家食品药品监督管理总局的《关于加强中药提取和提取物监督管理的通知》（2014 年）和《关于落实中药提取和提取物监督管理有关规定的公告》（2015 年），对中药提取和提取物加强了监

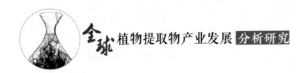

督管理，严格实行中药提取物的生产与使用的备案管理，并且规范中药提取物的备案范围；整肃中药提取物的企业生产行为，勒令禁止中药提取委托加工，并落实了各级部门监管责任、加强检查力度，有效净化了植提产业环境。由于"银杏叶事件"的影响，各省对于中药提取和提取物的监督管理工作均非常重视。四川、湖南、江苏、浙江、广西、云南、广东等省份还制定了中药提取和提取物监督管理专项行动方案，在 2016、2017 年间对中药提取物备案、委托加工、提取物品种及批准情况，供应商及物料质量情况，提取物及制剂生产情况，集团内部共用或异地设立提取车间加工等情况进行了重点监督检查。其中，广东省对于植物提取物质量监督管理的重视起步相对更早一些。2011 年，广东省出台中药生产监督专项检查工作方案，对包括植物提取物在内的中药生产做了专题整治；2012 年，广东省发布《关于进一步加强中药饮片及中药制剂质量管理工作的通知》，要求中药饮片生产企业必须符合自身生产许可范围及生产检验能力，并报送备案；若有违规行为要求责成立即改正并纳入企业诚信档案。此外，陕西省还将植物提取物种植与"精准扶贫"结合起来，通过专项行动引导和鼓励贫困地区"精准种植"重要的植物提取物品种资源，扶持当地的植提产业带动贫困地区经济发展。

4.6　国内植物提取物主要省份基金项目分析

在基金项目上，一些省份通过所在省市科技厅的科技计划项目或基金计划予以扶持。例如广西、陕西等省在"十三五"科技重大专项、科技惠民计划项目、医药发展基金中将植提产业作为重要内容之一进行了立项资助。

同时一些植提产业大省为植物提取物设立了专门基金。比如，湖南省设置了植物提取物人才培养基金，引导和鼓励湖南省植提产业的研发、成果转化和产业推广等整体产业链人才的培育与引进。陕西省在 50 亿元规模的医药产业发展基金中专门设立了分支基金支持植提产业发展，并且专门设立了陕西省植提产业出口发展基金、植提产业成长型企业引导基金，促进该省植提产业快速成长。

4.7　国内植物提取物主要省份协会组织分析

在协会联盟等组织上，湖南省在 2014 年率先建立了全国第一家植物提取物行业协会——湖南省植物提取物协会，对于湖南省乃至我国的植提产业的规范和健康发展起到了一定的积极引导作用。湖南省植物提取物协会多次承办中国植物提取物高峰论坛，促进了植物提取物技术研讨、产品推广和产业上下游交流。同时，湖南省还成立了中药材产业联盟，对于融合湖南全省中药材技术机构和企业的力量，提升湖南植物提取物生产能力具有重要作用。湖南省还举办了多次中国饲用植物提取物行业高峰论坛、植物提取物专题博览会等活动，通过会展经济带动植提产业的发展。

2016 年，陕西省也建立了植物提取物行业协会，并连续三年举办协会年会和植物提取物行业学术论坛，在促进植提产业标准规范的建立，产业未来发展的布局等方面起到了良好的推动作用。2017 年，在陕西省商务厅倡导下，陕西省发改委、农业农村厅、工信厅、食品药品监督管理局、西安海关、陕西检验检疫局等政府主管部门指导进一步设立了陕西省植物提取物行业国际销售战略联盟。该联盟由陕西省植提产业的相关企业、植物提取物领域各类商（协）会、外贸综合服务公司和金融机构代表等联合组成，为促进该省植提产业集聚、信息互通、资源共享、植物提取物出口产品结构调整、植物提取物产品品牌品质提升，实现植物提取物外贸活动良好可持续发展打下了良好的基础。

虽然四川省通过中药行业协会组织开展了一些涉及植物提取物相关内容的活动，对省内植提产业的发展起到了一定的规范和推动作用，但由于其范围覆盖整个中药领域、作用效果有限，因此四川省仍需设立专门的植物提取物行业协会，以更好地推动植提产业发展。

4.8　国内植物提取物主要省份研发中心分析

在研发中心上，国内植物提取物大省均依托省内的大专院校、科研院所在中医药、植物学等方面的研究力量进行研发。例如，陕西省依托西安交通大学、第四军医大学、陕西师范大学、陕西中医药大学、陕西中医药研究院等建设了中药科技研发团队，贵州省依托贵州大学、贵州医科大学等高校院所，四川省也依托四川大学华西药学院、四川农业大学、成都中医药大学、中国科学院成都生物研究所等高校院所建设植物提取物的相关研发团队。

与此同时，一些省份还设立了专门的植物（或中药）提取工程研究中心、技术研究中心、功能分析中心、产业创新中心等。例如，湖南省培育了国家中

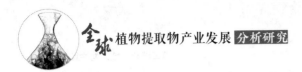

药材生产（湖南）技术中心、国家植物功能成分利用工程技术研究中心、湖湘中药资源保护与利用协同创新中心等一批从事植物提取物相关产业研究的机构。江苏省建立了中药资源产业化过程协同创新中心，重点开展提取精制、制备纯化、速效高效剂型制备的关键技术。贵州省建立了中药标准化技术研究中心，围绕贵州省88种中药材、药材炮制品及中成药开展相关研究工作。广东省建立了现代中药工程技术研发中心和中药提取分离过程现代化国家工程研究中心。其中，广东省中药提取分离过程现代化国家工程研究中心是国家发改委批准建设的全国唯一中药提取分离领域国家工程研究中心，被广东省政府列为"十项工程"建设项目。

4.9 国内植物提取物主要省份产业基地分析

在产业基地上，目前各植物提取物大省均建设有国家级或省级的中药材种植培育基地、中药材（或农产品）加工贸易产业园区等产业基地，一些省份还建有地市级甚至县级的中药材种植基地。湖南省在长沙、常德、永州、湘西土家族苗族自治州等地创建了20多个国家级出口质量安全示范园区，形成了廉桥中药材市场、靖州茯苓批发市场和隆回金银花集散中心等集聚市场、初加工基地，支持培育了20个种植基地县和100多个种植合作社。湖南省还结合"湘九味"（湖南省重点培育的9个标志性品牌药材）品种培育建设了20个特色中药材种植基地、10个特色及珍稀中药材种植繁育基地，并打造了国家级出口中药材种植示范基地，支持中成药和中药饮片企业建设湘产特色药材基地和现代化产业加工园区。陕西省在汉中、渭南、商洛等多地建设了植物提取物特色出口基地和种植基地，创建植物提取物智慧园区，以及杨凌农产品加工贸易示范园，以促进植提产业聚集、企业做大做强，推动陕西省植物提取物产品品牌建设和扩大出口贸易，旨在打造我国植物提取物生产与出口交易集散中心。浙江省建设了中药材GAP基地，并设立了"浙八味"及铁皮石斛、灵芝、西红花等道地大宗药材生产基地，支持道地特色中药材及濒危野生药材规模化、规范化种植。四川省于2017年2月在成都天府国际生物城投资10.2亿元建设了"华西－高新生物医药谷项目"，其中包括由四川省中医药科学院承办的总投资5亿元的国家中医药传承与创新工程建设专项，旨在将国际生物城建设成为中药新药、制剂和提取物等相关产品的中试、生产与转化基地。云南省建设了中药现代化科技产业（云南）基地，围绕中药材优势产业带，形成昆明现代生物制药产业园、文山三七产业园、楚雄民族医药工业园、大理医药工业园、玉溪医药产业园等园区，并针对三七、灯盏花、岩陀、云当归、天麻等中药产物，建成了云南省重要的中药饮片与提取物加工基地。贵州省重点推动国家认证的中药材 GAP 种植基地建设，设立面向国家基本药物的中药种子种苗繁育基地、省级中药材良种繁育基地和中药材种植科技示范园区。

4.10 国内植物提取物主要省份规范制度分析

在规范制度上，目前各植物提取物主要省份按照国家食品药品监督管理总局发布的《关于加强中药生产中提取和提取物监督管理的通知》及其相关要求，积极开展了包含中药提取物生产与使用备案、公示等相关工作。此外，一些省份还在植物提取物的品种种植、生产加工、检验检疫等方面制定了相应规范、方法与工艺标准。湖南省制定了中药材种植规范，以及初加工与中药饮片一体化生产技术规范，并探索开展了植物提取物检验检疫标准及检测方法、植物提取物出口产品标准、饲用植物提取物产品工艺及标准等制度规范。陕西省编制了《陕西省医药优势产品目录》，推进包括植物提取物在内的医药优势产品市场发展。四川省则只针对中药提取物事前备案和前处理、提取审批等规范制度，其他工作目前少有涉及。云南省积极争取三七、天麻、石斛等道地药材和优势资源进入《新资源食品目录》，积极支持该省优势品种、特色品种进入国家和省级基本医疗保险和新农合药品目录，并在省内优先采购和使用；同时建立了三七等重要中药材的收储机制。贵州省则制定了《贵州省道地药材特征图谱及质量标准研究的技术要求》《贵州省提高中成药质量标准指导原则与技术要求》等涉及植物提取物的规范性文档。

4.11 国内植物提取物主要省份服务平台分析

在服务平台上，湖南省建立了国家级区域技术服务平台、省级中药材栽培技术研究平台、省级中药材综合信息平台，并整合资源在全省建设了 20 余个栽培技术及信息服务站点，形成了三级层次的植物提取物生产技术服务平台体系。陕西省建立了植物提取物公共仓库、植物提取物产品出口检测中心、产品仓储物流中心和市场交易中心，构建一系列平台为该省植提产业做大做强积蓄

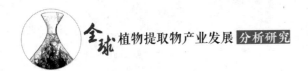

动力。云南省则建设了空港国家科技创新园植物提取物研发中心及科技公共服务平台，为植物提取物产品贸易提供重要载体；同时，云南省还建立了中药材行业统计信息数据平台，引导优势资源种植布局，并提供中药材价格预警。

4.12 国内植物提取物主要省份企业培育情况分析

在企业培育上，浙江、陕西、广西、湖南、云南等一些植物提取物大省既有较好的植提产业规模，也有植物提取物领军企业。比如，浙江省的康恩贝制药股份有限公司、宁波绿之健药业有限公司，陕西省的西安皓天生物工程技术有限责任公司、嘉禾生物科技股份有限公司，广西壮族自治区的桂林莱茵生物科技股份有限公司，湖南省的春光九汇现代中药有限公司，云南省的瑞宝生物科技股份有限公司，等等。但是，同样作为植物提取物大省的四川，虽然具有较大的植提产业总体体量，植提产业规模和贸易出口量均居全国前列，但是单一企业的规模均不大，没有一家企业在规模和出口量上能进入全国十强，缺乏领军型龙头企业。湖南省几年前植物提取物企业的情况与此类似，后来该省提出通过在高新技术认定、新三板上市等上市融资、人才引进和原料种植基地建设等方面给予多方面的优惠和扶持政策，以重点培育 2~3 家植提产业的龙头企业，以及"湘九味"中药材品牌重点企业，引领湖南省植物提取物企业集群发展，逐步培育出春光九汇现代中药有限公司等一批具有较大规模的植物提取物企业。陕西省则通过金融政策推动植提企业的进一步发展，比如建设银行陕西分行的"大数据信贷产品"可以为中小植物提取物企业提供免抵押贷款，中国进出口银行陕西分行将为陕西省植物提取物企业出口拓展国际市场提供资金支持，浦东发展银行陕西分行也将为植物提取物企业提供科技贷款、供应链融资等金融服务。云南省则提出打造"滇中现代中药（民族药）经济圈"，建设和提升一批中药饮片和中药提取物生产加工企业，重点扶持 10 家重要的中药饮片与提取物生产企业成为区域中药材发展的重要支撑企业（表 4.2）。

此外，河北、江西、山东、上海等地区虽然全省的植提产业规模并不突出，却培育出一些具有全国影响力的植物提取物大型企业。比如，河北省的晨光生物科技集团股份有限公司、江西省的谱赛科生物技术有限公司、山东省的绿叶制药股份有限公司和上海的津村制药公司。

表 4.2　植提产业各主要省份的发展环境对比

省份	类型	各主要省份的政策环境
湖南省	规划计划	湖南省战略性新兴产业生物产业发展规划
		湖南省中药材保护和发展规划（2016—2025 年）
		湖南省人民政府办公厅关于促进医药产业健康发展的实施意见
		湖南省医药大品种培育计划
		湖南省贯彻《中医药发展战略规划纲要（2016—2030 年)》实施方案
	监管政策	转发国家食品药品监督管理总局关于加强中药生产中提取和提取物监督管理的通知
		转发国家食品药品监督管理总局关于落实中药提取和提取物监督管理有关规定的公告
		关于开展胶类产品、生化药品和中药提取物专项整治工作的通知
	专项行动	2017 年 6—7 月开展胶类产品、生化药品和中药提取物专项整治
	基金项目	湖南省植物提取物人才培养基金
	协会组织	湖南省中药材产业联盟
		湖南省植物提取物协会
	论坛会展	中国植物提取物高峰论坛
		植物提取物专题展览、会展经济
		中国饲用植物提取物行业高峰论坛
	研发中心	湖南省中药提取工程研究中心
		国家中药材生产（湖南）技术中心
		国家植物功能成分利用工程技术研究中心
		湖湘中药资源保护与利用协同创新中心
	产业基地	国家级出口农产品质量安全示范区
		中药材培养基地、"湘九味"特色中药材基地
		国家级出口中药材种植示范基地
		植物提取物生产加工现代园区
		中药材良种繁育基地
		植物提取物种植基地县、种植合作社、精深加工企业

续表 4.2

省份	类型	各主要省份的政策环境
湖南省	规范制度	中药材种植规范
		植物提取物检验检疫标准、检测方法
		植物提取出口产品标准、饲用植物提取物产品工艺及标准
	服务平台	国家级区域技术服务平台
		省级中药材栽培技术研究平台
		省级中药材综合信息平台
		栽培技术及信息服务站
	企业培育	培育重点龙头企业 2~3 家
		"湘九味"中药材品牌品种企业
陕西省	规划计划	陕西省"十三五"战略性新兴产业发展规划
		陕西省促进医药产业发展实施方案
		陕西省中药材保护和发展实施方案（2016—2020 年）
		陕西省促进医药优势产品推广应用的指导意见
		陕西省品牌产品出口振兴暨外贸孵化工程 2016—2018 年行动计划
	监管政策	陕西省食品药品监督管理局关于加强中药生产中提取和提取物监督管理相关规定的通知
		关于加强中药提取物生产企业申报备案现场检查暂行规定
	专项行动	通过精准种植、精准扶贫扶持植物提取物出口
	基金项目	50 亿元规模的医药产业发展基金
		陕西省植物提取物产业出口发展基金
		植物提取物产业成长型企业引导基金
		陕西省科技惠民计划植物提取物项目
	协会组织	陕西省植物提取物行业国际销售战略联盟
		陕西省植物提取物产业协会
	论坛会展	陕西省植物提取物产业协会年会及植物提取物论坛
		植物提取物博览会
		植物提取物中小企业发展融资论坛

续表 4.2

省份	类型	各主要省份的政策环境
陕西省	产业基地	陕西省植物提取物特色出口基地（汉中、商洛、渭南等）
		植物提取物智慧园区
		陕西杨凌农产品加工贸易示范园
	规范制度	陕西省医药优势产品目录
	服务平台	陕西省植物提取物公共仓库
		植物提取物产品出口检测中心
		植物提取物产品仓储物流中心
		植物提取物市场交易中心
	企业培育	为植物提取物企业提供专项银行融资贷款
江苏省	规划计划	江苏省"十三五"中医药健康服务发展规划
		江苏省发展中医条例（修订）
	监管政策	关于印发江苏省保健食品化妆品生产经营企业日常监督现场检查工作细则的通知
		转发食品药品监督管理总局关于加强中药生产中提取和提取物监督管理的通知
	专项行动	中药提取物备案公示数据库
		中药提取物专项检查
		2017 年 9—11 月对中药提取物生产和使用企业专项检查
	研发中心	江苏省中药资源产业化过程协同创新中心
浙江省	规划计划	浙江省培育发展战略性新兴产业行动计划（2017—2020 年）
		浙江省人民政府办公厅关于加快推进中药产业传承发展的指导意见
		浙江省中药炮制规范
		浙江省中药材保护和发展规划（2015—2020 年）
	监管政策	转发国家食品药品监督管理总局关于加强中药生产中提取和提取物监督管理的通知
		转发国家食品药品监督管理总局关于落实中药提取和提取物监督管理有关规定的公告
	专项行动	2015 年中药植物提取物备案工作
	产业基地	"浙八味"特色中药材基地

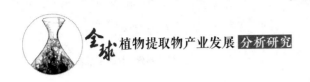

续表4.2

省份	类型	各主要省份的政策环境
四川省	规划计划	四川省贯彻中医药发展战略规划纲要（2016—2030年）
		四川省中医药大健康产业"十三五"发展规划
		四川省人民政府办公厅关于加快医药产业创新发展的实施意见
		中药现代化科技产业（四川）基地建设实施方案要点（2011—2015年）
		四川省中药材优势区域发展规划
	监管政策	转发国家食品药品监督管理总局关于加强中药生产中提取和提取物监督管理的通知
		转发国家食品药品监督管理总局关于落实中药提取和提取物监督管理有关规定的公告
	专项行动	2017年5—10月中药提取物专项检查
		2015年7—8月四川省中药材中药饮片专项整治行动
	协会组织	四川省中药行业协会
	产业基地	华西－高新生物医药谷项目
		国家中医药传承与创新工程建设专项
		长江河谷流域优势药材产区
	规范制度	中药提取物事前备案服务指南
		中药前处理及提取审批服务指南
广西壮族自治区	监管政策	关于贯彻执行国家总局关于加强中药生产中提取和提取物监督管理有关事宜的通知
		广西壮族自治区食品药品监督管理局关于切实做好中药提取物监督管理工作的通知
	专项行动	2017年8月广西中药提取物专项检查工作方案
	基金项目	广西壮族自治区"十三五"科技创新重大专项植物提取物项目

省份	类型	各主要省份的政策环境
云南省	规划计划	云南省生物医药和大健康产业发展规划（2016—2020 年）
		云南省生物医药和大健康产业三年行动计划（2016—2018 年）
		云南省人民政府关于加快中药（民族药）产业发展的指导意见（2015 年）
		云南省人民政府关于促进健康服务业发展的若干意见
		中共云南省委云南省人民政府关于着力推进重点产业发展的若干意见（2016 年）
		中共云南省委云南省人民政府关于实施建设创新型云南行动计划的决定
		云南省中药材种植（养殖）科技产业发展规划
		云南省中医药健康服务发展规划（2015—2020 年）
		云南省重点产业标准提升行动计划
		云南省发展中医药条例
		云南省关于扶持和促进中医药事业发展的实施意见
		云南省加快中医药发展行动计划（2014—2020 年）
		云南省"十三五"科技创新规划
	监管政策	转发国家食品药品监督管理总局关于加强中药生产中提取和提取物监督管理的通知
		转发国家食品药品监督管理总局关于落实中药提取和提取物监督管理有关规定的公告
	专项行动	中药提取和提取物专项检查
		2016 年云南省食品药品监督管理局关于开展中药提取物生产和使用及委托生产回头看专项检查
	产业基地	中药现代化科技产业（云南）基地
		昆明现代生物制药产业园、文山三七产业园、楚雄民族医药工业园、大理医药工业园、玉溪医药产业园
	规范制度	新资源食品目录
		中药材收储机制
	服务平台	云南空港国际科技创新园提取物研发中心及科技公共服务平台
		云南省中药材行业统计信息数据平台
	企业培育	重点扶持 10 家

省份	类型	各主要省份的政策环境
贵州省	规划计划	贵州省中药材保护和发展实施方案（2016—2020年）
		贵州省关于加快推进新医药产业发展的指导意见
		贵州省新医药产业发展规划（2014—2017年）
	监管政策	转发国家食品药品监督管理总局关于加强中药生产中提取和提取物监督管理的通知
		转发国家食品药品监督管理总局关于落实中药提取和提取物监督管理有关规定的公告
	会展论坛	中国植物提取物行业国际竞争力提升论坛（承办）
	研发中心	贵州大学、贵州医科大学、健康管理学院
		贵州省中药标准化技术研究中心
	产业基地	省级中药材种植科技示范园
		国家级中药材种子种苗繁育基地
	制度规范	贵州省道地药材特征图谱及质量标准研究的技术要求
		贵州省提高中成药质量标准指导原则与技术要求
广东省	规划计划	广东省"十三五"食品药品安全规划
		广东省推动中药材保护和发展实施方案（2016—2020年）
		广东省战略性新兴产业发展"十三五"规划
	监管政策	转发国家食品药品监督管理总局关于加强中药生产中提取和提取物监督管理的通知
		转发总局关于开展中药提取物备案的通知
		2012年关于进一步加强中药饮片及中药制剂质量管理工作的通知
	专项行动	2011年广东省中药生产监督专项检查工作方案
		中药提取和提取物专项检查
	研发中心	广东省现代中药工程技术研发中心
		中药提取分离过程现代化国家工程研究中心

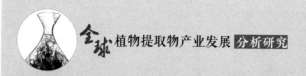

第三部分

技术发展篇

第5章　全球植物提取物领域研发政策

目前，植物提取物产业不断发展壮大，已经深入生物医药、化妆品、食品及保健品等多个领域，各国纷纷出台相关政策激励和规范植物提取物领域的研发创新，积极引导植物提取物产业的专利布局。

5.1　美国

美国的植物提取物产品按用途主要可以分为膳食补充剂、药品和化妆品，联邦政府针对植物产品的三种用途建立了严格的市场准入标准（图5.1）。总的来说，植物提取物产品主要根据1958年美国联邦《食品、药品和化妆品法》（Food，Drug and Cosmetic Act）进行统一监管。1994年10月25日，《美国膳食补充剂健康与教育法》（DSHEA）颁布，同时国会对《食品、药品和化妆品法》也进行了修订。DSHEA针对膳食补充剂的管理，建立了确保其安全性的新框架，明确了产品销售时所标识的文字和营养标签的要求，同时列举了几种有关功能和营养健康的声明，并且委托FDA负责起草有关GMP（生产质量管理规范）的条例。2003年FDA起草了膳食补充剂的GMP草案，并于2007年发布正式最终法案21CFR111（表5.1）。2006年12月22日，美国国会颁布了《膳食补充剂和非处方药消费者保护法》（DSNDCPA），该法案要求美国境内的膳食补充剂生产商、包装商和经销商向FDA报告因使用补充剂而导致的所有严重的不良事件（包括与产品相关的严重伤害或疾病），FDA会针对这些问题，开展更加具体的后续调查。除了上述主要的膳食补充剂管理政策法案，表5.2对美国20世纪初期以来的其他法案、修正案及指令进行了罗列。

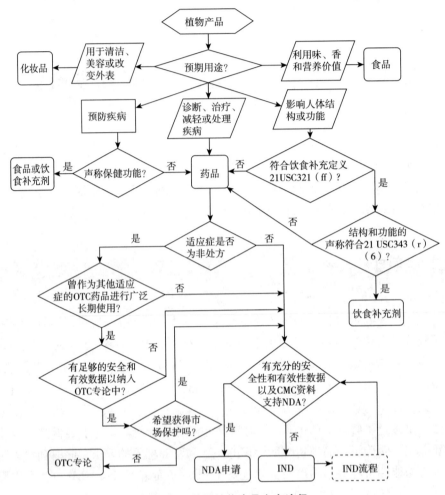

图 5.1　美国植物产品上市途径

表 5.1　FDA 检查发现的十大不符合项

条款	描述
21 CFR 111. 75（a）（1）（i）	原料的鉴别
21 CFR 111. 553	制定产品的标准：鉴别、纯度、含量和配方
21 CFR 111. 75（c）	检测成品批次符合产品的标准
21 CFR 111. 70（e）	制定产品的标准：鉴别、纯度、含量和配方
21 CFR 111. 75（a）（2）（ii）（A）	确认供应商的测试或检查结果
21 CFR 111. 205（a）	每批次的主生产文件

条款	描述
21 CFR 111. 475（b）（1）	储存和发送操作的书面记录
21 CFR 111. 103	质量控制书面程序
21 CFR 111. 255（b）	完整的批次生产记录
21 CFR 111. 453	储存和发送操作的书面程序

表5.2 有关膳食补充剂的联邦法案/修正案及指令一览表

年份	法案/修正案	主要内容
1906 年	《纯净食品药品法案》（PFDA）	禁止食品中出现对人体构成伤害的额外的有毒或有害物质的掺假标准
1938 年	《联邦食品、药品和化妆品法案》（FDCA）	规定食品标签上要有明确声明，描述该食品对人体功能的（正常）结构的影响；确定特殊膳食用途食品的所属类别；批准美国食品和药物管理局对这些产品进行监管（除非食品标签上标明了FDA规定的足以使购买人完全知晓其作为特定膳食用途食品的使用价值的有关维生素、矿物质和其他膳食属性的必要信息，否则该食品将被视为标识错误）；授予FDA检查工厂设施的权力
1938 年	《惠勒里亚法案》	修正联邦贸易委员会（FTC）法案，授予FTC对受FDA监管的产品（处方药除外）行使广告监管权
1958 年	《食品添加剂法案》	通过FDA的申请程序建立针对食品添加剂的上市前审批系统；将食品添加剂定义为（直接或间接）添入食品中的任一物质，除非该物质被一般认为对于其预计用途是安全的
1976 年	《维生素和矿物质修正案》	不允许FDA仅仅根据组合或效能而将维生素补充品和矿物质补充品归入药品的范畴
1990 年	《营养标签与教育法案》（NLEA）	要求所有食品标签包含有关营养成分的具体信息（要求产品贴上营养成分标签），授权FDA去研判并根据相关规定许可那些描述特定营养成分可减少疾病风险的声明（如健康声明）
1992 年	《膳食补充剂法案》	不再执行《营养标签与教育法案》（NLEA）中有关膳食补充剂的规定（但经批准的健康声明条款除外），暂停执行以便为国会和FDA留出DSHEA的时间

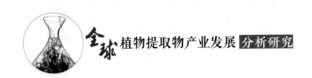

年份	法案/修正案	主要内容
1994年	《美国膳食补充剂健康与教育法》（DSHEA）	定义术语"膳食补充剂"，使膳食成分免受FDCA下有关食品添加剂条款的制约，确立一个有关膳食补充剂的新的安全标准，批准FDA执行良好生产规范（GMP）
1996年	《食品质量保护法案》	修正《联邦杀虫药、杀霉菌药和杀鼠药法》（FIFRA）和《联邦食品、药品和化妆品法案》（FDCA），对所有的残余农药容许量进行彻底的重新审查；针对所有食品（包括膳食补充品）中的所有残余农药容许量制定一个单一的科学的标准
1997年	《美国食品和药物管理局现代化法案》（FDAMA）	如果产品上市前的声称已经由FDA批准，则允许使用健康声明和营养成分声明，但要求此等声明应基于美国政府的某一科学机构（如美国国立卫生研究院）所出具的权威陈述
2002年	《公众健康安全和生物恐怖活动防范与应对法案》	要求所有食品（包括膳食补充剂和原材料）制造商在FDA注册，进口食品应提前通知
2004年	《合成代谢类固醇控制法案》	禁止出售含有类固醇前体的膳食补充品
2004年	《食品致敏原标识及消费者保护法案》	要求在食品和膳食补充品标签上披露八大致敏原
2006年	《膳食补充品和非处方药品消费者保护法》	要求制造商和经销商保留所有不良反应报告的记录，并向FDA报告所有严重的不良事件的报告信息
2007年	《食品药品管理法修正案》	禁止在商业贸易中引入任何含有附加药品的食物
2011年	《食品安全管理法修正案》	赋予FDA签发强制召回令的权力，召回任何食品（除FDA原已拥有强制召回权的婴儿配方外），包括膳食补充品。其他条款也适用

就植物药方面来说，2000年版的《美国药典》对含植物油、芳香油等提取物的20种植物药进行了收录。2004年，FDA发布了由下属CDER（Center for Drug Evaluation and Research，药物评价和研究中心）起草的《植物药新药研究指南》（Guidance for Industry Botanical Drug Products），该指南对植物药从申报到上市批准的有关必备材料和临床研究政策进行了规划，不仅对美国植物药行业产生了举足轻重的作用，而且引起了世界各国植物药相关管理法规发生不同程度的改变。2016年，FDA官方网站发布了《植物药研发工业指南》（Botanical Drug Development Guidance for Industry），将植物药定义为

"材料源自植物、藻类、大型真菌类，或这些的组合的产品"，并罗列了 OTC 专论体系下的植物药上市申请，在 NDAs（New Drug Applications，新药申请）下的植物药上市申请，在 INDs（Investigational New Drug Applications，新药临床研究）下的临床Ⅰ、Ⅱ、Ⅲ期研究以及植物药产品的 NDAs 等阶段的相关条款。从 2004 版《植物药新药研究指南》到 2016 新版《植物药研发工业指南》的演进，体现出美国对植物药从最终产品监管转向源头研发监管，突出了对植物药产品从研发到上市的全程监管理念。

5.2　欧洲

欧盟对于植物提取物产品的研发规范主要通过 2004 年 3 月 31 日颁布的 2004/24/EC《欧盟传统植物药注册程序指令》施行。2004/24/EC 指令首次对植物药的相关概念做了统一规定，也规范了各成员国对于植物药的定义，正式确认了植物药的"药品"地位。2004/24/EC 指令主要针对传统植物药的特殊情况制定了较为宽松的管理政策，尤其在其注册管理和技术要求上制定了相应的简化措施，同时对植物药上市许可做出了较为严格的要求，规范了欧洲植物药市场的无序和无监管状态。

德国药品法与欧盟 2004/24/EC 指令一致，将"Herbal Preparations"（植物药提取物）定义为由植物药物质经萃取、蒸馏、压榨、分馏、纯化、浓缩或发酵等制备方法得到的产品。在德国专利法中，药用植物提取物是主要的药物发明专利保护对象之一。

法国植物提取药品、营养食品、化妆品等都是由法国卫生部下属的法国卫生安全和健康委员会（AFSSAPS）进行管理，AFSSAPS 主要参与有关药品和卫生健康产品的生产、试验、使用和商业化等各个环节的法律法规实施，并负责发放药品的上市许可证。AFSSAPS 对药品和卫生健康产品的监管主要体现在对医药企业进行管理、对医药产品上市进行审查以及医药产品上市后进行监管三个层面。

5.3　日本

日本植物提取物产业分为功能性食品、汉方药、化妆品三大领域。功能性

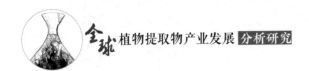

食品（Functional Food）这一概念是 1987 年日本食品科学家、营养学家、药理学家和医学专家等对食品与人类健康的关系进行了有效而广泛的探讨之后首次提出的。1992—1995 年，功能性食品相关的法规得以完善，包括《健康增进法》《食品卫生法》《药事法》等，总体由日本厚生劳动省负责管理。目前，大部分功能性食品在法规中以特定健康食品（Foods for Special Health Uses, FOSHU）的概念进行描述。日本法规明确指出，每个 FOSHU 产品在上市前都必须标注保健功能声明（Health Claim），又称功能标签，它是法律允许的、标注在 FOSHU 产品标签上的、产品所具有的保健功能的描述和声明。

针对汉方药的注册管理，日本在 1974 年确认了《一般用汉方制剂承认基准》，至今已经进行了多次增补修订，其处方量已增至 263 个，书中对每一处方均明确其配伍、用法用量以及功能主治。对于汉方药的研发，日本早在1976 年就制定了《药品生产质量管理规范》（GMP），1989 年日本又颁布了《医疗用汉方浸膏制剂的生产管理和品质管理基准》（汉方药 GMP），汉方药制剂的生产按此标准实施；2012 年日本制药团体联合会制定《生药及汉方生药制剂制造与品质管理相关基准》（新汉方 GMP），作为日本制药团体联合会旗下全部制药企业都必须遵照的汉方制剂制造与品质管理标准，其对汉方制剂生产过程的各个环节都进行了严格的规定。对于汉方药知识产权，日本主要是依照国际惯例对其进行保护，如专利权保护；同时日本非常重视在外国进行的专利申请。

5.4 韩国

韩国植物提取物相关的保健功能食品及药品总体由韩国国家食品药品安全部（MFDS）进行管理，安全部下设保健功能食品政策部，出台了《食品卫生法》（No. 15277）、《保健功能食品法》（No. 14476）、《保健功能食品法执行规则》（No. 1386）、《保健功能食品法执行令》（No. 28809）、《保健功能食品标准规格》（No. 2018—12）、《保健功能原料机器规格标准的申请规定》（No. 2016—141）、《保健功能食品标签标示》（No. 2016—62）等法律政策进行监管和规范。针对保健功能食品的注册和许可，《保健功能食品法》（No. 14476）中明确指出，需要申请保健功能食品生产商的申请人，需获得地方 MFDS 的许可。对于其索要生产的所有保健功能食品，也应当将产品的生产方式说明书等申报给地方 MFDS，由 MFDS 根据其安全性和功能性予以认定。

　　针对植物药的注册监管，韩国制定了较为全面的法规、标准和技术指南。相关的法规文件主要有《药事法》《韩国韩医药发展法案》《韩药（生药）制剂等的审批和通知条例》《天然新药研究开发促进法》《韩医药教育法》《地方天然医药和韩医药振兴计划》等。药品标准方面主要有《韩国药典》（Korean Pharmacopoeia，KP）和《韩国草药典》（Korean Herbal Pharmacopoeia，KHP）。相关技术指南主要有《生药（韩药）临床试验的一般考虑指南》《临床生药（韩药）制剂质量评价指南》《韩药（生药）制剂 CTD 指南》《韩药材GMP评价指南》《生药质量管理指南》《韩药（生药）制剂非临床试验指南》《韩药（生药）提取物质量管理指南》《韩药（生药）制剂成分研究指南》等。

5.5　中国

　　随着我国人民对医疗健康越来越重视，植物提取物产业的发展也日益繁荣，相关部委制定了一系列法律政策和行业规范进行监督管理（表5.3）。并且，2014 年 7 月 29 日食药总局《关于加强中药生产中提取和提取物监督管理的通知》明确指出，自 2016 年 1 月 1 日起，凡不具备中药提取能力的中成药生产企业，一律停止相应品种的生产，已获得批准的委托加工也应一律废止；已取得药品批准文号的中药提取物，在该批准文号有效期届满后，各省级食品药品监督管理局不予再注册。该文件表明了国家大力整顿中药提取产业的决心，也标志我国植物提取物产业进入严监管时代。

表 5.3　我国植物提取物相关法规政策

时间	文件名称	主要内容
2010 年	药品生产质量管理规范GMP（修订版）	本次修订保留了 98 版 GMP 的大部分章节和主要内容，涵盖了 WHO 的 GMP 主要原则和欧盟 GMP 基本要求，进一步强调人员和质量体系的建设，明确提出质量风险管理的概念
2014 年	食品药品监管总局：《关于加强中药生产中提取和提取物监督管理的通知》	备案的中药提取物生产企业应按照药品GMP 要求组织生产，保证其产品质量

时间	文件名称	主要内容
2014 年	《植物提取物海关编码归类手册》	涵盖 265 个大宗植物提取物出口产品
2015 年	《中国药典》	重点加强药品安全性和有效性的控制要求，充分借鉴国际先进的质量控制技术和经验，全面反映我国当前医药发展和检测技术的现状
2016 年	《植物提取物国际商务标准》	收录了 15 个植物提取物国际商务标准
2017 年	《植物提取物标准集》	发布了第三批共计 12 个植物提取物标准
2017 年	国家市场监督管理总局：《出口食品生产企业备案管理规定》	增加建立食品防护计划内容，明确企业应当建立和实施食品防护计划，防止食品受到蓄意污染或人为破坏

对于植物提取物相关的保健食品，我国在 1995 年 10 月 30 日颁布的《中华人民共和国食品卫生法》中将保健食品的生产经营纳入了法制化管理轨道。1996 年 3 月 15 日，卫生部发布了《保健食品管理办法》，对保健食品的定义、申报要求、审批程序和保健食品的生产、经营、标签、说明书及广告内容、监督、管理等作了详细的说明和严格规定。之后，卫生部等部门又相继发布了《保健食品功能学评价程序和检验方法》《保健食品评审技术规程》《保健食品通用卫生要求》《保健食品标识规定》《保健（功能）食品通用标志 GB 6740—1997》《卫生部保健食品申报与受理规定》等技术性文件、标准。2005 年，国家食品药品监督管理总局通过了《保健食品注册管理办法（试行）》，为规范、统一营养素补充剂等申报与评审行为，又制定了《营养素补充剂申报与评审规定（试行）》《应用大孔吸附树脂分离纯化工艺生产的保健食品申报与评审规定（试行）》《保健食品申报与评审补充规定（试行）》等规定条文，并于 2005 年 7 月 1 日起正式实施。

我国尚无专门针对植物药的专利研发保护法规，但从中草药专利权方面的保护来看，我国在《药品管理法》《医疗机构管理条例》《卫生知识产权保护管理规定》等法律法规中均有中医药知识产权保护的相关条文。在我国第一部中医药法规《中华人民共和国中医药条例》中明确规定了防止中医药资源流失、保护重大中医药科研成果的方针，同时，2002 年 10 月科技部等 8 部门联合出台的《中药现代化发展纲要》、国务院 2003 年出台的《中华人民共和国知识产权海关保护条例》、全国人大常委会于 2017 年实施的《中华人民共和国中医药法》，都为中草药知识产权设置了进一步的保护措施。

第6章　国外植物提取物专利态势分析

本章利用 incoPat 专利数据库对世界范围（除中国外）2000 年至 2019 年的植物提取物相关专利进行检索，共得到相关专利数据 78367 条。之后通过对专利申请变化趋势、IPC 技术构成、申请人及地域分布信息等进行分析，对世界范围植物提取物的专利申请态势进行阐释。

（1）检索策略。检索式：IPC ＝（A61K36：含有来自藻类、苔藓、真菌等植物或其派生物，例如传统草药的未确定结构的药物制剂；A61K8/97：源于藻类、真菌、地衣等植物或其衍生物，并在其中去除了真菌类相关的 IPC 专利类别）。

（2）申请时间：2000 年 1 月 1 日至 2019 年 10 月 14 日。

6.1　专利申请及公开年度变化趋势

从 2000 年至 2019 年国外专利申请数量的年度统计来看（图 6.1），国外专利申请量从 2001 年至 2017 年呈现较为平稳且有小范围波动的现象。同时在 2012—2017 年出现平稳增长，2017 年达到专利申请的高峰值 5232 件。2018 年的申请量又有较大幅度的下降，相较于 2017 年降低了近 40％。

2000 年至 2019 年，国外专利公开数量的年度趋势与申请数量大致相同，而由于专利申请公开时滞的原因，专利公开数量的高峰出现在 2019 年，已经达到 5889 件（图 6.2）。综合国外植物提取物专利申请和公开数量来看，说明国外在植物提取物产业起步较早，在专利布局方面发展已经较为平稳，因此近 20 年来专利申请和公开数量波动较小，在近几年有小范围的增长。

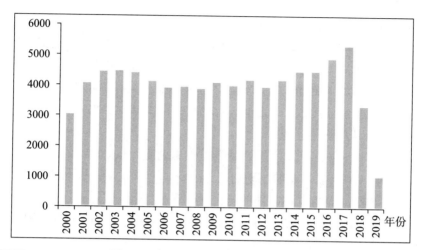

图 6.1　专利申请年度趋势（单位：件）

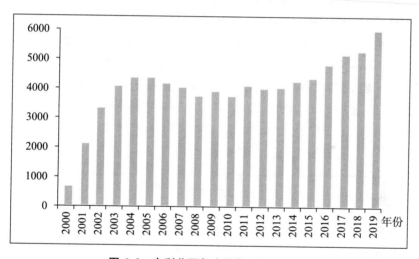

图 6.2　专利公开年度趋势（单位：件）

6.2　专利申请及公开 IPC 分布

国外植物提取物相关专利的主要 IPC 分类除了包含在检索式中的 A61K36、A61K8，还主要分布于以下几个重要技术领域。

（1）A61K31：含有机有效成分的医药配制品。

（2）A61K35：含有不明结构的原材料或其反应产物的医用配制品。

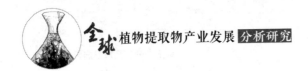

（3）A61P17：治疗皮肤疾病的药物。

（4）A23L1：转入 A23L5/00，A23L7/00，A23L9/00，A23L21/00（A23L5/00）：食品或食料的一般制备或处理，所得的食品或食料及其所用的原料；A23L7/00：含有谷类得到的产品，麦芽制品及其制备或处理；A23L9/00：布丁、奶油代用品及其制备或处理；A23L21/00：马茉兰、果酱、果子冻或类似物，蜂产品及其制备或处理。

（5）A61K9：以特殊物理形状为特征的医药配制品。

（6）A61Q19：护理皮肤的制剂。

（7）A61P3：治疗代谢疾病的药物（治疗血液或细胞外液的 A61P7/00）。

（8）A61P43：在 A61P1/00~A61P41/00 组中不包含的，用于特殊目的的药物。

（9）A61P1：治疗消化道或消化系统疾病的药物。

（10）A61P25：治疗神经系统疾病的药物。

可以看出，国外植物提取物行业的研发主要布局于医药配制品（A61K31、A61K35、A61K9）、治疗各类疾病的药物（A61P17、A61P3、A61P43）、皮肤护理制剂（A61Q19）以及食品制剂（A23L1）四大领域。其中，对于有机成分医药制品（A61K31）的专利申请最多，达到了 30042 件，几乎是排在第二位 A61K35 的专利数量的两倍。而其他领域的专利申请量相对来说相差不大，分布较为均衡（图 6.3）。

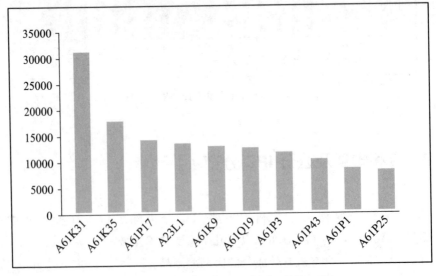

图 6.3　专利主要所属 IPC 类别（单位：件）

6.3 专利申请人信息分析

6.3.1 专利申请人排名及年度分布

国外植物提取物相关专利申请数量最多的申请人是世界领先的植物化学制品研发制造企业——意大利意迪那公司（807 件），该公司产品广泛布局于制药、保健食品和个人护理行业。除此之外，排在前列的专利申请人大部分是韩国的化妆品、日用品公司以及高校和研究院所，比如爱茉莉太平洋集团、韩国生物科学与生物技术研究所、韩国韩医学研究院、庆熙大学、韩国食品研究院等，体现出韩国企业在植物提取物产业广泛的专利布局。日本著名日化品牌花王和资生堂排在申请人的第 6、10 位，说明日本也有具有实力的企业在植物提取物产业进行了专利布局。印度科学与工业研究委员会排在专利申请人的第 7位，专利申请数量为 296 件，说明印度国内对于植物提取物的研发较为重视。瑞士知名食品制造商雀巢公司排在第 8 位，是唯一上榜的食品制造企业。下文选取申请人前 10 位中的意大利意迪那公司（全球领先的植物提取物开发和生产商）、韩国爱茉莉太平洋集团（国际知名化妆品制造商）、韩国生物科学与生物技术研究所（政府资助的研究机构）、花王株式会社及瑞士雀巢公司（全球最大的食品制造商）作为主要专利申请人进行分析（图 6.4）。

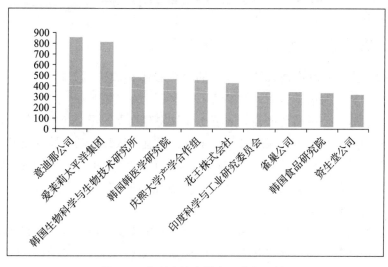

图 6.4 专利申请人排名（单位：件）

从主要专利申请人的年度专利申请趋势来看（图6.5），专利申请量最多的意迪那公司在2000—2011年的植物提取物专利申请量较大，其中2004年的专利申请最多，2011之后的专利申请量稍有下滑。爱茉莉太平洋集团、韩国生物科学与生物技术研究所、花王株式会社、雀巢公司4家公司机构在2000—2007年的专利申请量都较少，2008年开始都具有较大幅度的增长，其中爱茉莉太平洋公司的专利申请量在2007—2010年经历了爆发式增长，从2010年开始超过意迪那牢牢占据第一的位置。

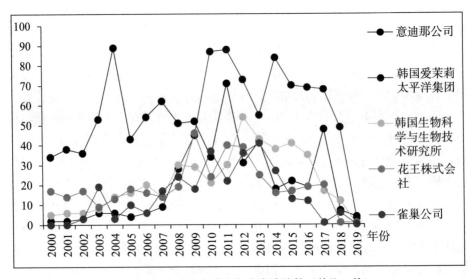

图6.5　国外专利申请人年度申请趋势（单位：件）

6.3.2　主要专利申请人技术构成分析

通过对主要专利申请人持有专利的IPC技术构成进行分析（表6.1），可以看出在专利申请量排名前列的申请人技术研发特点如下：

（1）意迪那公司是全球领先的植物提取物有效成分开发和生产公司，其产品广泛应用于生物医药、保健食品和化妆品行业。从其专利申请的技术构成来看，在医药制品（A61K31、A61K35、A61P17、A61P3）、皮肤护理制剂（A61Q19）等领域具有较为广泛的布局，在含有机成分医药制品（A61K31）领域申请的专利最多，达407件。

（2）韩国爱茉莉太平洋集团是享誉全球的化妆品公司，其专利技术主要布局于皮肤护理制剂和治疗皮肤疾病的药物方面（A61Q19、A61P17）。

（3）韩国生物科学与生物技术研究所是由韩国政府资助的研究机构，致力于药物发现、生物新材料、生物技术与生物信息学方面的基础和应用研究。从其专利申请的技术构成来看，该研究所除了在有机成分药物制品（A61K31）领域研发投入较大，在其他领域的研发投入都相对均衡，布局较为全面。

（4）日本花王株式会社是国际知名日用品生产公司，从该公司在植物提取物领域的专利申请技术构成来看，主要侧重于医药用品（A61P43、A61K31、A61K3）领域及皮肤护理制剂领域（A61P17、A61Q19）。

（5）瑞士雀巢公司所申请的专利主要布局于有机成分医药制品（A61K31）及食品食料（A23L1）方面。

表 6.1   主要专利申请人技术构成（单位：件）

IPC 技术构成	意迪那公司	韩国爱茉莉太平洋集团	韩国生物科学与生物技术研究所	花王株式会社	雀巢公司
A61K31	407	163	158	118	176
A61K35	117	40	34	66	58
A61P17	141	321	18	163	29
A23L1	50	39	55	69	108
A61K9	69	30	8	15	23
A61Q19	120	286	14	130	22
A61P3	125	43	54	101	55
A61P43	7	38	10	236	16
A61P1	70	17	24	41	24
A61P25	77	38	31	33	18

6.3.3   申请人专利价值分布情况

利用合享价值度指数对专利申请的价值程度进行判断。合享价值度主要从技术稳定性（是否发生过诉讼，是否在审，是否无效，是否发生过质押）、技术先进性（该专利及其同族专利在全球被引用次数，涉及 IPC 小组数量，发明人数量，是否发生转让，是否发生许可）及保护范围（权利要求数量，布局国家数量）三个大方面若干个小类进行评分，三个大方面的满分为 10 分，最终得到一个总的合享价值度分数（满分 10 分）。

通过计算国外主要专利申请人平均专利合享价值度（图 6.6）可以看出，

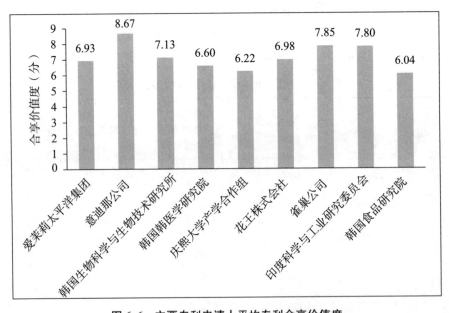

国外专利申请量排在前列的机构其专利的合享价值度都较高，平均值在 6 分及以上。其中，意迪那公司的专利价值度达到了 8.67，说明其整体专利研发质量相当高。雀巢公司、印度科学与工业研究委员会、韩国生物科学与生物技术研究所等几家机构的专利平均价值度分别为 7.85、7.80、7.13，其专利的质量也都较高。

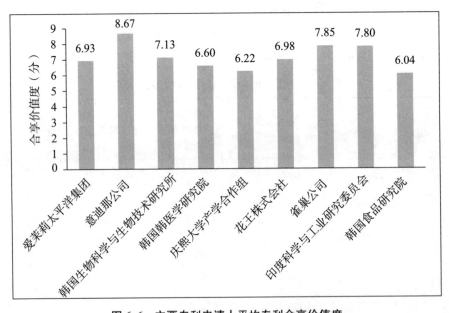

图 6.6　主要专利申请人平均专利合享价值度

6.4　专利申请地域分布情况

6.4.1　国外专利申请国家和地区排名及年度趋势

截至 2018 年，国外植物提取物专利申请主要以日本、韩国、美国的申请人为主，专利申请量都在 10000 件以上，并且三国的专利申请总量占全球（除中国外）的 50%以上，说明三个国家在植物提取物领域具有较强的研发实力。除了日、韩、美三个国家，排在后面的加拿大、澳大利亚、巴西等国家的植物提取物专利申请数量相对较少（图 6.7）。

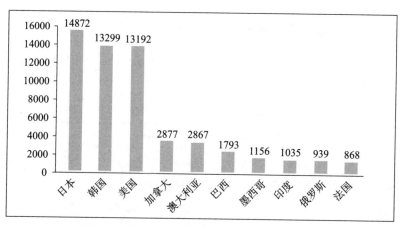

图 6.7　专利申请国家和地区排名（单位：件）

从日本、韩国、美国三个主要国家植物提取物近 20 年的申请量来看，日本在初期（2000—2008 年）专利申请量一直处于全球第一的位置，同时在2005 年专利申请量最多，之后申请量有所下滑。韩国在初期的专利申请量较少，但从 2009 年开始，专利申请量跃升至全球第一位，近年来申请量也呈现上升趋势。美国的专利申请趋势和日本大致相同，在 21 世纪初期申请数量较多，并在 2004 年达到专利申请高峰，仅次于日本排在全球第二位。美国在2008—2013 年专利申请量较少，不过近年来又有上升趋势（图 6.8）。

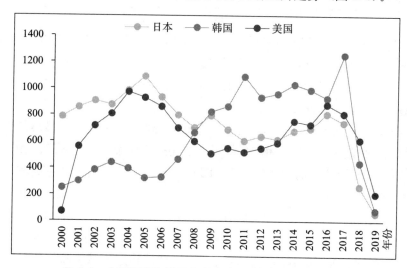

图 6.8　主要国家和地区专利申请年度趋势（单位：件）

6.4.2 主要专利申请国技术构成分布

通过对日本、韩国、美国三个主要国家申请专利的技术构成进行分析，可以看出三个国家植物提取物专利申请具有以下特点（表 6.2）。

表 6.2 主要国家和地区专利技术构成分布（单位：件）

IPC 技术构成	日本		韩国		美国	
	数量	占比	数量	占比	数量	占比
A61K31	6747	45.4%	2457	18.5%	6426	48.7%
A61K35	4616	31.0%	1841	13.8%	3126	23.7%
A61P17	4888	32.9%	1543	11.6%	1129	8.6%
A23L1	5152	34.6%	871	6.5%	1415	10.7%
A61K9	2190	14.7%	988	7.4%	3017	22.9%
A61Q19	3905	26.3%	1836	13.8%	1467	11.1%
A61P3	4020	27.0%	1418	10.7%	957	7.3%
A61P43	5824	39.2%	162	1.2%	672	5.1%
A61P1	2389	16.1%	875	6.6%	697	5.3%
A61P25	2008	13.5%	967	7.3%	797	6.0%

（1）日本专利申请在医药制品（A61K31、A61K35、A61P43）、化妆品（A61K8）、营养食品（A23L1）等领域都有较为广泛的布局，其专利数量占比在 30% 以上。日本在 A61K31（含有机有效成分的医药配制品）技术领域申请专利数量最多，占比达 45.4%。

（2）韩国在各个技术领域的专利申请较为分散，在每个技术领域的专利数量占比都不超过 20%。相对来说，在医药制品（A61K31、A61K35、A61P3）、皮肤护理制剂和药物（A61P17、A61Q19）领域申请专利较多，占比都在 10% 以上。

（3）美国在 A61K31（含有机有效成分的医药配制品）技术领域专利申请最多，占总专利申请量的近 50%。同时，在 A61K35（含有不明结构的原材料或其反应产物的医用配制品）和 A61K9（以特殊物理形状为特征的医药配制品）领域的专利申请也较多，专利申请量占比超过 20%。因此，美国植物提取物领域的专利布局较为集中于医药制品层面。

6.5　主要专利申请人专利信息分析

6.5.1　重点专利申请人分析

　　以专利价值度 10 的专利作为高价值专利，可以看出排在前列的高价值专利申请人大多是申请量排在前列的国际化妆品、医药及食品公司和研究机构等，如意迪那、花王株式会社、爱茉莉太平洋、雀巢、印度科学与工业研究委员会、韩国生物科学与生物技术研究所等。我国的天津天士力制药公司在国外进行了 65 篇高价值的专利申请（图 6.9）。

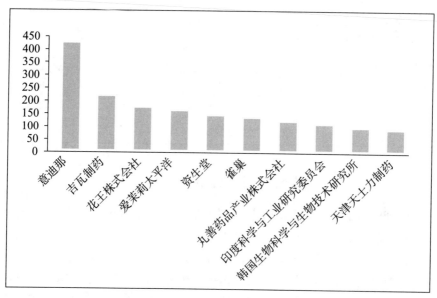

图 6.9　高价值专利申请人排名（单位：件）

　　从主要专利申请人的高价值专利技术构成来看（表 6.3），意迪那公司的高价值专利几乎全部属于有机成分的医药配制品（A61K31）。除此之外，也有较多专利属于皮肤护理药物制剂（A61P17、A61Q19）。爱茉莉太平洋集团的高价值专利则较为专注于皮肤护理药物制剂领域（A61P17、A61Q19）。雀巢公司作为食品制造企业，其高价值专利主要集中于营养食品领域（A23L1），同时在医药配制品方面（A61K31、A61K35）有较多的高价值专利申请。韩国生物科学与生物技术研究所的高价值专利主要集中在有机成分医药制品

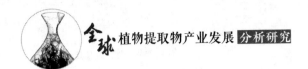

（A61K31）、营养食品（A23L1）和治疗代谢疾病药物（A61P3）领域。天津天士力作为我国本土的制药企业，其高价值专利申请集中于医药配制品（A61K31、A61K9、A61K47）和治疗消化系统疾病药物（A61P1）领域。

表6.3　主要申请人高价值专利技术构成

IPC技术构成	意迪那	爱茉莉太平洋	雀巢	韩国生物科学与生物技术研究所	天津天士力
A61K31	97.1%	23.2%	58.3%	46.6%	76.9%
A61K35	27.9%	5.1%	27.8%	5.5%	9.2%
A23L1	11.9%	15.9%	52.8%	27.4%	0.0%
A61P17	33.7%	44.2%	12.0%	4.1%	13.8%
A61K9	16.5%	2.9%	10.2%	2.7%	55.4%
A61P3	29.8%	11.6%	21.3%	21.9%	18.5%
A61Q19	28.6%	34.8%	13.0%	1.4%	1.5%
A61P43	3.3%	12.3%	7.4%	8.2%	6.2%
A61K47	9.3%	0.7%	1.9%	1.4%	35.4%
A61P1	16.7%	5.8%	3.7%	4.1%	43.1%

6.5.2　主要专利申请人合作情况分析

从专利申请量排在前列的专利申请人的合作情况来看（表6.4），国外大多数公司与研究机构所申请的专利多为独立申请。在少量合作申请的专利中，大多数是与个人进行联合申请。在机构合作方面，意迪那公司同贺发研究（卢森堡）控股公司，韩国生物科学与生物技术研究所同云锦药业、首尔大学，雀巢公司同欧莱雅公司有少数的专利申请合作；日本花王株式会社与本国机构间的合作较为密切，同王子制纸株式会社、太阳化学株式会社、味之素公司、国家药材研究所之间具有少量的联合申请专利。

表 6.4 主要专利申请人合作情况

专利申请人	合作申请人（数量）
意迪那公司	BOMBARDELLI EZIO（21），GIORI ANDREA（12），MORAZZONI PAOLO（11），RONCHI MASSIMO（6），HORPHAG RESEARCH（LUXEMBOURG）HOLDINGS SA（6），FONTANA GABRIELE（5），FRANCESCHI FEDERICO（4），FORNI GIANPAOLO（3），PONZONE CESARE（3），TOGNI STEFANO（3）
爱茉莉太平洋集团	LEE SANG JUN（12），SEO DAE BANG（11），KIM HAN KON（9），KIM DUCK HEE（7），CHO SI YOUNG（6），KIM CHAE WOOK（5），LEE JIN YOUNG（5），PARK WON SEOK（5），SHIN HYUN JUNG（5），LIM KYUNG MIN（4）
韩国生物科学与生物技术研究所	YUNGJIN PHARMACEUTICAL CO LTD（32），LEE HYEONG KYU（9），OH SEI RYANG（9），RHO MUN CHUAL（9），AHN KYUNG SEOP（8），LEE WOO SONG（8），KIM JUNG HEE（7），PARK SU JIN（7），RYU YOUNG BAE（7），SEOUL NATIONAL UNIVERSITY R DB FOUNDATION（7）
花王株式会社	OJI PAPER CO（4），TAIYO KAGAKU KK（3），AJINOMOTO CO INC（1），ISHIBASHI MINORU（1），KOHORI JUN（1），KRACIE SEIYAKU KK（1），NAT INST OF MEDICINAL MATERIAL（1），SAKAI HIDEAKI（1）
雀巢公司	L' ORÉAL（14），BALLEVRE OLIVIER（9），CRESPY VANESSA（7），ZHANG WEIGUO（7），HOU YANGFENG（6），OFFORD CAVIN ELIZABETH（6），WANG JUNKUAN（6），ZHAO YOUYOU（6），BAI HUA（5），GAO QIUTAO（5）

6.6 专利转让分析

国外植物提取物专利转让数量在 2000—2006 年一直呈现上升趋势，在 2007 年数量有所下降，并且在 2007—2014 年转让数量变化不大。从 2015 年至今又迎来专利转让的高峰期（图 6.10）。

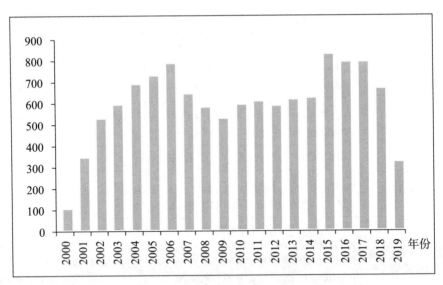

图6.10 国外专利转让趋势（单位：件）

　　排在前列的植物提取物专利转让人大多是个人，也有少数像 Meta Protemics 及雀巢这样的公司。而受让人大多是雀巢、意迪那、爱茉莉太平洋等国际知名的企业或机构，说明该领域的专利大多是从个人向公司机构进行转让（图6.11、图6.12）。

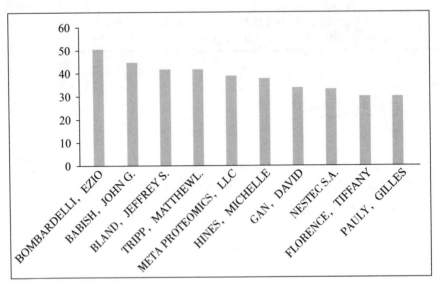

图6.11 专利转让人排名（单位：件）

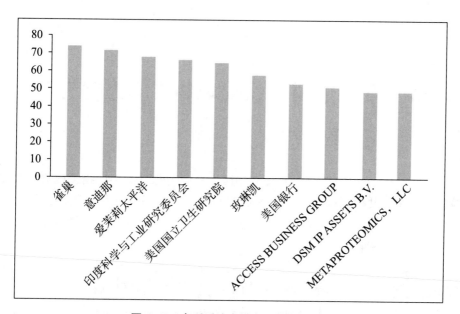

图 6.12　专利受让人排名（单位：件）

第 7 章　中国植物提取物专利态势分析

本节利用 incoPat 专利数据库对中国 2000 年至 2019 年植物提取物相关专利进行检索，共得到相关专利数据 258930 条。然后通过对专利申请变化趋势、IPC 技术构成、申请人及地域分布信息等进行分析，对中国植物提取物的专利申请态势进行阐释。

（1）检索策略。检索式：IPC ＝（A61K36：含有来自藻类、苔藓、真菌等植物或其派生物，例如传统草药的未确定结构的药物制剂；A61K8/97：源于藻类、真菌、地衣等植物或源于其衍生物，并在其中去除了真菌类相关的 IPC 专利类别）。

（2）申请时间：2000 年 1 月 1 日至 2019 年 10 月 14 日。

7.1　专利申请及公开年度变化趋势

从我国植物提取物专利申请数量的年度变化趋势来看，我国植物提取物专利申请起步较晚，从 2005 年开始才有一定数量的专利申请累积，但从 2011 年开始专利数量迅猛发展，2015 年达到历史最高峰，为 36713 条。2016—2018 年申请数量略微有所下滑（图 7.1）。

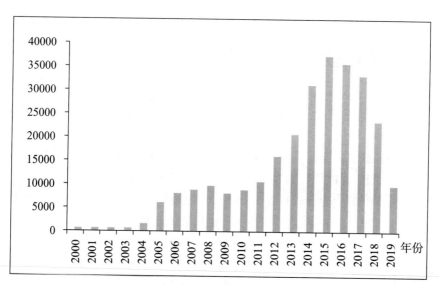

图 7.1　国内专利申请数量年度趋势（单位：件）

　　我国植物提取物专利公开年度趋势与专利申请大致相同，但由于专利公开时滞的原因，专利公开数量的最高峰出现在 2016 年，达到了 36620 件，近两年来公开数量有所下滑（图 7.2）。

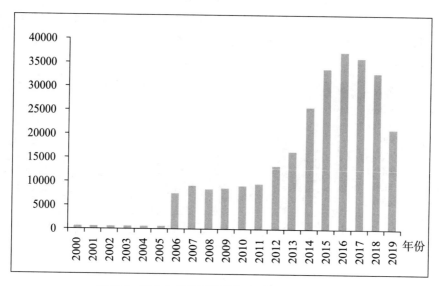

图 7.2　国内专利公开数量年度趋势（单位：件）

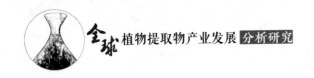

7.2 专利申请及公开 IPC 技术构成分布

从国内申请专利的 IPC 技术分类来看，除了 A61K36，我国专利主要集中于以下领域。

（1）A61K35：含有不明结构的原材料或其反应产物的医用配制品。

（2）A61K9：以特殊物理形状为特征的医药配制品。

（3）A61K31：含有机有效成分的医药配制品。

（4）A61P1：治疗消化道或消化系统疾病的药物。

（5）A61P17：治疗皮肤疾病的药物。

（6）A61P29：非中枢性止痛剂，退热药或抗炎剂，例如抗风湿药；非甾体抗炎药（NSAIDs）。

（7）A61P31：抗感染药，即抗生素、抗菌剂、化疗剂。

（8）A61K33：含无机有效成分的医用配制品。

（9）A61P9：治疗心血管系统疾病的药物。

（10）A61P25：治疗神经系统疾病的药物。

由此可见，我国目前植物提取物的应用主要还是针对医药领域，在治疗消化系统、皮肤、呼吸疾病及止痛药、抗感染药物方面布局较为广泛（图 7.3）。

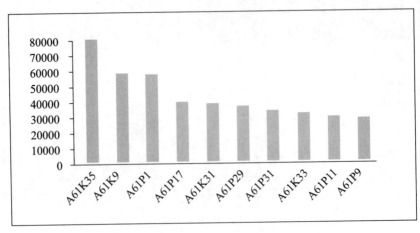

图 7.3　国内专利 IPC 技术构成（单位：件）

7.3 专利申请人信息分析

7.3.1 专利申请人排名及年度分布

从图 7.4 可以看出，国内植物提取物相关专利的主要申请人大多是制药或者生物科技工程相关企业，主要以北京艺信堂医药研究所、北京绿源求证科技发展有限责任公司、北京冠五洲生物科学研究院、长沙协浩吉生物工程有限公司、四川金堂海纳生物医药技术研究所等为主。申请量排在前十位的高校是广西大学和河南中医学院等。下文选取北京艺信堂医药研究所、长沙协浩吉生物工程有限公司、四川金堂海纳生物医药技术研究所、天津天士力制药股份有限公司及广西大学作为国内植物提取物专利主要申请人进行进一步分析。

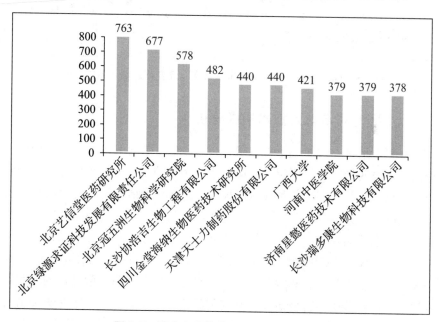

图 7.4 国内专利申请人排名（单位：件）

从主要申请人的专利数量年度趋势来看，北京艺信堂医药研究所、长沙协浩吉生物工程有限公司的专利申请数量分别于 2007 年和 2017 年爆发，说明这几家公司都是在某一年具有植物提取物相关的研发布局，在该领域的专利申请没有延续性。而四川金堂海纳生物医药技术研究所、天津天士力制药股份有限

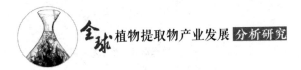

公司及广西大学在植物提取物领域的专利申请较为有延续性，但也仅在 4～7 年的范围内具有该领域的研发布局，并且在最近两年也没有该领域的相关专利申请（图 7.5）。

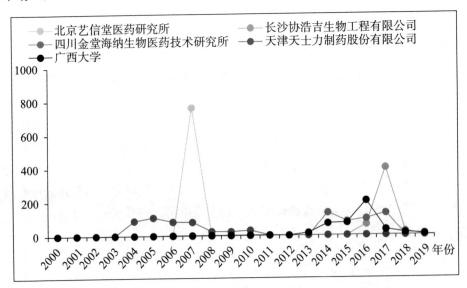

图 7.5 国内主要专利申请人申请数量年度变化趋势（单位：件）

7.3.2 主要专利申请人技术构成分析

从专利申请量排名前五位的专利申请人相关专利的 IPC 技术构成来看，北京艺信堂医药研究所、四川金堂海纳生物医药技术研究所等的专利布局较为广泛，北京艺信堂公司主要是在 A61K35（含有不明结构的原材料或其反应产物的医用配制品）和 A61P17（治疗皮肤疾病的药物）方面申请的专利较多，四川金堂海纳公司在 A61K35（含有不明结构的原材料或其反应产物的医用配制品）和 A61K9（以特殊物理形状为特征的医药配制品）方面申请的专利较多。长沙协浩吉生物工程有限公司、天津天士力制药股份有限公司的专利布局则较为集中，长沙协浩吉公司的专利主要集中于 A61P17（治疗皮肤疾病的药物）和 A61P11（治疗呼吸系统疾病的药物），天津天士力则侧重于 A61K9（以特殊物理形状为特征的医药配制品）和 A61P9（治疗心血管系统疾病的药物）。广西大学作为高校院所，在各技术领域都有较多的专利布局，主要是在 A61K31（含有机有效成分的医药配制品）和 A61P31（抗感染药，即抗生素、抗菌剂、化疗剂）方面申请的专利最多（表 7.1）。

表7.1 国内主要专利申请人技术构成分布（单位：件）

IPC技术构成	北京艺信堂医药研究所	长沙协浩吉生物工程有限公司	四川金堂海纳生物医药技术研究所	天津天士力制药股份有限公司	广西大学
A61K35	329	16	202	89	115
A61K9	25	0	113	254	74
A61P1	76	3	95	35	73
A61P17	128	162	50	6	51
A61K31	0	11	26	111	147
A61P29	36	28	44	16	40
A61P31	36	70	56	23	168
A61K33	62	4	79	2	34
A61P11	8	2	58	13	37
A61P9	26	2	26	272	36

7.3.3 申请人专利价值分布情况

国内主要专利申请人中，天津天士力制药股份有限公司的专利合享价值度平均值最高，达到了7.39分，说明该公司的专利质量整体较高。除了天津天士力公司，国内其他专利申请人的专利合享价值度普遍较低，均在6分以下，说明国内植物提取物领域相关专利的质量还有待提高（图7.6）。

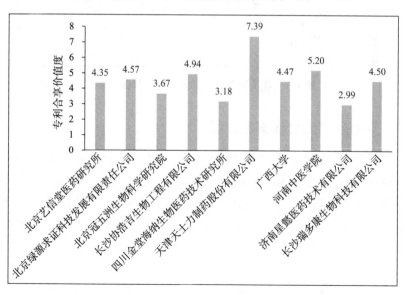

图7.6 国内主要专利申请人专利合享价值度平均值分布

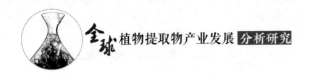

7.4 主要专利申请人专利信息分析

7.4.1 重点专利申请分析

以专利价值度 10 的专利作为高价值专利，从高价值专利的申请数量来看（图 7.7），排在前列的是天津天士力、河北以岭、北京因科瑞斯、北京亚东等生物医药公司。同时也有像爱茉莉太平洋、意迪那等国外企业在中国进行了高价值专利的申请。

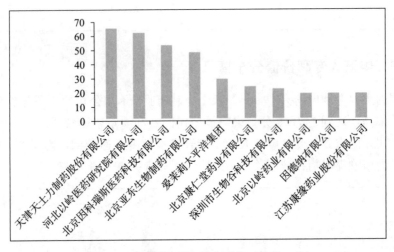

图 7.7　高价值专利申请人排名（单位：件）

7.4.2 专利申请人合作情况分析

从国内专利申请量排在前 10 的专利申请人来看，北京艺信堂医药研究所、北京绿源求证科技发展有限责任公司、北京冠五洲生物科学研究院等企业申请人都没有合作的专利申请人，也就是独占所申请的专利。而广西大学、河南中医学院等高校与外部企业、研究机构及个人有较少数量的共同申请专利，见表 7.2。

表 7.2 主要专利申请研究机构合作情况

专利申请人	合作申请人（数量）
广西大学	广西南宁市桃源兽药厂（4），广西壮族自治区动物疫病预防控制中心（4），广西壮族自治区水产科学研究院（2），三峡大学（1），兴安县动物疫病预防控制中心（1），张政（1）
河南中医学院	黑龙江中医药大学（3），中国医学科学院药用植物研究所（1），河南辅仁堂制药有限公司（1），河南风湿病医院（1），辅仁药业集团有限公司（1）

7.5 专利申请法律事件分布

7.5.1 专利法律状态分布

国内植物提取物领域申请的专利中 35％处于被主动撤回的状态，其中约 1/3 尚处于实质审查的阶段，只有约 1/10 的专利申请目前已获得授权，有近 1/10 的专利权已被终止，同时被驳回的专利权申请数量达到了近 1/10（图 7.8）。这说明我国植物提取物相关专利质量普遍还不高，专利的技术应用性和市场化情况并不好，导致很多申请人或权利人并没有继续维持这些专利。

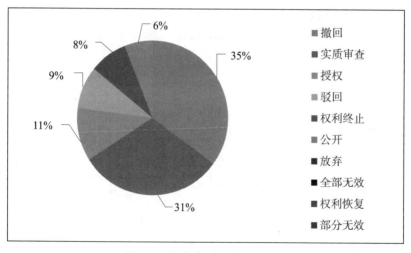

图 7.8 国内专利法律状态分布

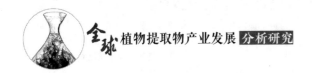
7.5.2 专利转让与许可情况分析

国内植物提取物专利的转让数量自 2007 年以来大致呈现逐年增长的趋势，并且在 2017 年达到了专利转让的最高峰，共计转让专利 2687 项（图 7.9）。

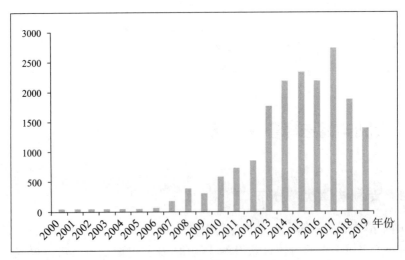

图 7.9　国内专利转让趋势（单位：件）

从植物提取物专利的许可情况来看，2011 年是该领域专利许可的高峰，数量达到了 183 件。2016 年以来专利许可的数量较之前有较大的降幅，受许可的数量都在 30 件以下。

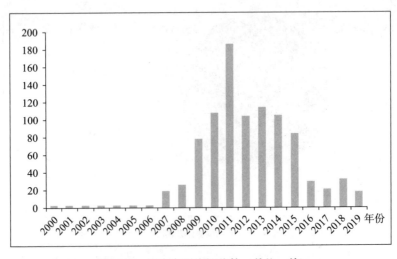

图 7.10　国内专利许可趋势（单位：件）

从国内申请专利的转让人来看，专利转让数量最多的是北京绿源求证科技发展有限责任公司，其专利申请数量也排在全国前列（图7.11）。除了生物医药公司和个人，排在前列的转让人还有多个信息服务、知识产权代理、技术服务企业，如济南伟传信息技术有限公司、荣成市科学技术情报研究所、青岛华仁技术孵化器有限公司、佛山文森特知识产权服务有限公司等，说明我国植物提取物领域的专利代理和技术成果转移现象较为普遍。

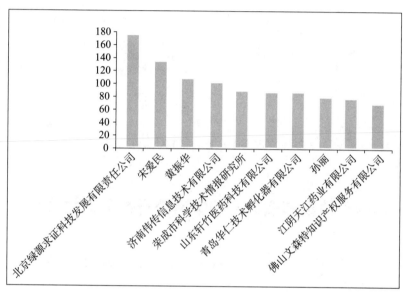

图 7.11　国内专利转让人排名（单位：件）

从专利受让人排名来看，我国植物提取物领域大多数专利受让人是生物医药企业或者医院等。其中，江苏和山东的机构分别占据了前10位的5个和4个名额，说明苏、鲁两省在植物提取物领域不仅专利申请数量处于我国领先地位，在技术成果转移方面也领先全国其他省份（图7.12）。

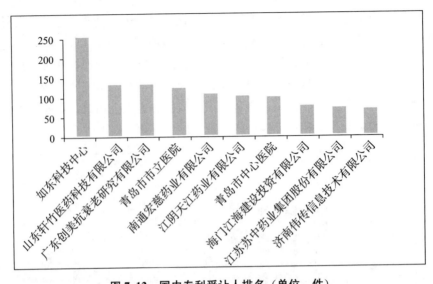

图 7.12 国内专利受让人排名（单位：件）

7.6 国内外植物提取物专利申请公开情况对比分析

（1）我国植物提取物专利申请量远超世界其他国家和地区，但技术布局较窄，专注于生物医药领域。

从检索到的植物提取物专利申请数量来看，我国的专利申请已经超过了250000 件，而其他国家和地区的申请量总共为 78000 多件，我国在植物提取物的专利申请量方面占据了绝对优势。

我国专利申请人众多，且大多数为生物医药企业。从专利申请最多的 IPC 技术构成方面来看（图 7.13），我国植物提取物研发也专注于医药制品领域，技术研发布局较窄；国外专利则在医药制品、食用营养制品（A23L33）、食品添加剂（A23L1）及皮肤护理制品等方面有较为广泛的布局。

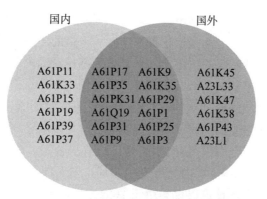

国内　　　　　　　　　国外

A61P11	A61P17	A61K9	A61K45
A61K33	A61P35	A61K35	A23L33
A61P15	A61PK31	A61P29	A61K47
A61P19	A61Q19	A61P1	A61K38
A61P39	A61P31	A61P25	A61P43
A61P37	A61P9	A61P3	A23L1

图 7.13　国内外专利 IPC 技术构成异同点

（2）我国植物提取物领域申请人所申请的专利质量与国外申请人相比存在较大差距。

将国内外植物提取物主要专利人专利价值度进行对比（图 7.14）可以看出，国外申请人的专利价值度都普遍较高，尤其以意迪那公司为代表，其专利平均价值度达 8.67，说明该公司具有较强的研发实力。而我国专利申请量排在前列的申请人中，除了天津天士力制药公司做到了兼顾专利申请数量与质量，其他的主要专利申请人所申请的专利价值度都较低，说明我国植物提取物领域整体研发水平相较于国际仍有较大的差距。

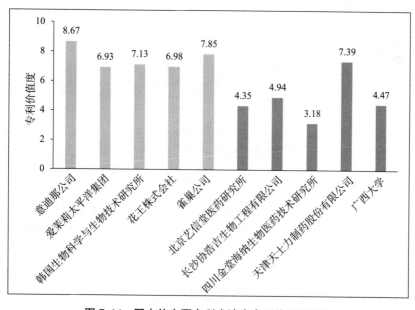

图 7.14　国内外主要专利申请人专利价值度对比

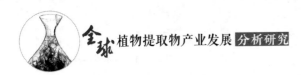

（3）我国植物提取物专利申请人众多，但专利申请缺乏延续性。

我国各大生物制药企业是植物提取物专利申请的主力，其中天津天士力制药公司在专利申请数量和高价值专利申请方面都排在国内前列，并且在国外也进行了较多的专利申请，其研发实力处于国内领先水平。但我国大多数医药企业在植物提取物领域的专利申请仅仅集中于较短的时期（表 7.3），比如专利申请最多的北京艺信堂医药研究所、北京冠五洲生物科学研究所的专利都仅仅集中于 2007—2008 年，长沙协浩吉生物工程有限公司、四川金堂海纳生物医药技术研究所也只在 3~4 年内具有专利布局，像天津天士力制药公司这样的国内领先企业的专利申请也仅仅集中于 2003—2011 年，2012 年之后几乎没有相关的专利申请，整体专利申请缺乏延续性。相较之下，国外的专利申请人如意迪那公司、爱茉莉太平洋集团等知名企业，在近 20 年时间内几乎都有相关的专利布局，其技术研发的延续性大大领先于我国企业，这也是这些国际知名企业能维持几十年甚至上百年长盛不衰的根本原因。

表 7.3　国内外主要专利申请人具有专利申请年份统计

申请人		具有专利申请的年份
国外	意迪那公司	2000—2019 年（共 20 年）
	爱茉莉太平洋集团	2000—2019 年（共 20 年）
	韩国生物科学与生物技术研究所	2000—2018 年（共 19 年）
	花王株式会社	2000—2019 年（共 20 年）
	雀巢公司	2002—2018 年（共 17 年）
国内	北京艺信堂医药研究所	2007 年（共 1 年）
	长沙协浩吉生物工程有限公司	2016—2018 年（共 3 年）
	四川金堂海纳生物医药技术研究所	2014—2017 年（共 4 年）
	天津天士力制药股份有限公司	2003—2011 年（共 9 年）
	广西大学	2006—2011 年、2013—2019 年（共 13 年）

（4）我国植物提取物专利申请数量大，但获得授权的数量极少。

从我国植物提取物专利申请的法律状态来看，仅有 11% 的专利获得了专利授权，除此之外 35% 的专利已经被主动撤回，另有 9% 的专利申请已被驳回，8% 的专利权已经被终止。这主要是由于我国植物提取物专利质量不高，因此难以获得授权，同时在专利维护方面缺乏延续性，有大部分的专利被撤回或者终止。

（5）全球植物提取物领域缺乏合作申请专利，尤其我国企业几乎都是独占专利权。

整体来看，目前国内外专利申请人合作申请植物提取物专利的情况较少。在合作申请的专利中，国外企业或研究所大多是与个人进行合作申请（并且个人申请者多隶属于该企业或研究所），机构之间进行合作申请的专利极少。我国企业则几乎都是对专利申请进行独占，研究机构也鲜有与外部组织进行合作的专利申请。可见目前整个植物提取物产业研发还较为独立，机构之间的技术合作交流有待进一步加强。

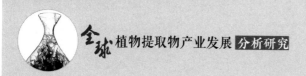

全球植物提取物产业发展 分析研究

第四部分
市场发展篇

第8章　我国植物提取物主要品种及市场概况

8.1　我国植物提取物主要品种

8.1.1　基于原料的植物提取物种类划分

我国是全球植物提取物品种最丰富的国家之一，一方面得益于我国包括中草药在内的植物资源，另一方面得益于对外来优质品种的引进。按照植物资源来源，可以将市场上主要植物提取物产品粗略地划分为中药品种、草药品种、引进品种、进口加工品种以及其他品种（表8.1）。

表 8.1　我国植物提取物行业主要产品分类概况

品种	具体产品
中药品种	以传统中药材为原料的提取物产品，如银杏叶提取物、绿茶提取物、人参提取物、甘草提取物、麻黄提取物、大豆提取物、灵芝提取物等均是我国应用历史悠久的中药产品
草药品种	以非传统的草药为原材料，如葡萄籽提取物、红车轴草提取物、贯叶连翘提取物等
引进品种	指某种原材料原产于其他国家，引进国内后广泛种植，并大量用于植物提取物加工，如紫雏菊提取物、甜叶菊提取物等
进口加工品种	指直接从国外进口原料，利用国内植物提取物行业的技术和设备来进行加工贸易的品种，如从南非进口的加纳子
其他品种	广义的源自植物的品种，如天然维生素 E、共轭亚酸油、二十八甲烷醇类、茄尼醇、皂素等

8.1.2　基于市场的重要植物提取物种类

当前我国植物提取物品种多达百余种，其中供大宗出口的主要有甜叶菊提

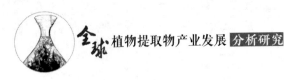

取物、银杏叶提取物、绿茶提取物、人参提取物、甘草提取物、麻黄草提取物等，其中银杏叶和绿茶提取物占到全球市场份额的70%以上（表8.2）。

表8.2 2013—2017年我国植物提取物出口前十名

排名	2017年	2016年	2015年	2014年	2013年
1	甜叶菊提取物	甜叶菊提取物	甜叶菊提取物	甜叶菊提取物	甜叶菊提取物
2	桉叶油	桉叶油	越橘提取物	桉叶油	甘草提取物
3	甘草提取物	薄荷醇	桉叶油	甘草提取物	桉叶油
4	辣椒提取物	甘草提取物	辣椒色素	辣椒色素	辣椒色素
5	越橘提取物	万寿菊提取物	桂油	越橘提取物	越橘提取物
6	桂油	辣椒色素	万寿菊提取物	桂油	肌醇
7	万寿菊提取物	越橘提取物	甘草提取物	万寿菊提取物	芦丁
8	肌醇	芦丁	罗汉果提取物	肌醇	罗汉果提取物
9	芸香苷	橙皮苷	水飞蓟提取物	芦丁	万寿菊提取物
10	罗汉果提取物	桂油	芦丁	罗汉果提取物	银杏叶提取物

由于我国植物提取物行业是典型的外贸出口带动型企业，本章结合四川省植物提取物行业的发展现状选择部分重要品类，如绿茶提取物、银杏叶提取物、人参提取物、甘草提取物、越橘提取物、甜叶菊提取物、葛根提取物、黄芪提取物、罗汉果提取物、辣椒提取物，共10种类型提取物从原料种植、市场分布、出口情况、主要生产企业等维度进行简要概括分析，以期从重要品种角度了解国内植提产业发展现状。

8.2 我国植物提取物行业重要品种

8.2.1 绿茶提取物

绿茶是我国主要的茶类之一，是未经发酵制成的茶，保留了鲜叶的天然物质，含有的茶多酚、儿茶素、叶绿素、咖啡碱、氨基酸、维生素等营养成分较多，多种营养成分对防衰老、防癌、抗癌、杀菌、消炎等具有特殊效果。其提取物在饮料、化妆品、保健品等领域有广泛用途。

8.2.1.1　原料主要分布区域

绿茶在我国的分布范围很广，主要集中分布在南方地区，覆盖浙江、湖南、江西、江苏、安徽、四川、云南、贵州等多个省份，广泛的种植面积使得绿茶的产量居于六大初制茶之首，年产量超过 10 万吨，占世界总量的 70% 以上。四川是绿茶的重要产区，雅安、宜宾、都江堰都是绿茶的重要产区。

8.2.1.2　主要产区和生产商

我国茶提取物主要分布在华南地区，占到总量的近 40%；其次是华东地区，主要是浙江、江苏等地，占到总量的近 30%；以四川、云南和贵州为代表的西南产区约占总量的 5%。

当前我国茶多酚的主要生产企业有长沙绿蔓生物科技有限公司、无锡绿宝生物制品有限公司、黄山天健农业科技有限公司、绿康天然产物有限公司、浙江东方茶业有限公司等。

四川省的乐山禹伽茶业科技开发有限公司、华高生物科技有限公司也是绿茶提取物的主要生产企业，尤其是禹伽茶业已经发展成国内技术领先、生产能力最大的茶多酚生产和供应基地。

8.2.1.3　主要产品种类

我国茶提取物行业主要产品有茶多酚、茶黄素、茶多糖以及茶皂素、茶咖啡碱等，其中茶多酚是最主要的提取物，占到产品总量的 70% 以上，茶黄素占到 15%，茶多糖约占 5%。

8.2.1.4　未来发展前景

2008 年我国成为世界上茶多酚最大的生产国，其中超过九成出口海外。随着国际市场的拓展，我国茶提取物行业市场规模不断增大，收入从 2009 年的 5.36 亿元增至 2016 年的 10.19 亿元，年复合增长率近 20%。

未来，茶提取物代替化学原料药在化妆品、食品、保健品等方面的应用是主流趋势。

8.2.2　银杏提取物

银杏全身是宝，其果实白果在食用和药用上的价值显著，经济价值在干果中排名第三。银杏叶提取物多达 160 余种，主要有黄酮类、萜类、酚类、生物

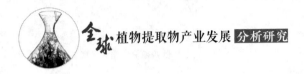

碱、聚异戊烯、奎宁酸、亚油酸、蟒草酸、抗坏血酸、α-己烯醛、白果醇、白果酮等。银杏在医药、食品、护肤品和生态绿化上有很高的经济价值。

8.2.2.1 原料主要分布区域

银杏树具有较高的经济效益，种植总量超过 15 亿株，且每年仍以 5000 万株的速度递增，年产白果量达 150 万吨。银杏在我国的分布范围比较广泛，基本上温带和亚热带季风气候区都有分布。从资源分布总量来看，山东、浙江、江西、安徽、广西、湖北、四川、江苏、贵州等地是主要产区。目前我国有 5 个银杏优质种植基地，分别是山东郯城新村银杏基地、江苏邳州银杏基地、江苏泰兴银杏基地、浙江宋店银杏基地、广东南雄银杏基地。四川省的安县、北川、彭州、都江堰是本省的重要产区。

8.2.2.2 主要生产商

浙江康恩贝集团与天津尖峰集团是国内最大的银杏提取物生产商与出口商，两家公司的产量占到总产量的 5 成左右。康恩贝集参与了我国银杏提取物经贸标准起草，是第七代银杏提取物标准主要制定者。此外，浙江惠松制药有限公司、宁波绿之健药业有限公司、宁波中药制药有限公司也生产银杏提取物。

四川省的叙永蜀南银杏开发有限公司、遂宁市旭泰植物原料有限责任公司等企业也从事银杏叶提取物加工。

8.2.2.3 产品市场分布

银杏叶提取物在 2013 年出现爆发式增长后，出口始终保持着小幅增长的态势。虽然 2015 年国内银杏叶提取物行业经历了重大调整，但总体来说对外贸影响较小，2016 年银杏叶出口额上升幅度增大，出口额达 2.2 亿元人民币，同比增长 26.67%，银杏叶提取物行业的规范化在其中产生了一定的影响。

我国银杏叶提取物主要出口到北美洲、欧洲及亚洲的日韩等地，美国是最大的出口市场，2016 年出口美国的金额占全球出口额的 37.51%。美国的银杏叶市场较为稳定，我国对美出口额为 8392.8 万元，同比增长 7.46%。韩国市场从 2015 年开始超越德国，成为银杏叶提取物的第二大市场，出口额达 2551.4 万元，同比增长 41.64%，市场活力十足。德国也是银杏叶提取物出口的传统市场，2016 年出口额为 1988.5 万元，同比增长 22.27%。

8.2.2.4　未来发展前景

自 2007 年国际市场打开以来，市场需求逐渐增多，我国银杏叶提取物出口也随之增多，2017 年出口量进入植物提取物出口产品的前十位，但是依旧存在质量参差不齐的弊病。值得注意的是近几年，日本、韩国的银杏叶提取物出口增长较快，且质量普遍优于国内同类产品，国际市场竞争压力增大，倒逼国内企业产品创新和技术提升。

8.2.3　人参提取物

人参是第三纪孑遗植物，属五加科，多年生草本植物，具有兴奋和抑制中枢神经、增强记忆力、降低血糖、降低血脂、抵抗疲劳、提高肌体免疫力、调节内分泌等作用。

8.2.3.1　原料主要分布区域

我国是全球人参的主要产区，占到全球产量的近七成。吉林是我国人参的主要产地，近几年的种植面积稳定占到全球产量的 60%，尤其长白山地区是优质人参的主要来源地。吉林省的通化、白山、延边等市（州）也是人参的产地之一。

8.2.3.2　主要生产商

我国人参提取物生产企业主要集中分布在东北及沿海城市。东北地区的主要企业有吉林省集安益盛药业股份有限公司、吉林抚松宏久参业有限公司、大连绿峰天然生物制品有限公司、沈阳天野保健品有限责任公司、吉林紫鑫药业股份有限公司等。

沿海地区借助先进的技术和便利的交通，主要从业企业有广东省惠州市炎黄保健品有限公司、上海信谊百路达药业有限公司、武汉美谱分离技术有限公司、深圳三九医药股份有限公司、宁波立华制药股份有限公司、上海市药材有限公司、苏州市立德化学有限公司、南京斯拜科生化实业有限公司、深圳旗帜生化技术有限公司、青岛华钟制药有限公司等。

四川省的成都普菲德生物技术有限公司、什邡巨邦植物原料有限公司也从事人参提取物的生产。

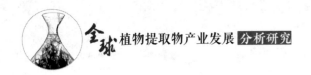

8.2.3.3　产品市场分布

商务部《2017年中药材流通市场分析报告》数据显示，人参是出口价值最大的中药材品种，总额达到11288.81万美元，占中药材出口总额的9.91%，数据显示亚洲仍为进出口的主要地区。

8.2.3.4　未来发展前景

人参中的有效成分包括皂苷类、非皂苷类、小分子肽和多肽、多糖等，以人参皂苷研究得最多，其中的Rgl和Rbl含量较高，活性强。人参对于增强记忆力，延缓衰老有重要作用，在医药、化妆品和食品保健品方面有不可替代的作用。近期有研究表明，人参提取物在抗肿瘤上有特殊功效，随着研究程度加深以及各种保健功能的开发，人参提取物的国际、国内市场前景广阔。

8.2.4　甘草提取物

甘草，别名国老、甜草、乌拉尔甘草、甜根子。其根和茎均可入药，具有清热解毒、祛痰止咳等功效。甘草提取物是我国出口量较大的提取物品种，广泛用于保健品、化妆品等领域。

8.2.4.1　原料主要分布区域

甘草主要分布于新疆、内蒙古、宁夏、甘肃、山西等地，主要为野生。人工种植甘草主产区位于新疆、内蒙古、甘肃河西走廊、陇西周边及宁夏部分地区。

8.2.4.2　主要生产商

与原料产地类似，我国甘草提取物产业主要分布在新疆、内蒙古等地区。新疆地区主要有新疆金硕植物添加剂有限责任公司、新疆天山制药工业有限公司、新疆尉犁县金兴甘草制品有限公司等；内蒙古地区主要有呼和浩特天坛甘草制品有限公司、内蒙古兰太药业有限责任公司等。另外，北京地区凭借技术优势，在甘草提取物上占据绝对优势，如北京绿色金可生物技术股份有限公司、北京华夏本草中药科技有限公司等。四川省的主要企业是宏益生物工程有限公司等。

8.2.4.3 产品市场分布

我国甘草提取物主要出口到日本、韩国等地区。甘草是日本进口的四大中药材之一。韩国的化妆品和保健品也越来越依赖甘草提取物的进口。

8.2.4.4 未来发展前景

近年来，随着甘草产业出口总量压缩、出口价格上升、出口经营稳定、监管贡献突出等特点，该行业处于一个相对健康和稳定的发展局面。我国从以出口甘草为主，发展到近年来出口甘草浸膏、甘草酸粉盐及甘草酸衍生物等产品，培育出一大批专业的甘草提取企业，有效提升了我国甘草出口加工能力和水平。

随着对甘草功效的进一步发掘，甘草的应用范围日渐丰富，除以饮片形式用于中医药外，还广泛应用于食品、化妆品、烟草等行业，尤其是甘草甜素的甜度是蔗糖的 50 倍，其作为甜味、调味等添加剂已广泛应用于食品工业。目前国际市场对提取甘草酸的原料需求量很大，短期内我国甘草及甘草膏的产量还难以满足国际市场的需求。

8.2.5 越橘提取物

越橘又称蓝莓，意为蓝色浆果，属杜鹃花科，越橘属植物，原产于美国。越橘果实中含有丰富的营养成分，具有防止脑神经老化、保护视力、强心、抗癌、软化血管、增强人体免疫等功能。

8.2.5.1 原料主要分布区域

越橘可以分为野生和人工培育两类，我国野生越橘主要产在长白山、大兴安岭和小兴安岭林区，且大部分在大兴安岭地区。我国人工种植越橘仅有短短三十年的历史，随着培育技术的进步，当前在山东胶东半岛、华东地区以及华南地区均有分布，主要包括山东、浙江、广东、广西、福建等省份，然而主要产区还是集中在东北地区，尤其是长白山、大小兴安岭地区。

8.2.5.2 主要生产商

国内比较大的越橘提取物生产商有大兴安岭林格贝寒带生物产业集团和桂林莱茵生物科技股份有限公司，其中大兴安岭林格贝寒带生物产业集团是我国最大的浆果类花青素生产商，桂林莱茵生物科技股份有限公司的花色苷（越橘

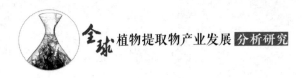

提取物）等高纯度单体和标准化提取物在业界口碑很好。

8.2.5.3 产品市场分布

越橘产品主要出口日本、韩国及东南亚各国和地区。

8.2.5.4 未来发展前景

越橘提取物在欧、美、日等发达国家和地区市场很大，特别是在膳食补充剂行业中，作为一种重要的功能性配料具有举足轻重的地位。据北美越橘协会预测，全球越橘市场每年需要 40 万吨原料，并且仍在持续增长，而目前全球产量只有 24 万吨，缺口近一半。随着越橘种植技术的推广和市场的火热，再加上我国丰富的劳动力和自然资源，越橘有望成为新的出口创汇产品。

8.2.6 甜叶菊提取物

8.2.6.1 原料主要分布区域

甜叶菊为菊科类植物，原产于南美洲巴拉圭与巴西交界的高山草地，自20 世纪 70 年代引进国内后，在北京、河北、陕西、江苏、安徽、福建、湖南、云南等地均有种植。目前国内甜叶菊种植主要集中在安徽明光、江苏东台、安徽滁州、黑龙江海林，其中安徽明光采用"公司＋农户"的订单方式，迅速推动本地区甜叶菊产业化发展。2017 年数据显示，明光公司总种植面积达 15 万亩左右，年产干叶 2.4 万吨，年总育苗量在 20 亿株左右，是目前我国最大的甜叶菊种植基地和甜叶菊种苗的主要来源地。

甜叶菊在四川已有 20 多年的栽培历史，以前多为零星种植，自 2003 年以来开始大面积栽培，现在主要集中在绵阳、德阳、遂宁、自贡和凉山等地区。

8.2.6.2 主要生产商

国内最主要的甜叶菊提取物生产商有谱赛科（江西）生物技术有限公司、赣州菊隆高科技实业有限公司和青岛润德生物科技有限公司，其产量占到全年出口量的 80％以上。随着甜叶菊提取物在食品和饮料行业的广泛应用，越来越多的企业加入甜叶菊提取物的市场竞争中，如桂林莱茵、晨光生物、绿蔓生物等。四川省的华高生物参与了 2017 年版甜叶菊提取物标准的起草。

8.2.6.3　产品市场分布

目前，甜叶菊提取物主要以出口为主，出口至东南亚、拉丁美洲、北美洲、欧洲以及东亚等地区。其中马来西亚、墨西哥、美国、日本和中国香港地区是主要销售对象，占比超过 60%。马来西亚是出口最多的国家，但是仅作为中转基地，经马来西亚 Stevian 公司分销至全球。

8.2.6.4　未来发展前景

2008 年 12 月底，美国 FDA 正式批准允许甜菊糖苷作为甜味剂，迅速带动了全球甜叶菊提取物的发展。中国医药保健品进出口商会数据显示，中国甜叶菊提取物 2000 年出口额不到 100 万美元；2014 年，出口额达 1.28 亿美元，连续多年保持飞速增长，且蝉联出口品种榜首。

8.2.7　葛根提取物

葛根属于豆科植物，又称野葛，有解肌退热、透疹、生津止渴、升阳止泻等功能。

8.2.7.1　原料主要分布区域

葛根易栽培、抗逆性强，具有抗寒、抗热、耐旱、耐瘠薄、抗病虫害等生物学特性，适应性广，因此在全国各地均有种植和分布，其中，湖南、河南、广东、浙江、四川等省属于主产地。除了药用价值，葛根还是防风固沙、保持水土的优良物种，在生态保护方面作用重大。

8.2.7.2　主要生产商

葛根提取物的生产商主要集中分布在陕西、四川及华东地区，如上海和浙江。

陕西的主要企业有西安京西制药厂六分厂、西安三江生物工程有限责任公司、西安天行健天然生物制品有限公司、西安奥赛斯生物工程有限公司、陕西安康志朗生物资源应用研究所、安康葛根产业开发集团公司、宝鸡市普兰特生物工程有限公司；以及华东地区的上海信谊百路达药业有限公司、江苏省海门市四海植物精华有限公司、浙江一新制药股份有限公司等。

四川省的成都迪澳化学植提公司、成都华高天然产物有限责任公司、成都三禾田生物科技有限公司、成都天源植物提取物有限公司也将葛根提取物作为

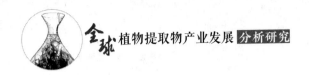

重要产品之一。

8.2.7.3　产品市场分布

葛根提取物包含多种有效成分，主要活性成分为大豆素（Daidzein）、大豆苷（Daidzin）、葛根素（puerarin）、葛根素－7－木糖苷（Puerarin－7－Xyloside）等。葛根素是野葛的提取物，异名葛根黄素，分子式为 $C_{21}H_{20}O_9$，分子量为 416.37，在甲醇—醋酸中为白色针状晶体。

8.2.7.4　未来发展前景

葛根是集药用、食用、保健于一身的纯天然植物，素有"亚洲人参"之美誉，已被中国卫健委认定为药食两用作物。在食品工业、医药行业、化妆品以及畜牧业等领域有重要的应用，随着人们健康意识的提升，葛根的综合价值正在不断被开发。葛根提取物的价值认可是国际性的，北美、欧洲、日韩等市场都认识到了葛根的综合价值，国际市场需求旺盛，出口缺口逐年增大，

8.2.8　黄芪提取物

黄芪，又名绵芪，具有补气止汗、消肿、养血、增强机体免疫功能、保肝、利尿、抗衰老、抗应激、降压等功效。

8.2.8.1　原料主要分布区域

黄芪主要产于内蒙古、山西、黑龙江、辽宁、甘肃、河北等地，随着野生资源的无序采挖，野生资源不断减少，20 世纪 70 年代开始人工种植。四川省也有黄芪分布，理塘县的黄芪种植比较著名。

8.2.8.2　主要生产商

从事黄芪提取物生产的公司众多，国内黄芪提取物的生产商主要有湖南宏生堂制药有限公司、上海信谊百路达药业有限公司、湖南金农生物资源股份有限公司、西安天行健天然生物有限公司、安天诚医药生物工程有限公司、吉林抚松宏久参业有限公司、深圳三九医药股份有限公司等。

四川省的主要企业有广汉市生化制品有限公司、广汉市天府实业有限公司等。另外，成都天源植物提取物有限公司、什邡市华康药物原料厂等也大规模进行黄芪提取物的生产。

8.2.8.3　未来发展前景

黄芪提取物的主要成分是黄芪多糖，具有增强机体免疫力、抗肿瘤、抗病毒、抗氧化、抗衰老等多种功能，能影响动物胸腺、脾脏和法氏囊等免疫器官的发育，促进淋巴巨噬细胞的吞噬功能，提高动物机体的细胞免疫和体液免疫能力。在兽医临床上，黄芪多糖不仅作为促生长饲料添加剂，还可以增强机体免疫力、防治畜禽病毒性疾病、抗应激等。由于黄芪多糖具有毒副作用小、无残留等特点，已得到国际上的认可，未来市场空间较大。当前黄芪在国内化妆品市场的应用也逐渐得到认可，多个品牌纷纷将黄芪作为改善产品功能的原生材料，如同仁堂深层保湿蜜、大宝 SOD 蜜等。

但是由于黄芪是多年生植物，市场信息反馈的滞后性和药农的盲目种植以及药材市场的周期性使得黄芪价格的波动较大。

8.2.9　虎杖提取物

虎杖，又名斑根紫金龙、活血龙、阴阳莲，为多年生灌木状草本，具有抗肿瘤、抗心血管疾病、降血糖、护肝、增强低氧耐受力等功效。虎杖的主要提取物是白藜芦醇，它是一种生物性很强的天然多酚类物质，又称芪三酚，是肿瘤的化学预防剂，也是降低血小板聚集，预防和治疗动脉粥样硬化、心脑血管疾病的化学预防剂。

8.2.9.1　原料主要分布区域

虎杖喜阴喜水，多生于山沟、溪边、林下阴湿处。在我国西北、华东、华中、华南及西南等地均有分布。西北以陕西为主，华东地区主要集中在山东、江西和福建；华中地区遍布河南、湖北和湖南。西南地区主要在云南、四川、贵州等省份，整体分布较广泛。成都市三禾田生物技术有限公司建立了红原虎杖种植基地。

8.2.9.2　主要生产商

虎杖提取物生产企业较多，主要有宝鸡普兰特生物工程有限公司、上海信谊百路达药业有限公司、西安三江生物工程有限责任公司、成都迪澳植化实业有限公司、珠海楚明发展有限公司、苏州立德化学有限公司、西安天行健天然生物制品有限公司、广汉生化制品有限公司、东明格鲁斯生物科技有限公司等。湖南省是虎杖提取物的主要出口地之一，如湖南春光九汇等。

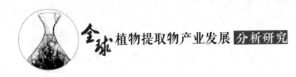

南京矍元医药制品有限公司是虎杖提取物药品的主要生产商。

天津尖峰、湖南绿蔓、天津益倍健及四川绵竹恒诚是 2017 年第三部《朱武提取物国际商务标准》中虎杖白藜芦醇标准的主要起草单位。

8.2.9.3　产品市场分布

白藜芦醇和大黄素是虎杖中的主要功能成分，其他成分还包括丹蒽酮、大黄素甲醚和大黄酸等。2009 年美国相关研究表明，白藜芦醇在延长寿命上有一定的效果，使得虎杖提取物迅速进入了美国的食补剂市场，这也引起国内企业发动了对野生虎杖资源的掠夺和无序开发，甚至形成恶性竞争。随着产品质量下降，近年来虎杖提取物价格波动较大。

8.2.9.4　未来发展前景

2013 年商务部发布了虎杖提取物标准，并由美国药典委员会纳入美国药典标准，对于产品的国际化起到了重要作用。近期有研究表明，虎杖提取物白藜芦醇对于肿瘤细胞有抑制功能，并且其延缓衰老的功能广泛应用于护肤品行业，预计未来国内外的需求量将大大提升。

8.2.10　贯叶连翘提取物

贯叶连翘又称贯叶金丝桃、千层楼，为金丝桃科，金丝桃属植物，以全草入药。中医认为贯叶连翘具有解毒消炎、清心明目、止血生肌、调经活血、利湿等功效。现代药理学研究表明，贯叶连翘具有抗病毒、抗肿瘤、抗抑郁、抗菌、镇痛等作用。

8.2.10.1　原料主要分布区域

贯叶连翘适应能力强，喜阳光、湿润，适宜在海拔 1000~1500m 的坡地种植，对土壤要求不严，荒地也适宜栽种，路旁、房前屋后均可种植。广泛分布在河北、山西、陕西、甘肃、新疆、山东、江苏、江西、河南、湖北、湖南、四川及贵州等省份。

8.2.10.2　主要生产商

国内西安天一生物技术有限公司的薛西峰从事贯叶连翘中的金丝桃素提取 10 年之久，其工厂设在秦岭贯叶连翘原料产地。该公司取得了 ISO、KOSHER、出口卫生证等国际国内认证。

四川宝光集团投资兴建的金丝桃素生产基地，其原料药年产量已达 100 吨，首批符合欧盟标准的金丝桃素原料药已于 2007 年顺利出口至德国。

8.2.10.3　产品市场分布

由于金丝桃素在治疗禽流感上的重要作用，从 2005 年开始，越南、泰国、韩国、印度尼西亚等深受禽流感威胁的国家是主要的出口地。欧洲的出口主要用于治疗抑郁症等。相对欧洲而言，北美市场略小。

8.2.10.4　未来发展前景

贯叶连翘的主要提取物是金丝桃素。英国相关研究表明，金丝桃素在治疗轻度和中度抑郁上有很好的效果，且基本无毒副作用，被欧洲草药药典收载，因此国际市场巨大。中国农业科学院兰州畜牧与兽药研究所研究证明，金丝桃素在消灭高致病性禽流感病毒中有突出效果。近期，我国科学家试图用金丝桃素探究抵抗艾滋病的新药。多项研究成果大大刺激了金丝桃素的国内外市场需求，使得金丝桃素代替紫杉醇成为我国植物提取物中出口量增长最快的单品。

第9章 我国主要植物提取物企业及市场概况分析

9.1 行业区域结构总体特征

9.1.1 植物提取物企业发展总体状况分析

我国植物提取物行业发展迅速。2017 年，我国植物提取物行业市场规模达到 219.68 亿元，同比增长 24.67%，产量达到 13.94 万吨。从地区发展来看，我国植物提取物可以划分为两类，一类是北、上、浙等东部沿海地区依赖技术创新的发展型企业，如康恩贝、上海津村、北京金可等。另一类是原料产地的资源依赖型企业，突出表现在东北、四川、湖南及云南等植物资源丰富的省份，如东北地区是人参提取物的主要产区，四川是芦丁和橙皮苷的主要产区。

随着国际国内健康产业的拓展和延伸，植提产业迎来了前所未有的发展前景。我国植物提取物行业在经历了 30 多年的发展后，经过市场竞争的自然淘汰，一大批在业界影响深远的企业逐渐涌现。

9.1.2 企业整体情况简介

我国植物提取物行业从业企业众多，据不完全统计，当前从业企业已有 3000 多家。在众多的企业中不乏行业领先型企业，此类企业在产品质量、技术研发、市场占有方面均居于行业领先地位。此外，也存在着大量的技术研发能力欠缺，产品结构单一，竞争力相对较弱的中小型企业。此类型企业在提升市场活跃度，改善竞争结构上发挥着重要作用。

9.2　国内植物提取物行业主要企业发展现状

9.2.1　2017 年植物提取物出口龙头企业

我国植物提取物是典型的出口带动型产业，出口量占到总产量的 80%。出口前十位的企业在产业产品研发、技术创新和引进，以及提升我国植物提取物行业的国际竞争力方面起到重要作用。本部分以 2017 年出口前十位的企业为代表，再加上前几年在出口排行榜中占据一席之地的上海津村制药有限公司、浙江惠松制药有限公司和云南瑞宝天然色素有限公司等 13 家企业为分析对象，重点从企业基本信息、原料种植基地、企业研发能力、生产和检测能力以及质量认证角度对这些企业进行重点分析，以期厘清当前国内主要植物提取物从业龙头企业的基本情况（表 9.1）。

表 9.1　2017 年我国植物提取物行业出口前十位的企业

排名	企业名称
1	浙江康恩贝制药股份有限公司
2	晨光生物科技集团股份有限公司
3	桂林莱茵生物科技股份有限公司
4	西安皓天生物工程技术有限责任公司
5	山东绿叶制药股份有限公司
6	德信行（珠海）香精香料有限公司
7	宁波绿之健药业有限公司
8	北京绿色金可生物技术股份有限公司
9	湖南春光九汇现代中药有限公司
10	谱赛科（江西）生物技术有限公司

9.2.2　出口龙头企业发展现状

9.2.2.1　浙江康恩贝制药股份有限公司

浙江康恩贝制药股份有限公司基本信息见表 9.2。

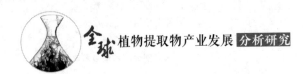

表 9.2　浙江康恩贝制药股份有限公司基本信息

企业信息	基本情况
成立时间	1969 年
企业类型	上市公司
公司网址	www. gfgs. conbagroup. com/index. aspx
公司地址	浙江省杭州市高新技术开发区滨江科技经济园滨康路 568 号
经营范围	药品生产；卫生材料及敷料的制造、销售，五金机械，通信设备（不含无线通信设备、仪器仪表），电脑软件，建筑材料，化工产品，纺织品，日用百货，家用电器，文化用品，健身器械，汽车配件，初级食用农产品的销售，技术咨询服务；经营进出口业务
主要产品	目前公司及子公司的药品剂型包括片剂、胶囊剂、丸剂、滴丸剂、颗粒剂、散剂、注射剂、冻干粉针、口服液、糖浆剂、滴眼剂、滴鼻剂、滴耳剂、软膏剂等二十多种制剂，还有缓释、速释等新型制剂。公司的主要产品涵盖心脑血管疾病、泌尿系统疾病、消化系统疾病、呼吸系统疾病、抗感染、内分泌系统、神经系统等治疗领域
其他	康恩贝集团是我国银杏叶提取物经贸标准的制定者，发布了第七代银杏叶提取物标准。1992 年就获批的"天保宁"银杏叶片作为中国第一个符合国际质量标准的现代植物药制剂，是中国银杏叶制剂的知名品牌

（1）原料生产基地。

公司正在加紧实施中药材资源战略，开展道地化、基地化、专业化、规范化、集中化的浙产药材基地和物流项目建设，加速大宗药材种植基地建设，并树立了"高品质药材＋产业链精准扶贫＋引导中药产业健康发展"的三位一体发展目标。

（2）企业研发能力。

公司建有完善的新药研究开发技术和服务体系，拥有一支技术力量强、实践经验丰富的研发技术团队，建有国家认定企业技术中心，国家博士后科研工作站，浙江省中药制药技术重点实验室，省级研究开发中心，省级企业技术中心，被评为浙江省重点企业技术创新团队，并与国内外多家科研院所、专业药物研究机构建立了良好的长期合作关系。

公司设有专职从事药物的研究开发、新药申报、新药研发项目投资等工作的研发机构，成立以来获新药证书 32 个，其中二类以上 8 个，承担"863""十一五"支撑两项国家项目及多项省级项目，累计获新药证书 60 项，其中一、二类新药 12 项，近五年制定国家药品标准 55 项。累计申请专利 137 项，获授权 77 项，其中发明专利 30 项。在运用现代药物科技对天然药物和植物药的药理筛选研究、作用机理研究、临床前研究等深度研发方面，具有强大的能力。

（3）企业资质和产品认证。

公司阿莫西林片、卡托普利片、奥美拉唑肠溶胶囊 3 种制剂产品通过德国 CGMP 认证；硫酸大观霉素、阿米卡星原料药成功通过了美国 FDA 认证；银杏叶片通过克罗地亚和新加坡注册批件，是国内首家开展银杏叶提取物美欧认证的企业。

公司银杏叶提取物获得欧洲药品质量管理局（EDQM）颁发的 CEP 证书（欧洲药典适应性认证证书，CEP 认证被所有欧盟成员国承认），同时在银杏叶提取物质量标准方面，公司还主持完成了银杏叶提取物《中国药典》2015 版的质量标准提升工作，它也是首版银杏叶提取物国际商务标准的起草单位。

9.2.2.2　河北晨光生物科技集团股份有限公司

河北晨光生物科技集团股份有限公司基本信息见表 9.3。

表 9.3　晨光生物科技集团股份有限公司基本信息

企业信息	基本情况
成立时间	2000 年
企业类型	上市公司
公司网址	www.cn—cg.com/
公司地址	河北省邯郸市曲周县晨光路
经营范围	公司从事的主要业务属于天然植物提取物细分领域
主要产品	研制和生产天然色素、天然香辛料提取物和精油、天然营养及药用提取物、油脂和蛋白质四大系列 80 多种产品
其他	国内外拥有 20 家子（分）公司，其辣椒红色素、辣椒精、叶黄素产量位居行业首位

（1）原料生产基地。

公司在新疆等地设立了原材料基地，除正常采购方式外，还实行"农户＋政府＋企业"模式进行原材料种植、收购，并创新实施了按含量收购模式，为公司的生产经营提供了保障（表 9.4）。

表 9.4　晨光生物科技集团股份有限公司主要产品及用途

主要产品	产品用途
辣椒红色素	应用于食品、医药、化妆品、饲料等行业调色
辣椒油树脂（辣椒精）	应用于含辣味食品、调料的调味
叶黄素	应用于食品、化妆品、饲料等行业调色，精加工后可应用于保健品，是预防老年性黄斑变性有效的营养素
甜菊糖	不含糖分和热量，作为一种天然提取的无糖甜味剂，可广泛应用于食品饮料行业
花椒提取物	应用于肉制品、休闲食品、方便食品、速冻食品、海鲜食品等
番茄红素	对心血管和前列腺疾病有一定的预防作用，可防止 DNA 细胞破坏，抗辐射，改善皮肤健康
葡萄籽提取物	具有延缓衰老和增强免疫力的作用，应用于保健食品

（2）企业研发能力。

公司研发实行以市场为导向的"研究＋小试＋放大试验＋中试＋规模化生产"模式，让研发人员深入市场，根据市场反馈的各项信息研发前沿产品。

公司建有业内首家省级工程技术研究中心——河北省天然色素工程技术研究中心，后期被认定为国家企业技术中心，并建有院士工作站、博士后科研工作站、国家地方联合工程实验室等科技平台。以平台资源为支撑，公司先后承担国家"十二五"科技支撑计划、国家星火计划、国家重点新产品计划、国家火炬计划、国家科技型中小企业技术创新资金项目，国家公益性行业（农业）科研专项经费项目、国家国际科技合作项目以及其他省部级项目。

（3）生产和检测设备和能力。

公司高度重视研发在企业发展中的作用，不断加大研发投入，以院士工作站、博士后创新实践基地、工程技术研究中心为研发平台，配备了常规罐组提取、液质联用仪、气质联用仪、ICP-MS、红外光谱仪、近红外光谱仪、纳米研磨机、超滤膜、纳滤膜等国内外先进的研发、检测仪器设备，为公司准确地进行定量、定性检验和分析奠定了基础，使公司在高端研发和品控能力方面领先于同行。建有油溶色素中试车间、水溶色素中试车间、低温萃取中试车间、香辛料及精油中试车间、营养及药用提取物中试车间、超临界中试车间 6 条中试生产线，可满足各类产品中试放大需求；加强研发队伍建设与人才培养，持续引进高学历、高素质人才，并为其提供广阔的发展平台。目前，公司积聚了一批从事天然植物提取研究与开发的科技精英、技术骨干、操作能手，形成了老中青相结合的年龄结构合理、知识互补性强、专业突出的人才梯队。公司创新研发管理模式，将传统的小试、中试、工业化生产的"三步走"做成扎扎实实的"五步走"，技术创新实力进一步提升。

（4）企业资质和产品认证。

公司先后通过了 BRC 体系认证、国家实验室（CNAS）认可、ISO9001 认证、ISO22000 认证、ISO14000 认证、OHSAS18000 认证、KOSHER 认证、HALAL 认证、FAMI－QS 认证、CMS 认证、SEDEX 认证、美国 FDA 产品注册以及知识产权管理体系认证。公司产品符合联合国粮农组织、世界卫生组织及国家标准要求，产品远销欧洲、美洲、大洋洲及日、韩、南亚、东南亚、非洲部分国家和地区，出口创汇连年居中国植物提取物行业前列。

9.2.2.3　广西桂林莱茵生物科技股份有限公司

广西桂林莱茵生物科技股份有限公司主要产品及用途见表 9.5。

表 9.5　桂林莱茵生物科技股份有限公司主要产品及用途

企业信息	基本情况
成立时间	1995 年
企业类型	上市公司
公司网址	www. layn. com. cn
公司地址	广西壮族自治区桂林市临桂区西城南路秧塘工业园
经营范围	植物制品，农副土特产品的研发、生产、销售、自营进出口；护肤用化妆品的研发、销售及技术转让；食品添加剂，食品的研发、生产及销售
主要产品	包括罗汉果甜苷（罗汉果提取物）、ROSAVINS（红景天提取物）、花色苷（越橘提取物）、原花青素（葡萄籽、葡萄皮提取物）、枸杞多糖（枸杞果提取物）等植物功能成分的高纯度单体和标准化提取物的研发、生产和销售，产品广泛应用于食品、饮料、保健品、药品、日用化工等行业
其他	全球植物提取物行业领军企业、全球天然甜味剂领航者，是国内首家获得罗汉果提取物和甜叶菊提取物美国 FDA GRAS 认证的中国企业

（1）企业研发能力。

截至 2017 年，公司拥有发明专利 49 项，掌握了 300 多种天然成分提取的核心技术。公司研发力量雄厚，技术中心已被认定为自治区级企业技术中心，经自治区科学技术厅批准设立了"广西天然甜味剂工程技术中心",并经相关部委批准设立了国家农产品加工技术研发专业分中心及博士后科研工作站。

公司成功开发出 300 多个标准化植物提取物产品;膜分离及高效逆流提取应用等四项科技成果通过了省级鉴定;甜叶菊提取物等 15 个产品获认定为广西壮族自治区工业新产品。

(2)生产、检测设备和能力。

生产能力:公司拥有完善的质量管理体系和 28 条按照 GMP 标准建设的提取生产线,数字化动态逆流萃取、混合床连续分离纯化系统、三效降膜浓缩器、膜分离、喷雾干燥、冷冻干燥等技术和设备,为高纯度活性单体和标准化提取物工业化生产提供强有力的保障。

检测能力:公司技术中心、质量管理部配置了多台/套气相、液相、原子吸收等先进检测和试验仪器,并对工艺研究、质量保证和质量检测三项职能进行了明细分工,可以对生产过程进行有效和全面的质量控制,对最终产品进行全面检测分析。

(3)企业资质和产品认证。

莱茵生物是国内首家获得罗汉果提取物和甜叶菊提取物美国 FDA GRAS 认证的中国企业。公司已通过 GMP、HACCP、FSSC22000、ISO9001、ISO14001 等多项认证,2015 年 4 月莱茵检测中心取得了中国合格评定国家认可委员会 CNAS 认证,多个产品拥有 KOSHER、HALAL、FDA-GRAS、ORGANIC、QS 等证书。

(4)经营情况。

2017 年年报显示,公司营业收入 8.01 亿元,同比增长 40.22%;归属于上市公司股东的净利润 2.06 亿元,同比增长 195.62%。

9.2.2.4 陕西西安皓天生物工程技术有限责任公司

陕西西安皓天生物工程技术有限责任公司基本信息见表 9.6。

表 9.6 西安皓天生物工程技术有限责任公司基本信息

企业信息	基本情况
成立时间	2003 年
企业类型	有限责任公司(台港澳与境内合资),朗生集团子公司
公司网址	www. htinc. lansen. com. cn/index. aspx#

企业信息	基本情况
公司地址	陕西省西安市杨凌示范区新桥南路5号
经营范围	植物提取物、化工中间体的研究、生产、销售；自营和代理相关产品、技术的进出口业务等
主要产品	维生素、花青素类产品、水溶性产品和其他类产品。提取物以黑芝麻提取物、淫羊藿提取物、人参提取物、银杏叶提取物、仙人掌提取物及万寿菊提取物闻名
其他	公司拥有国内最专业的欧洲越橘提取物生产基地

（1）企业研发能力。

公司设有专门的研发中心——西安皓天研发中心，并配备了陶瓷复合膜分离设备、中压柱分离设备等，建有专业的研发队伍，申请了20多项专利。

（2）生产、检测设备和能力。

生产能力：在全国建有8大生产基地，其中吉林省皓天生物工程技术有限公司最为突出，是国内主要的健康产业原料出口商。

检测能力：皓天研发中心配备了先进的ELSD检测设备、荧光检测设备、多效液相色谱等常用分析检测设备，具有专业的检测能力。

（3）企业资质和产品认证。

公司产品通过 ISO9001、ISO14001、SGS、HACCP－EN、FAMIQs、KOSHER、HALAL、CGMP 等多项国内和国际认证。

9.2.2.5 山东绿叶制药有限公司

山东绿叶制药有限公司基本信息见表9.7。

表9.7 山东绿叶制药有限公司基本信息

企业信息	基本情况
成立时间	1994 年
公司网址	www.luye－pharm.com/lvye/index.php
公司地址	山东省烟台市高新区创业路15号
经营范围	天然药物、化学药品及新制剂（化学药物新型制剂）的研究、开发、生产和销售

企业信息	基本情况
主要产品	希美纳（注射用甘氨双唑钠）、麦通纳（注射用七叶皂苷钠）、绿汀诺（注射型还原型谷胱甘肽）、诺森（注射用泮托拉唑钠）、斯迪诺（依降钙素注射液）、欧开（七叶皂苷钠片）、希明婷片（升麻总皂苷）、欧莱凝胶（复方七叶皂苷钠凝胶）、欧通（辣椒碱凝胶）、赛立迈（蒙脱石分散片/散剂）等十余个品种
其他	绿叶制药有限公司于2014年在香港主板上市

（1）企业研发能力。

公司拥有一支300多名研发人员组成的研发队伍，每年研究经费超过销售收入的10%。目前公司共申请了200多项国内专利，已授权40余项；已申请10余项PCT。

（2）生产、检测设备和能力。

公司配套有中心化验室，配备设备符合GMP要求，主要设备达到国际先进水平。

（3）企业资质和产品认证。

公司的生产车间已通过GMP要求。

9.2.2.6 广东中粮德信行健康产业有限公司

广东中粮德信行健康产业有限公司基本信息见表9.8。

表9.8 中粮德信行健康产业有限公司基本信息

企业信息	基本情况
成立时间	1999年
企业类型	有限责任公司（非自然人投资或控股的法人独资）
公司网址	www.icebud.com
公司地址	广东省珠海市唐家湾镇金沙路116号
经营范围	主要从事研发、生产和销售各类天然香料、芳香精油及合成香料产品
主要产品	桉叶油、桉油素、茴油、天然茴脑、留兰香油、薄荷脑、薄荷素油、薄荷油、香茅油、桂油、山苍子油、天然柠檬醛、姜油、大蒜油、香叶油、茶树油、薰衣草油、芳樟醇、芳油等提取物
其他	公司正努力把"冰蕾"和"德兰"打造为中国天然香料油及精油护肤品的一流品牌，是中国华南地区唯一的天然薄荷油生产厂家

（1）企业研发能力。

公司设立了专门的研究开发部门，拥有一支高学历、经验丰富的研发队伍，具有强大的自主开发能力。

（2）生产、检测设备和能力。

公司拥有行业领先的生产设备：300～5000L 的多支精馏塔、500～3000L 的反应釜以及进口的三组大型冷机，可满足自产产品的生产与中试。

公司拥有食品添加剂生产所要求的所有检验设备，实验室配备 Agilent6890-5973 色质联用仪、Agilent7890、Agilent7820、岛津 GC、梅特勒水分仪等仪器，并有微生物检验室。

（3）企业资质和产品认证。

在质量方面，公司通过 ISO9001：2008 质量管理体系，FSSC22000 食品安全管理体系认证，产品取得了 Kosher 和 Halal 认证。

9.2.2.7 浙江宁波绿之健药业有限公司

浙江宁波绿之健药业有限公司基本信息见表9.9。

表9.9 宁波绿之健药业有限公司基本信息

企业信息	基本情况
成立时间	2000 年
企业类型	有限责任公司（港澳台与境外合资）
公司网址	www. greenhealth. net. cn/main. htm
公司地址	浙江省宁波市奉化西坞外向科技园区
经营范围	药品、食品、食品添加剂的研发、制造、加工、批发，天然植物提取物、海洋生物贝壳类提取物、农副产品医药中间体原料、硫酸软骨素原料的制造、加工、批发
主要产品	越橘提取物、黑加仑提取物、银杏叶提取物、千层塔提取物、人参提取物、绿茶提取物、番茄提取物和万寿菊提取物等

（1）生产、检测设备和能力。

公司拥有国内一流的现代化中药提取和固体制剂生产设备，并配有国际先进的检测仪器：AGLIENT 1100 高效液相色谱仪、日本岛津高效液相色谱仪、顶空进样系统 AGLIENT 6890 加强型气相色谱仪、AGLINET6890N -5975 气质联用仪、THERMO M6AA 热电原子吸收仪、日本岛津 UV2501-PC、红外分光光度检测器等。

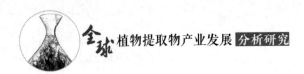

（2）企业资质和产品认证。

公司产品通过 GMP、ISO、NSF 等多项认证。

9.2.2.8 北京绿色金可生物股份有限公司

北京绿色金可生物股份有限公司基本信息见表 9.10。

表 9.10 北京绿色金可生物股份有限公司基本信息

企业信息	基本情况
成立时间	1995 年
企业类型	其他股份有限公司（非上市）
公司网址	www.bggworld.com/
公司地址	中关村科技园区
经营范围	加工植物提取物，生产抗禽流感药物"达菲"原料，植物添加剂、生物技术及产品、植物化学产品、天然产物标准对照物、保健品、精细化工产品、食品添加剂（植物提取物）、医药原料的技术开发等
主要产品	包括甘草提取物、欧洲越橘提取物、天然维生素 A、C 和 E、黑大豆提取物、海藻提取物、二十八烷醇等
其他	公司是国内最大的甘草制品生产企业之一

（1）企业研发能力。

公司是少数远离原材料产地的植物提取物生产企业，这得益于该公司较强的研发能力，其科研人员占到公司人数的 1/5 以上，是经过北京市科委认定的集科、工、贸于一体的高新技术企业。

（2）生产、检测设备和能力。

公司拥有 HPLC、GS、UV 等先进的检测设备。

（3）企业资质和产品认证。

公司产品通过 Kosher、Non-GMO 等国际质量认证。

（4）企业竞争发展优劣势分析。

国际市场开拓良好，与欧洲、日本、美国等提取物需求市场建立了良好的合作关系，并在美国建立了办事处。

9.2.2.9 湖南春光九汇现代中药有限公司

湖南春光九汇现代中药有限公司基本信息见表 9.11。

表 9.11 湖南春光九汇现代中药有限公司基本信息

企业信息	基本情况
成立时间	2001 年
企业类型	其他有限责任公司
公司网址	www. hncgjh. com/
公司地址	浏阳经济技术开发区康平路 10 号
经营范围	中药饮片加工；片剂、硬胶囊剂、颗粒剂、糖浆剂、口服溶液剂（含中药提取物）的生产及自销；固体饮料制造；中药提取物、保健食品的生产；保健食品、植物提取物、中医药、药品的研发；新特药的研究与开发；食品生产技术转让；药用辅料的技术研发、咨询、技术转让；医疗器械技术转让服务；自营和代理各类商品及技术的进出口，但国家限定公司经营或禁止进出口的商品和技术除外；中医药推广；中医药文化推广；中医药服务；中医药文化服务；保健食品、植物提取物、中药饮片的销售；中药材种植、收购、销售
主要产品	大豆提取物、厚朴提取物、紫锥菊提取物、红车轴草提取物、当归提取物、虎杖提取物、五味子提取物、淫羊藿提取物等

（1）原料生产基地。

公司拥有自己的原料生产基地，分别位于长沙国家生物产业园和宁乡经济开发区，总占地面积近 150 亩，自有及合作中药材种植基地面积近万亩。

（2）企业研发能力。

公司具备较强的研究与开发能力，是"中药提取物行业标准"制定的主要承担单位，拥有"单味中药超微颗粒加工工艺""银杏茶制剂及其生产工艺"等多项专利。先后获得国家科技进步二等奖、湖南省科技进步一等奖、中国专利优秀奖。

（3）生产、检测设备和能力。

公司建有通过国家 GMP 认证的中药饮片、中药超微饮片（中药超微配方颗粒）、成药制剂、中药提取物、保健食品生产制造中心、研发中心、检测中心及物流中心。

（4）企业资质和产品认证。

公司被评为湖南省"高新技术企业"，湖南省重点上市后备企业；被列为湖南省战略性新兴产业百强企业名录，湖南省医药行业协会常务理事单位，湖南省中医药产业技术创新联盟常务理事单位，长沙市中药产业技术创新战略联盟理事长单位。

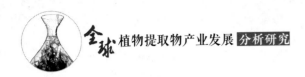

9.2.2.10 江西谱赛科生物技术有限公司

江西谱赛科生物技术有限公司基本信息见表 9.12。

表 9.12 谱赛科生物技术有限公司基本信息

企业信息	基本情况
成立时间	2002 年
企业类型	有限责任公司（外国法人独资），伦敦高科技创业板上市
公司网址	www.purecircle.com/
公司地址	江西省赣州市赣县区 040 乡道
经营范围	食品添加剂甜菊糖苷的生产、采购与销售，甜叶菊新品种的选育，甜叶菊种苗的繁育、采购与销售，甜叶菊种子的生产、采购与销售，甜叶菊种植，甜叶菊干叶的采购与销售，罗汉果提取物的采购与销售
主要产品	甜叶菊提取物
其他	世界上领先的天然高倍甜度甜味剂供应商

（1）原料生产基地。

公司通过"公司＋合作社＋农户"的模式，在江西、江苏、安徽、黑龙江等地建立了 10 多万亩甜叶菊种植基地，并计划在印度建立 5000 公顷的甜叶菊种植基地，从源头上保证了产品的质量。

（2）主要经营产品。

作为国内首家能够从甜叶菊中提取可用于食品和饮料产品的企业和全球最大的甜菊糖生产企业，多年来深耕甜叶菊提取物领域，以优质的原料和丰富的组合甜味剂及香料，供应全球的食品饮料企业，连续多年位居我国植物提取物出口榜列，产品畅销美国、德国、加拿大等国际市场，占到国际市场份额的 1/3。

（3）生产、检测设备和能力。

生产能力：公司拥有年加工处理甜叶菊干叶 5 万吨暨年生产甜菊糖苷产品 4000 吨的能力。

研发能力：公司自主研发了提取高纯度甜菊糖苷产品的新工艺方法——物理除杂法，占据了功能性甜味剂市场先机。

（4）企业资质和产品认证。

产品通过 GMP、HACCP 和 ISO 标准及 HACCP 食品安全管理体系认证。

（5）企业竞争发展优劣势分析。

2017 年，公司首次破解了甜叶菊植物的遗传基因序列，从而更好地了解了甜叶菊的特征和甜度，目前已经在甜叶菊提取物出口上连续多年位居榜列，其零卡路里的甜叶菊甜味剂受到全球食品饮料行业客户的欢迎。公司是将甜菊糖从小众甜味剂发展为主流甜味剂的强有力的推动者，使甜菊糖走向世界并获得了全球的认可，改变着人们关于甜味的话题。

9.2.2.11　上海津村制药有限公司

上海津村制药有限公司基本信息见表 9.13。

表 9.13　上海津村制药有限公司基本信息

企业信息	基本情况
成立时间	2001 年
企业类型	中日合资企业
公司网址	www. shtsumura－p. com/index. html
公司地址	上海市张江高科技园区郭守敬路 276 号
经营范围	中药提取（含浸膏中间体）、颗粒剂的生产，销售自产产品
主要产品	医疗用汉方浸膏制剂的中间体浸膏粉末
其他	连续多年位列我国中药和植物提取物出口榜单。公司主要为日本津村株式会社生产医疗用汉方制剂的中间体浸膏粉末，并从中国向日本出口

（1）原料生产基地。

公司在老挝建立了自主管理的农场，进行原材料种植。

（2）生产、检测设备和能力。

配备有符合日本和中国双重 GMP 标准的优良生产设备及高水准的质量管理体系。上海津村还具备从原料生药的入库至提取、浓缩和干燥连续性的生产工序，且拥有长期生产高质量浸膏粉末的生产能力。

（3）企业资质和产品认证。

生产汉方浸膏粉末会产生生药残渣，目前已经全量委托给专业公司处理，使之全部转化为肥料，百分之百实现了再循环利用。

（4）企业竞争发展优劣势分析。

首先，与日本最大的植物提取物生产厂家津村株式会社合资建立，产品主要供母企业下游生产，受国际市场波动影响较小。其次，具有完备、科学的质

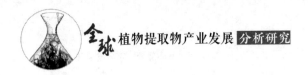

量管理体系，产品质量有保障。

9.2.2.12 浙江惠松制药有限公司

浙江惠松制药有限公司基本信息见表9.14。

表9.14 浙江惠松制药有限公司基本信息

企业信息	基本情况
成立时间	1998
企业类型	杭州惠远实业有限公司和日本松浦药业株式会社合资建成
公司网址	www.huisongpharm.com
公司地址	杭州市江干区红普路与一号路交会处
经营范围	植物提取物、药品、健康食品的生产销售，天然植物和中药材的引种、栽培、加工、销售
主要产品	越橘提取物、黑加仑提取物、人参提取物、银杏叶提取物、葡萄籽提取物、绿茶提取物、红景天提取物、葫芦巴籽提取物等
其他	公司目前在中药材、植物提取物出口总量上位列国内前茅

（1）企业研发能力。

研发中心除了配备有各种先进的实验设备，还依托中试车间进行试生产及QC实验室进行检测，共同确保了研发的顺利进行，为大生产提供了依据和指导。

（2）生产、检测设备和能力。

生产能力：每年使用各类天然植物中药材1万余吨，为国内外客户提供近5000吨中药饮片及2000吨以上的中药提取物。

生产设备：为了生产优质产品，惠松积极采用多种技术，包括固−液（药材/溶剂）提取、过滤、真空浓缩、喷雾干燥、真空带式干燥、提纯（液−液提取），生产严格按照GMP进行，每年可提取约3000吨的药材。配备设备包括64m³动态多功能提取物罐，连续逆流提取生产线，10t/天、反渗透浓缩过滤装置，低温真空浓缩罐，色谱柱分离提纯装置，冷冻干燥、真空干燥、喷雾干燥设备，混合机，制粒机，压片机，中试车间等。

检测能力：公司现具有通过GMP、KFDA、ISO9001、ISO2000、HALAL、KOSHER等认证的中药饮片（惠远实业），中药提取物、片剂、胶囊剂、颗粒剂、散剂、合剂、口服液（惠松制药）等生产线，拥有GC/MS、LC/MS−MS等检测仪器，设备一流的实验室和研发中心。配备最先进的仪器和技术进行鉴定和定量，包括：TLC、HPTLC、HPLC&UV/VIS、GC、AA 等。

（3）企业资质和产品认证。

2004 年，公司率先拥有四国官方认证：国家药品新版 GMP（中国 FDA）认证、韩国官方 KFDA（韩国 FDA）认证、日本厚生劳动省医药品外国制造者认证（日本 FDA）、美国 FDA 审计。

9.2.3　植物提取物行业主要上市公司发展情况

植物提取物行业的上市公司对于提升行业整体竞争力起到了良好促进作用。我国植物提取物行业的主要上市公司有晨光生物、天一生物、莱茵生物、云南瑞宝、山东绿叶等专业从事植物提取物行业的公司，也有上市医药集团的子公司，如上海诺德、天津尖峰等，还有部分企业属于外企子公司或在国外上市，如三明华健和青岛润德等。本节对国内植物提取物行业主要上市公司（以及集团子公司）发展情况进行详细介绍，以期对该行业的整体竞争分布有全面的了解（表 9.15）。部分上市公司也是本行业的出口佼佼者，如康恩贝、晨光生物等，本节不作赘述。

表 9.15　植物提取物行业主要上市公司基本现状

企业名称	股票代码	备注
上海诺德	600530	交大立昂，母公司上市
浙江康恩贝	600572	2004 年上市
晨光生物	300138	2010 年上市
莱茵生物	002166	2007 年上市，我国植提产业首家上市公司
天津尖峰	600668	母公司上市
天津天士力	600535	2002 年上市
陕西嘉禾	833799	2015 年 10 月新三板上市
三明华健	GPLB，OB	母公司美国上市
天一生物	831942	2015 年 2 月新三板上市，陕西省植提产业首家挂牌上市的高新技术企业
谱赛科	PURE	英国伦敦上市
青岛润德	NASDAQ：GLGL	其投资公司美国 GLG 集团在美国纳斯达克和加拿大多伦多主板上市

企业名称	股票代码	备注
山东绿叶	02186. HK	母公司 2014 年在中国香港主板上市
云南瑞宝	835390	2016 年上市

9.2.3.1 上海诺德生物实业有限公司

上海诺德生物实业有限公司基本信息见表 9.16。

表 9.16 上海诺德生物实业有限公司基本信息

企业信息	基本情况
成立时间	2003 年
企业类型	上市公司
公司网址	www. novanat. com
经营范围	天然植物提取物、原料药、医药中间体等产品的研发、生产和销售
主要产品	茶提取物、银杏提取物、草药茶浓缩汁、菊花提取物和益生菌等

(1) 原料生产基地。

湖南金农生物资源股份有限公司是上海诺德生物实业有限公司植物提取物生产基地，并在欧洲设立了销售中心。

(2) 企业研发能力。

公司建有专门的研发队伍；与清华大学、上海交通大学、湖南农业大学、长江大学等建立了长期合作关系，对生产工艺、产品功效和配方等有较深入的研究。

(3) 生产、检测设备和能力。

检测能力：公司能够从事农药残留、重金属和有效成分的检测。

(4) 企业资质和产品认证。

公司通过了 ISO9001：2008、ISO22000、GMP 等管理系统认证。

9.2.3.2 天津天士力现代中药资源有限公司

天津天士力现代中药资源有限公司基本信息见表 9.17。

表 9.17　天津天士力现代中药资源有限公司基本信息

企业信息	基本情况
成立时间	1994 年
企业类型	上市公司子公司
公司网址	www. tasly. com/index. php
公司地址	天津市北辰区普济河东道 2 号天士力大健康城
经营范围	中药数字仪器，制药设备及技术的开发、生产、销售；中药数字化检测分析及相关技术咨询服务；中药材、日用化学品提取物的加工及销售（食品、药品及化学危险品、易制毒品除外）；中草药采购；流浸膏剂；原料药（穿心莲内酯）生产
主要产品	包括甘草浸膏、越橘提取物、芦荟提取物、山楂叶提取物、三七叶提取物、何首乌提取物近 30 个品种

天士力研究院专业从事研究和创新。下设现代中药研究所、化学药物研究所、生物药品研究所、药理毒理研究所、药物分析研究所、食品与保健品研究所、国际法规与注册研究中心、天士力研究院下设现代中药研究所、化学药物研究所、生物药品研究所、药理毒理研究所、药物分析研究所、食品与保健品研究所、国际法规与注册研究中心。承担包括"863"项目在内的多个项目并设立了博士后工作站。

9.2.3.3　陕西嘉禾生物科技股份有限公司

陕西嘉禾生物科技股份有限公司基本信息见表 9.18。

表 9.18　陕西嘉禾生物科技股份有限公司基本信息

企业信息	基本情况
成立时间	2000 年
企业类型	2015 年新三板上市，2018 年终止挂牌
公司网址	www. jiaherb. com/
公司地址	西安市高新区
经营范围	天然植物提取物开发、生产和销售，农副产品的收购及销售业务
主要产品	莽草酸、白藜芦醇、5-羟基色氨酸、水飞蓟提取物、红车轴提取物、淫羊藿提取物等

续表9.18

企业信息	基本情况
其他	陕西省植物提取物行业第一家挂牌上市的高新技术企业，陕西省植物提取行业的"小巨人"领军企业和规模以上工业企业之一

（1）企业生产基地。

嘉禾生物建立了全球植物原料直采体系，保证了原药材的高品质和道地性，同时保护了植物的延续性和多样性。

（2）企业研发实力分析。

嘉禾生物投资上千万元，建立了企业的技术中心，目前已经获得陕西省企业技术中心认证。针对质量控制和研发体系，嘉禾生物建立了可进行第三方检测的国家独立实验室，获得了 CNAS 实验室认证，配备了先进而高效的检测设备，如电感耦合等离子体质谱仪（ICP-MS）、高效液相色谱-三重四级杆质谱联用仪（LC-MS-MS）、傅里叶变换红外光谱仪（IR），气相色谱-四级杆质谱联用仪（GC-MS）、超高效液相色谱仪（UPLC）、高效液相色谱仪（HPLC）、气相色谱仪（GC）、紫外分光光度计（UV），微量水分测定仪、电位滴定仪、全自动薄层色谱仪等，确保嘉禾公司产品质量的高品质和稳定性，同时嘉禾公司也具备承担产品委托检测服务的能力。

在研发技术方面，公司拥有已授权发明专利 34 项，先后承担了 8 项陕西省外经贸区域协调发展促进资金项目和 1 项西安市科技计划项目。

（3）产品生产设备及检测设备水平。

公司拥有符合中国 GMP 和美国 cGMP 认证的生产体系以及先进的、优化的规模化工业生产技术。建立了可进行第三方检测的独立实验室，获得了 CNAS（ISO17025）实验室认证。

（4）企业资质及环保设施。

嘉禾生物不断努力创新，提升控制标准，先后获得了 ISO9001 质量管理体系认证、ISO22000 食品安全管理体系认证、HACCP 危害分析与关键控制点体系认证、ISO14001 环境管理体系认证及食品生产许可等，作为植物提取物供应商，完全符合国家对该类产品的生产要求以及保健食品的申报要求。

9.2.3.4　陕西西安天一生物技术有限公司

陕西西安天一生物技术有限公司基本信息见表 9.19。

表 9.19　西安天一生物技术有限公司基本信息

企业信息	基本情况
成立时间	2004 年
企业类型	新三板上市
公司网址	www. acetar. com/
公司地址	西安市高新区技术产业开发区
经营范围	从事植物单体提取、化学合成原料药以及药物工艺研发与转让
主要产品	银杏黄酮、黄芩、贯叶连翘等中药提取物备案产品以及葛根、大豆、山楂等 17 种 SC 许可产品
其他	陕西省植物提取物行业第一家挂牌上市的高新技术企业

（1）原料生产基地。

公司在秦岭建立了贯叶连翘原料产地。

（2）企业研发能力。

公司建有天一生物科技园，目前已顺利投入使用。

（3）生产、检测设备和能力。

生产能力：具有年消耗植物原料 8000 吨的生产能力，年产值达亿万元以上。

检测能力：公司设有检测中心，现配有高效液相色谱仪（HPLC）、气相色谱仪（GC）、原子吸收分光光度计（AAS）、紫外分光光度计（UV）、蒸发光散射光检测仪（ELSD）、薄层色谱扫描仪（TLC）等先进的检测设备。天一生物科技园设有索氏提取罐、萃取反应釜、双效浓缩液、分子蒸馏设备、低温喷雾干燥塔、层析柱、冷冻机组、粉碎/混合机组等设备共计 63 套。

（4）企业资质和产品认证。

目前天一生物已经取得食品和保健品生产许可证（SC 证书），并通过中药提取物生产企业备案登记，拥有 HALAL、Kosher、ISO22000、cGMP、有机认证、非转基因认证等完备的质量管理体系。

9.2.3.5　山东青岛润德生物科技有限公司

山东青岛润德生物科技有限公司基本信息见表 9.20。

表 9. 20　青岛润德生物科技有限公司基本信息

企业信息	基本情况
成立时间	2006 年
企业类型	外商独资企业
公司网址	www. glg－runde. com/index. asp
公司地址	青岛市黄岛区灵山卫
经营范围	食品添加剂甜菊糖苷的生产、销售
主要产品	甜叶菊提取物，新增加罗汉果、酶改制、造粒甜菊糖、复配糖、3i 系列等新的产品
其他	国内甜叶菊提取物主要生产商之一

（1）企业研发能力。

公司具有甜菊糖苷（RA80）、高纯度甜菊糖（RA97）、甜菊糖苷 stv（stv97）的精致提炼方法等多项发明专利，以及由美国华盛顿低糖研究所颁发的低糖产品认证书。公司于 2007 年获得青岛市高新技术企业认证，2010 年获得国家高新技术企业认定。

（2）企业资质和产品认证。

公司先后通过 FSSC22000 体系认证、GMP 认证、有机认证、犹太认证和清真认证。

9.2.3.6　福建三明华健生物工程有限公司

福建三明华健生物工程有限公司基本信息见表 9.21。

表 9. 21　三明华健生物工程有限公司基本信息

企业信息	基本情况
成立时间	2005 年
企业类型	上市公司子公司
公司地址	福建省三明市三元区工业开发园
经营范围	从事天然植物提取物和天然保健产品的研究、开发、生产和销售
主要产品	植物提取物、医药中间体、茄尼醇、保健食品、农药和肥料

（1）企业研发能力。

母公司美国绿球生物科技有限公司为美国上市公司，能够提供技术支撑。

此外，建立了专业研究团队，与国内多所高校保持密切合作。

（2）生产、检测设备和能力。

生产能力：公司设有检测部门，配置了多台精密仪器，包括依利特高效液相色谱仪、阿贝折射仪、玻璃仪器气流烘干机、赛多利斯天平等精密检测仪器等。

检测能力：年产高纯度茄尼醇 50 吨；生物肥料 20000 吨；纯天然麦苗嫩叶提取物项目，年产天然麦绿素 300 吨；口服液生产线年产口服液 200 吨。

（3）企业资质和产品认证。

公司通过了国际 ISO9001、ISO14000 和 KOSHER 认证以及国家 GMP 认证。

9.2.3.7　天津尖峰天然产物研究开发有限公司

天津尖峰天然产物研究开发有限公司基本信息见表 9.22。

表 9.22　尖峰天然产物研究开发有限公司基本信息

企业信息	基本情况
成立时间	1999 年
企业类型	上市公司子公司
公司网址	www.jf—natural.com
公司地址	天津市经济技术开发区十二大街南黄海路西
经营范围	尖峰集团是以水泥和医药业务为主，以健康品、国际贸易、物流、电缆等业务为补充的上市公司
主要产品	包括葡萄籽提取物、人参提取物、苹果提取物、花青素类等。主要产品还包括白藜芦醇、千层塔提取物、菜蓟提取物、松树皮提取物、葡萄籽油、5—HTP、大豆异黄酮、黑豆红色素、根皮苷、迷迭香提取物、苹果提取物、磷脂酰丝氨酸、枸杞多糖和莽草酸等
其他	国内最大的葡萄籽提取物生产厂家、专业水果提取物生产厂家之一

（1）企业研发能力。

公司拥有独立的研发中心，拥有国内植物提取物行业第一个博士后科研工作站，目前已成为"沈阳药科大学天然产物产业化基地""天津科技大学天然产物产业化基地"，同时还与天津科技大学紧密合作，是天津科技大学的教学实验基地。

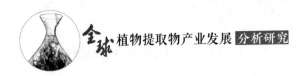

（2）生产、检测设备和能力。

公司拥有独立的研发中心，配备有进口高效液相色谱仪（HPLC）4台，同时还配有进口紫外检测仪、旋转蒸发仪等研发设备，拥有第一台进入中国的日本东京理化株式会社的实验室微型喷雾干燥机，最少只需20mL溶液就可喷出所需干粉，保证了科研工作与大生产的高度平行性。

（3）企业资质和产品认证。

公司通过FDA许可、HACCP，ISO9000、HALLA、KOSHER等质量体系认证，产品从原料的采购和检验、生产过程及质量控制到成品的检验都按规范严格管控，确保产品质量。2018年4月，公司的苹果、人参系列提取物产品分别获得欧盟有机认证（EC）和美国有机认证（NOP）证书，为进一步开拓国际市场提供了质量保证。

9.3 四川省植物提取物行业企业发展现状

四川省植提产业在全国具有一定的竞争优势。这与四川省的政策氛围和市场环境密不可分。为了营造包括植物提取物行业在内的生物技术产业的优良发展环境，四川省将生物医药产业纳入了"十三五"战略性新兴产业。通过中药提取和提取物监督管理专项行动方案及专项整治活动，为四川省植物提取物行业健康发展提供了良好的政策和市场环境。

良好的政策和市场环境有力促进了四川省植物提取物行业的整体发展。2016年，四川省植物提取物产成品规模约6923.2万元，占全国总量的7.4%，工业总产值约14.32亿元，位居全国第三，整体行业发展迅速，产业体量较大，对于促进四川省中医药行业发展和带动四川省大健康产业长远规划起到很大的促进作用。行业的发展需要以企业为单位的市场带动，四川省涌现出一批在国内甚至国际市场上有竞争力的企业，如成都华高、成都华康、四川青益纯等。本节将从企业基本信息、原料种植基地、企业研发能力、生产和检测能力以及质量认证角度对四川省植物提取物行业的重点企业进行梳理。

9.3.1 四川省植提产业重点企业介绍

9.3.1.1 成都华高生物制品有限公司

成都华高生物制品有限公司基本信息见表9.23。

表 9.23　成都华高生物制品有限公司基本信息

企业信息	基本情况
成立时间	2007 年
企业类型	有限责任公司
公司网址	www. wagottbio. com/index. php/index. html
公司地址	成都市蒲江县寿安镇迎宾大道 628 号
经营范围	食品添加剂（茶多酚、茶多酚棕榈酸酯、茶黄素）的生产，茶制品的生产，保健食品（原料提取物）的生产，饲料、原料和饲料添加剂的生产，植物浸膏/粉（不含药品、危险品和国家限制品种）的研究、加工及销售，精细化工产品（危险化学品除外）的制造及销售，货物进出口、技术进出口
主要产品	绿茶、大豆、淫羊藿、红景天、枳实等提取物
其他	我国四川地区较有影响力的植物提取物供应商之一，中国最大的茶提取物生产及出口厂家之一

（1）原料生产基地。

公司在四川雅安、乐山、浙江丽水、福建宁德、云南普洱等茶叶富产区拥有种植基地，原料质量上乘。

（2）企业研发能力。

公司始终坚持以"技术创新"为主导的发展战略，培养和引进了一批高素质、高水平、德才兼备的生产技术管理、生物医药学、科研开发、市场营销等专业人才，致力于新产品的开发、新工艺的创新、分析测试、质量检测、对外学术合作交流等技术创新工作，目前员工近 260 人，其中专职技术开发人员近 50 人。公司本着"环保，节能，高效"的宗旨，不断创新，多项技术指标均代表了国内同行业先进水平。其中，从新鲜茶叶中提取茶多酚、单体 EGCG、茶氨酸等技术已获得 8 项发明专利。同时，公司还致力于生产设备的研究和改进，已研发出一批实用性强、技术含量高的生产设备，并获得实用新型专利 11 项，多种生产设备已达到国内外领先技术水平。

（3）生产、检测设备和能力。

生产能力：工厂环境与设施严格遵循 GMP 标准设计，并配备国际先进的生产检测设备，拥有醇提和水提两条大型生产线，产品质量均达到或超过国家标准。

检测能力：华高生物建有专门的 QC 检测中心，配备了大量先进的检测仪器，包括高效液相色谱（HPLC）、气相色谱（GC）、原子吸收光谱（AAS）

和微生物检测设备等，加之专业的检测团队，保证了华高生物的产品符合客户的要求。

（4）企业资质和产品认证。

公司产品先后通过了 ISO9001：2008 质量管理体系认证，ISO22000：2005 食品安全管理体系认证，HALAL 清真认证，EC 欧盟有机认证，NOP 美国有机认证，KC 犹太有机认证等相关认证。

9.3.1.2 成都华康生物工程有限公司

成都华康生物工程有限公司成立于 2001 年，根据发展需要，于 2011 年新建四川新华康生物科技有限公司。公司专业致力于植物提取物的研发、生产与销售，主要集中在枳实系列产品方面。成都华康生物工程有限公司基本信息见表 9.24。

表 9.24 成都华康生物工程有限公司基本信息

企业信息	基本情况
成立时间	2001 年
企业类型	有限责任公司（自然人投资或控股）
公司网址	www.hawk-bio.com/
公司地址	成都市金堂县赵镇桐梓园村
经营范围	动植物原料提取、加工、销售，中药材经营。致力于植物提取物的研发、生产、销售，特别是在枳实系列产品方面
主要产品	枳实类提取物及其衍生品

（1）生产、检测设备和能力。

生产能力：公司拥有专业的橙皮苷、地奥明生产线，以及多功能生产设备，严格符合 GMP 规范。

质量检测：公司拥有 1000 平方米标准实验室及质检室，可进行高效液相、气相、紫外光谱、微生物检测等。

（2）企业资质和产品认证。

企业目前已经通过 ISO9001：2008 质量管理体系认证，获得 KOSHER、HALAL、CE 等认证。早在 2001 年企业就获得自主进出口权，产品远销法国、西班牙、日本、北美、南美、东南亚等多个国家和地区，是本地区首家出口创汇企业。

9.3.1.3　四川青益纯医药科技有限公司

四川青益纯医药科技有限公司基本信息见表 9.25。

表 9.25　四川青益纯医药科技有限公司基本信息

企业信息	基本情况
成立时间	2014 年
企业类型	有限责任公司（自然人投资或控股）
公司网址	www. benepure. cn/
公司地址	成都高新区吉瑞三路 99 号 1 栋 4 单元 15 层 1501 号
经营范围	医药技术、生物制品研发，并提供技术咨询（不含医疗卫生活动）；生物技术研发；研发、销售化工原料及产品（不含危险化学品）等
主要产品	枳实系列、槐米系列、天然甜味剂、白藜芦醇、花青素和原花青素等
其他	Plants for life© 是该公司针对百分之百植物提取物产品创建的天然有效成分产品品牌

（1）企业研发能力。

青益纯公司依靠自主培养和引进国内外高科技人才，与多所科研院校紧密合作，已形成提取分离、合成、发酵、药学、功能性食品化学、营养学、生物学、工程学和管理学等领域多学科、全方位、高层次的技术、管理精英团队。青益纯公司配备了先进而高效的检测设备，确保公司产品质量的高品质和稳定性；强大的研发实力可为制药、保健食品、化妆品和饲料行业开发出更有效、更专一的成分原料。

（2）生产、检测设备和能力。

生产能力：青益纯公司的生产体系均高于多个国家 GMP 认证标准，符合对食品、药品、化妆品及饲料等多行业原料的要求；先进的、高标准规模化工业生产技术，让产品具有质量优异、获取率高、稳定性好等特点；同时，青益纯公司一直努力减少污染排放，坚持生产环保化。

检测能力：公司配备 45 套专业检测设备，拥有第三方检测机制，能够为相关大型农产品贸易公司进行污染物及农化药残留检验，并提供解决办法；为化妆品行业检测产品中的重金属含量；为食品行业检测产品中的塑化剂、苯并芘、重金属、农药残留、溶剂残留等多个项目。

品牌优势：四川青益纯公司很重视品牌构建，2008 年诞生的 Plants for

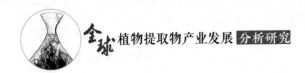

life©是公司针对百分之百植物提取物产品创建的天然有效成分产品品牌，其涵盖天然医药有效成分原料、天然保健品原料、天然化妆品原料、天然食品添加剂、天然着色剂等多个领域。

9.3.1.4 四川兴杰象药业有限公司

四川兴杰象药业有限公司基本信息见表9.26。

表9.26 四川兴杰象药业有限公司基本信息

企业信息	基本情况
成立时间	1997年
企业类型	有限责任公司（自然人投资或控股）
公司网址	www.jxherb.com/
公司地址	四川省广安市岳池县经济技术开发区狮子坡路同天段16号
经营范围	植物及动物提取物，食品、化妆品及原料，药品及化学药品原料药，保健食品、饲料及添加剂，医药中间体，中药提取物，中药配方颗粒，消毒剂，医疗器械，包装制品的研发、生产、销售；药用植物种植、销售；农副产品及畜禽产品的收购、加工、销售；生物技术咨询、研发和转让；商品进出口业务
主要产品	专注于研发和生产中药植物提取物、中药兽药、中药保健产品，以及兽药原料、保健品原料、化妆品原料和饲料添加剂等天然植物提取物产品。主要产品有科罗索酸、岩白菜素、三七总皂苷、罗通定、黄藤素、小檗碱、血竭、灯盏花素、黄芩苷、昆明山海棠浸膏粉等
其他	全国最大、最专业的蜕皮激素生产企业

（1）原料生产基地。

公司于2008年起，自行建立露水草种植培育基地，目前种植规模已达8000余亩，药材年收量达1200吨。兴杰象药业已成为国内独家从原药材栽培到成品生产的药业公司。

（2）企业研发能力。

公司有专业的研发队伍，专业技术人员占到总人数的35%。

（3）生产、检测设备和能力。

兴杰象药业在中药植物提取物行业已有20多年的丰富经验，中药植物提取物车间严格按照GMP标准建立。车间设备设施可完成水煎煮、乙醇回流、浸渍、渗漉初步提取工序，以及单效浓缩、醇提水沉、酸沉、层析、脱色、结晶精制工序；车间设置片剂、颗粒剂10万级洁净生产区，中药植物提取物原料 10 万级洁净生产区。

9.3.1.5　四川禹伽茶业科技有限公司

四川禹伽茶业科技有限公司基本信息见表 9.27。

表 9.27　四川禹伽茶业科技有限公司基本信息

企业信息	基本情况
成立时间	2003 年
企业类型	有限责任公司（自然人投资或控股）
公司网址	www. yujiacn. com/
公司地址	四川省乐山市市中区苏稽镇乐九路
经营范围	食品添加剂茶多酚、茶叶多糖、茶黄素等的生产和销售
主要产品	绿茶提取物
其他	国内技术领先、生产能力最大的茶多酚生产和供应基地

（1）原料生产基地。

公司在峨眉山拥有 2000 余公顷的绿茶供应基地。

（2）检测设备和能力。

检测能力：公司建立了专门检测机构，建有称量室、化测室、高温室、液相色谱室、气相色谱室、原子吸收室、微生物检测室等工作室。配备 721E 紫外可见分光光度计、LC－10AT 高效液相色谱仪、AA－6300C 原子吸收分光光度计、GC－2014C 气相色谱仪、ESJ200－4 分析天平、SW－CJ－1FD 超净工作台等高精尖检测设备，确保各类检测数据的准确和稳定。

（3）企业资质和产品认证。

公司通过了 ISO9001 质量管理体系，ISO22000 食品安全管理体系和 KOSHER 犹太认证，获得国内首张由挪威船级社认证的 FSSC22000 食品安全体系证书。

9.3.1.6　四川川村中药材有限公司

四川川村中药材有限公司基本信息见表 9.28。

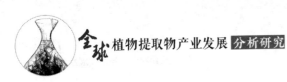全球植物提取物产业发展分析研究

表 9.28　四川川村中药材有限公司基本信息

企业信息	基本情况
成立时间	1993 年
企业类型	中外合资，由四川省医药保健品进出口公司、日本津村株式会社合资成立
公司地址	成都市新华大道江汉路 168 号
经营范围	专业从事以天然植物为原料，提取天然色素、原料药等植化产品
主要产品	柴胡提取物等医疗用汉方制剂的中间体浸膏粉末
其他	产品主要供应日本津村株式会社

（1）原料生产基地。

公司在四川省内建立了多个药材种植、生产基地，保障产品质量。

（2）生产、监测设备和能力。

公司从日本引进了先进的检测设备和生药管理标准，对产品实施种植—采收—加工全套质量检测。

9.3.2　四川省植物提取物行业其他企业发展情况

四川省其他植物提取物从业企业基本信息见表 9.29。

表 9.29　四川省其他植物提取物从业企业简介

企业名称	经营范围	主要产品
广安宏益生物科技有限公司	各种天然动植物有效成分单体及标准提取物的研发、生产、销售，中药材种植、购销，销售中药配方颗粒、预包装食品、保健食品、食品添加剂、天然色素、固体饮料、浓缩果汁、功能性饮料	白藜芦醇、盐酸小檗碱、穿心莲内酯、丹参酮 IIA、木犀草素、熊果酸、黄芩提取物等
成都天源植物提取物有限公司	专业从事以天然植物为原料，提取天然色素、原料药等植化产品	树碱系列产品、白藜芦醇、氧化苦参碱、多烯紫杉醇、灵芝多糖、柠檬苦素等，大豆提取物、葛根素和葛根黄酮、红景天提取物、黄芪多糖、枳实提取物、杜仲叶提取物、穿心莲提取物、红车轴提取物、吴茱萸提取物、芍药提取物、绿茶提取物、槲皮素、芦丁等

企业名称	经营范围	主要产品
四川景玉化工有限公司	化学产品技术、医疗技术、天然生物技术、生物试剂技术的服务、技术咨询、技术转让，销售化工产品等	喜树碱系列、酒石酸衍生物、手性胺类等
德阳禾益康生物科技有限责任公司	从事草本植物中有效成分的提取和分离，以及各类天然植物标准提取物的研究、开发、生产和销售	牛蒡子提取物、金银花提取物、野菊花提取物、白芍提取物、大青叶提取物、红景天提取物、何首乌提取物等几十种产品
遂宁旭泰植物原料有限责任公司	专业从事动植物原料药研发、提取、生产、经营	黄芩苷、金银花提取物、大黄素、连翘提取物、苦瓜提取物、芦荟提取物、白藜芦醇、黄芪多糖、丹参提取物（丹参酮IIA）、银杏叶提取物等
四川鸿鸣植物制品有限公司	专业从事天然植物、中药材提取	连翘提取物、金银花提取物、双花连翘提取物、柴胡提取物、党参提取物、双黄连提取物等
成都普菲德生物技术有限公司	专业从事对照品及植物有效成分化合物的分离、提纯生产、销售	研发生产1600多种中药对照品，包括人参皂苷系列、柴胡皂苷系列、远志系列、肉苁蓉系列等
成都合盛生物技术有限公司	从事天然植物提取物研发、生产和销售	加纳籽提取物（5－HTP）、育亨宾提取物、淫羊藿提取物、红景天提取物等
什邡华康药物原料厂	专业从事金银花、黄芩、黄芪、连翘、穿心莲等植物加工	金银花提取物、黄芩提取物、黄芪提取物、连翘提取物、穿心莲提取物等
成都瑞芬思生物科技有限公司	专业从事高纯度天然产物单体分离和生产工艺开发，集研发、生产、销售于一体	紫杉醇、水晶兰苷、β－谷甾醇、贝母系列、党参系列、甘草系列、雷公藤系列等天然产物单体等
成都三禾田生物科技有限公司	以天然植物资源培育、天然植物提取物研发、生产、销售以及生物技术开发为一体	天堂椒提取物、育亨宾提取物、山竹提取物、东革阿里提取物、辣木叶粉/提取物、红景天提取物、盐酸小檗碱、葛根提取物、葫芦巴提取物、柠檬果粉等

企业名称	经营范围	主要产品
四川吉晟生物医药有限公司	涵盖植物提取物、食品添加剂、定制肽、化妆品原料（美容肽、氨基酸衍生物）研发、生产、销售	山楂提取物、葡萄籽提取物、绿茶提取物等
成都草源康生物科技有限公司	植物提取物研发、生产、销售	原花青素 B2、原花青素 B1、原花青素 A1、原花青素 A2、矢车菊素－7、葡萄糖苷、矢车菊素－7、半乳糖苷、茯苓酸 A、蒜氨酸、水飞蓟宁、新绿原酸、隐绿原酸、山楂酸、科罗索酸、罗汉果苷系列等
四川新诺星生物制品有限公司	天然植物有效成分的分离、提纯	标准提取物、复方提取物和比例提取物，如益母草提取物、杨树花提取物、山楂提取物、刺五加提取物和板蓝根提取物等

9.4 我国植物提取物行业单品优质企业发展情况

我国植物提取物行业主要单品优质企业基本信息见表 9.30。

表 9.30 植物提取物行业主要单品优质企业基本现状

编号	企业名称	优质领域
1	新疆红帆生物科技有限公司	国内最大、世界第二的天然番茄红素生产企业
2	江苏红豆杉药业有限公司	国内最大的红豆杉实生苗繁育基地，世界最大的红豆杉实生苗栽培基地之一
3	天津尖峰天然产物研究开发有限公司	国内最大的葡萄籽提取物生产厂家
4	四川禹伽茶业科技有限公司	国内生产能力最大的茶多酚生产和供应基地
5	四川兴杰象药业有限公司	国内最大、最专业的蜕皮激素生产企业
6	江西谱赛科生物技术有限公司	国内最大的甜叶素生产企业

续表9.30

编号	企业名称	优质领域
7	成都华高生物制品有限公司	国内最大的茶提取物生产及出口企业
8	大兴安岭林格贝寒带生物科技股份有限公司	国内最大的浆果类花青素生产企业

在我国众多植物提取物从业企业当中，有许多企业凭借在特定植物提取物品种上的技术和产品优势，已经在国内企业竞争中占据优势地位，本书将其称为单品优质企业。本节对单品优势企业做重点介绍，部分单品优势企业已经在国内占据行业领导地位，并成功上市。

9.4.1　新疆红帆生物科技有限公司

新疆红帆生物科技有限公司成立于2003年4月，是专业化生产各种天然植物提取物，尤其是天然植物番茄红素的厂家。该公司拥有番茄红素萃取技术专利。新疆红帆生物科技有限公司的基本信息见表9.31。

表9.31　新疆红帆生物科技有限公司基本信息

企业信息	基本情况
成立时间	2003年
企业类型	其他有限责任公司
公司网址	www.hongfanshengwu.com
公司地址	新疆巴音郭楞蒙古自治州焉耆县（库尔勒）
经营范围	红帆牌番茄红素软胶囊生产及销售，预包装食品兼散装食品批发兼零售
主要产品	专业化生产各种天然植物提取物，尤其是天然番茄红素

（1）生产、检测设备和能力。

全球首家采取CO_2超临界流体萃取工艺萃取番茄红素的企业，技术受到国家专利保护。

（2）企业资质和产品认证。

公司取得国家保健食品企业良好生产操作规范（GMP）、质量管理体系（ISO9001）、食品安全管理体系（ISO22000）、环境管理体系（ISO14001）等认证。红帆牌番茄红素是获得国家保健食品批号的保健食品。

9.4.2　江苏红豆杉药业有限公司

江苏红豆杉药业有限公司基本信息见表 9.32。

表 9.32　江苏红豆杉药业有限公司基本信息

企业信息	基本情况
成立时间	2006 年
企业类型	有限责任公司（法人独资）
公司网址	www. hodoyew. com/contact. asp
公司地址	江苏省无锡市红豆工业城
经营范围	主要从事红豆杉提取物紫杉醇原料药及紫杉醇注射液等抗肿瘤药物的研发、生产和销售
主要产品	紫杉醇原料初品、紫杉醇精品、紫杉醇注射液及其他抗肿瘤药物制剂等

（1）原料生产基地。

公司克服红豆杉生长缓慢问题，采用技术手段保证 4~5 年植株能够入药。在此技术基础上建立了符合 GAP 规范的红豆杉科技园，采用酶联免疫法进行紫杉醇含量检测，并进行高含量紫杉醇基因型红豆杉的选育，是国内较大的红豆杉实生苗栽培基地，现有培育一年生及以上的红豆杉 5000 万株，年育红豆杉苗能力超过 600 万株。

（2）企业研发能力。

公司成立了"红豆杉综合利用工程技术研究中心""红豆杉生物研究院"及国家级博士后工作站，专门从事红豆杉人工栽培、提取纯化以及半合成方面的研究。公司承担多项国家级、省级课题，申请了多项专利，与江苏省农业科学院、中国医学科学院北京药物所、中国科学院上海药物所、清华大学以及国外相关抗肿瘤药物研究所建立了紧密的合作关系。

（3）生产、检测设备和能力。

生产能力：公司已建成从红豆杉资源培育到红豆杉枝叶加工、紫杉醇浸膏、紫杉醇初制品、紫杉醇精品及其制剂的产业链，年可提炼 300 千克以上紫杉醇成品。

检测能力：公司配备专业的检测设备，并采用酶联免疫法进行紫杉醇含量检测。

（4）企业资质和产品认证。

公司 2009 年获得紫杉醇原料药注册批准文号，并通过 GMP 认证和美国 FDA 认证。

9.4.3　青岛赛特香料有限公司

青岛赛特香料有限公司基本信息见表 9.33。

表 9.33　青岛赛特香料有限公司基本信息

企业信息	基本情况
成立时间	1981 年
企业类型	有限责任公司（自然人投资或控股）
公司网址	www.qd-scitech.com/
公司地址	青岛市黄岛区玉屏路
经营范围	食品添加剂、饲料添加剂，货物进出口，经营其他无须行政审批即可经营的一般项目
主要产品	辣椒红素、万寿菊提取物、辣椒油树脂及水溶色素等
其他	全球最大的叶黄素生产商

（1）原料生产基地。

公司在新疆、黑龙江和内蒙古等地建立了原料生产基地、颗粒加工厂，年生产规模叶黄素达到 1800 吨，辣椒红素达到 1200 吨。

（2）企业研发能力。

公司是辣椒红素、叶黄素、辣椒油树脂和胡萝卜素等提取物标准的起草单位。公司先后被评为"全国农产品加工龙头企业"等荣誉称号，获得"青岛市科学技术进步奖"，具有一定的研究和创新能力。

（3）企业资质和产品认证。

公司通过 ISO9001 认证、ISO22000 认证、欧盟 FAMI-QS 认证、美国 KOSHER 认证，拥有自营进出口权，出口欧美及亚洲 20 多个国家和地区。

9.4.4　云南瑞宝生物科技股份有限公司

云南瑞宝生物科技股份有限公司基本信息见表 9.34。

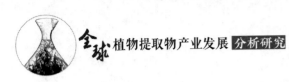

表 9.34　云南瑞宝生物科技股份有限公司基本信息

企业信息	基本情况
成立时间	1997 年
企业类型	新三板上市
公司地址	云南省昆明市嵩明县杨林经济技术开发区
经营范围	专业从事以天然植物为原料，提取天然色素、原料药等植化产品
主要产品	萝卜红、甘蓝红、红米红、紫苏红、紫胶红、紫甘薯色素、栀子黄、红花黄、三七总苷、β—蜕皮激素等
其他	国内较具规模的萝卜红色素、甘蓝红色素、红米红色素、栀子黄色素的生产企业

（1）原料生产基地。

公司拥有 15 万亩优质原料种植基地，原料质量有保障。

（2）企业研发能力。

公司掌握了超声波提取、薄膜分离、低温浓缩、分子蒸馏、超临界萃取等提取技术，有较高的提取和分离效率。

（3）生产、检测设备和能力。

生产能力：公司拥有水溶产品 1740 吨/年、油溶产品 1500 吨/年的生产能力，产品结构较为丰富。

检测能力：公司设有专门的检测中心，配备紫外可见分光光度计、原子荧光光度计、气相色谱仪、高效液相色谱仪、气相色谱质谱联用仪等专门检测仪器。

（4）企业资质和产品认证。

公司先后通过了 ISO9001 质量管理体系认证和 HACCP 食品安全管理体系认证。

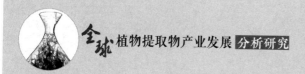

第五部分
政策建议篇

第10章 我国植物提取物产业发展前景分析与策略建议

我国植提产业经过二十多年的快速发展，已经成长为中药材领域国际化发展最好的子领域之一，2017年度我国植物提取物产品出口规模位居世界第一，国内市场规模位居世界第五，已经成为国际植物提取物市场的重要力量。近年来，随着国际市场对于膳食补充剂、功能保健品、植物药物、天然化妆品等产品需求的不断高涨，全球植提产业整体呈现蓬勃发展的势头，我国植提产业势必也将迎来新一轮的良好发展契机。然而，虽然我国植提产业整体发展现状良好、未来前景可期，但是同时也存在着企业竞争力不强、市场监管不足、行业标准缺失等一些瓶颈桎梏。因此，为了促进我国植提产业未来更好的发展，本章系统梳理了当前我国植提产业发展中的优势与不足，并针对性地提出了发展策略建议。

10.1 我国植提产业发展优劣势分析

10.1.1 我国植提产业发展优势

经过20多年快速发展，我国已逐渐成为全球范围内重要的植物提取物生产、消费和出口贸易大国。我国植提产业具有资源丰富、政策前景良好、国内市场潜力大、出口市场带动强等特点。

（1）资源基础丰富。

第一，多样化的植物基础资源为我国植提产业提供了丰富的产品来源。得益于我国广阔的疆域和复杂的气候地理条件，我国目前天然药用植物品种超过11000种，资源优势巨大。第二，传统中医药为我国植提产业提供了良好的功能性产品研发思路。传统中医药经过数千年历史积淀，总结出一些植物的药用或保健功能特性，对植物提取物新产品、新功效的研发具有重要指引价值。例

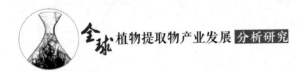

如，诺贝尔医学奖获得者屠呦呦就是从天然草药中发现有效活性单体"青蒿素"，从而为全球抵抗疟疾事业做出了重要贡献。

（2）政策前景良好。

植物提取物在我国既是一项具有悠久历史积淀的传统领域，又是融合了现代化科学技术的战略性新兴产业。植提产业受到了国家层面的重视，在国家中药材保护和发展规划、健康中国 2030 规划纲要、医药产业健康发展指导意见、"十三五"国家食品及药品安全规划等一系列政策中均被作为重要内容纳入其中，国家还出台了《中药提取物备案管理实施细则》等政策专题加强市场引导与监管。同时，陕西、湖南、云南等一些省份还将植物提取物作为该省"十三五"新兴产业的重点发展方向之一。

（3）国内市场潜力大。

我国植提产业 2017 年度国内市场销售规模约为 35.6 亿美元，占全球市场的 9.16%，位居世界第五。我国自身具有全球第一的人口基数和全球第二的经济体规模，同时随着我国社会经济的飞速发展，健康意识和品质生活观念逐渐深入人心，对植物提取物产品的认可度和需求量也在持续上升中，因此未来植物提取物产品的消费量将非常可观，市场潜力巨大。

（4）出口市场拉动强。

由于资源优势和地区特色，我国植物提取物产品受到欧美发达国家市场广泛欢迎，我国植提产业 2017 年产业出口规模达到 20.1 亿美元，位居全球第一。较高的国际出口市场占比份额，为我国植提产业未来发展打下了良好基础，并赢得了一定的市场议价、标准制定以及互惠谈判的话语权。

10.1.2 我国植提产业发展瓶颈

虽然我国植提产业整体发展较好，具有上述几点优势条件，但是仍然存在一定的发展瓶颈，主要体现在以下 7 个方面。

（1）农业种植业现代化程度不高。

植提产业高度依赖农业种植业，国际主要植物提取物生产和研发大国都是农业现代化高度发达的国家，我国的农业种植业发展与这些国家相比还存在较大差距，其造成的直接局面是植物原材料产量、质量的统一可控性不足，进而影响产品的产量和质量。同时，这种情况还可能带来种植成本的上升和管理上的混乱，影响植提产业的可持续发展。

（2）行业标准不完善。

一方面，我国植物提取物产品标准不完善是制约该产业自律与可持续健康发展，阻碍国际化进程的重要原因。我国植提产业是典型的出口型产业，这就要求产品标准需与国际接轨。但是，目前我国植物提取物行业标准非常缺乏，并且与国际标准的兼容性不强，影响了产品出口。据不完全统计，我国现有植物提取物品种已超过 1000 种，其中被中国药典收载的有 47 个品种，国家食品添加剂标准有 60 个，中国医保商会《植物提取物国际商务标准》三个批次有 25 个品种，林业部及农业农村部制定的涉及提取物标准的有 5 个品种。从数据可以看出，当前标准所覆盖的产品种类还远远不够。甚至桉叶油、甘草提取物等在 2017 年度我国植物提取物产品出口排名前十的品种，目前仍然没有被标准覆盖。另一方面，标准缺失还直接造成市场准入门槛过低，导致大量良莠不齐的小微企业涌入，将价格作为竞争的主要手段，恶性发展致使产品质量难以保障。

（3）企业竞争力不足。

企业竞争力不足体现在四个方面：第一，产品竞争力较弱。首先，产品以粗提物为主，大多集中在低层次、原料级类型，使得产品附加值低，对后期发展不利。其次，产品同质化现象比较严重，缺少核心竞争力产品或特色化产品。第二，企业质量管理规范水准较低。例如，早在 2001 年世界卫生组织将青蒿素类复方或联合用药（ACT）用于非洲市场时，作为青蒿素抗疟研究首创地的我国竟然没有一家中国制药公司能够符合世卫组织药品生产质量管理规范。从而直接导致这一庞大市场被瑞士诺华公司抢得先机。直至今日，全球抗疟药公立采购市场仍然被瑞士诺华、法国赛诺菲等国外跨国企业占据，而我国企业只能充当原料提供商，为外企贴牌生产，或者付出高昂营销代价在私立市场取得一席之地。第三，龙头企业缺失。我国植提产业整体规模在世界上具有举足轻重的地位，但是没有一家真正意义上的植物提取物国际领军企业，能够像德国 Martin Bauer，美国 Sabinsa，法国 Naturex、Ipsen，意大利 Indena 等具有全球意义的领导型企业。我国的植提企业规模、布局及运营实力与这些公司还相距甚远。第四，品牌意识薄弱。目前在国际市场上，植物提取物产品的高端品牌基本被德、美、法、意、日等国家垄断。我国植物提取物企业普遍对品牌不够重视，缺乏对自身品牌的有效塑造，忽略了品牌效应对产品影响力的加持效果，在一定程度上削弱了我国植提产业的国际影响力和竞争力。

（4）市场监管不健全。

长期以来，我国植提产业市场监管始终滞后于产业发展。市场监管欠佳使得一些企业抱着侥幸心理、铤而走险，造成业界违法违规行为频发，个别严重者甚至波及整个产业。2015年"银杏叶事件"就是整个植物提取物市场监管乏力的集中爆发，导致全国100多家银杏叶生产企业被勒令整改，造成巨大负面效应。尽管"银杏叶事件"之后，国家相继出台了《关于加强中药生产中提取和提取物监督管理的通知》《中药提取物备案管理实施细则》等一系列政策措施，但是由于植物提取物作为飞速发展的新兴产业，产品种类繁多、规格多种多样、企业资质不一、国家标准不足，造成相应的市场监督管理的落实效果不佳，因此市场监管力度不足的问题解决起来依然任重而道远，未来一段时间还将继续困扰我国植提产业发展。

（5）国际贸易壁垒加剧。

近年来，一些国家或地区针对我国制定了一些较为严格的贸易壁垒。第一，国外主要国家及地区不断提高植物提取物的产品标准，对我国植物提取物产品出口形成了一定影响。第二，一些国家加强了对植物提取物产品进口监管检查，提高了产品质量认证标准与准入门槛。第三，一些国家还出台了一定的贸易保护政策，限制我国植物提取物产品进入该国市场。2018年，美国针对中国发动的贸易战中，对我国出口到美国市场的一些植物提取物产品（粗提物原料）大幅度提高了关税，影响了相关产品在美销量。因此，国际环境政策的变化对我国植提产业出口造成了一定的影响。

（6）国际市场优势有待进一步加强保障。

第一，推向国际市场的植提品种远远不够。我国药用植物品种超过1.1万种，国内市场的植提品种也有1000多种，但目前出口国际的植物提取物品种仅有100多种。这主要是因为以西方发达国家为首的国际市场，出于多方面原因对包括植物提取物在内的传统中医学及中药材接受程度不高，以及国内研发和产业化水平等的制约。因此，需要进一步拓展国际市场的植物提取物品种和产品质量水平，充分发挥我国药用植物资源丰富的优势条件。第二，我国植提产业知识产权布局滞后。国际植物提取物主要国家对知识产权非常重视，但我国的知识产权意识则普遍较为淡薄、起步晚发展慢。在植物提取物专利申请布局中，国外机构在欧、美、日等主要国家市场以及在我国布局的专利数量已经具有较大规模。与此形成鲜明对比的是，我国机构作为专利权人的数量却非常少，在国内申请的专利尚且远远落后于国外机构，布局国外的植物提取物专利更是几近没有。知识产权布局上的巨大劣势对我国植提产业国际市场的未来发展构成了极大的潜在隐患。

（7）植物资源的可持续利用重视不够。

由于植提产业对植物资源依赖性强、利用度大，目前已经造成一些珍稀植物品种濒临灭绝。据统计，我国高等植物中濒危物种已经高达 4000~5000 种，约占我国全部植物物种数量的 15%~20%；目前已被列入濒危或临危的药用植物品种约有 1500~2000 种。在《濒危野生动植物种国际贸易公约》（CITES，即华盛顿公约）所列出的 640 个世界性濒危物种中，中国目前已经有 156 种，约占全部总量的 1/4。因此，未来我国还需要实现植提产业化与植物资源平衡可持续发展。

10.2 我国植提产业发展趋势与前景预测

从产业总体来看，近年来，随着我国社会经济的不断飞速发展，以及人们"回归自然"与"健康生活"意识的不断提升，植物提取物产品越来越受到医药、食品、保健品、化妆品等领域的热切关注，植提产业也成为我国近三十年来发展最快的产业之一。自 2006 年以来，我国植提产业规模保持着约 15% 的增长率快速持续发展，至 2017 年，我国植物提取物行业市场销售额规模达到 219.68 亿元，同比增长 24.67%。

从出口端来看，我国植物提取物产品近八成用于出口，其市场主要靠国际需求来拉动。2016 年"银杏叶事件"和国际汇率变动等原因，在一定程度上影响了我国植物提取物出口，出现小幅下滑，但是很快就完成了复苏，2017 年我国植物提取物出口额大幅度上涨达到 20.10 亿美元，历史首次突破 20 亿美元关口。2018 年，虽然一些国家发动贸易战、出台贸易保护政策等对我国植提产业出口造成了一定影响，但是总体上由于全球草药和植物产品市场销售持续火爆，消费者对于天然产品的偏爱程度较高，保健品、膳食补充剂、功能性食品和天然化妆品的需求量持续上涨，各类领域对植物提取物的需求量增幅从 3%~20% 不等。因此，我国植物提取物出口市场前景依然看好。

随着国家层面和各省份对于生物大健康领域、中药现代化领域的产业扶持利好政策不断出台，以及植物提取物监管力度进一步加强，标准制定不断完善，植提产业势必将持续保持高速发展的态势，预计未来几年我国植物提取物市场规模将以 12% 左右的年均增长率持续快速发展（图 10.1）。

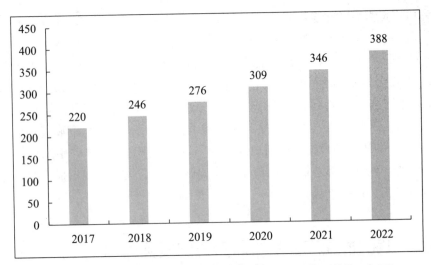

图 10.1　2017—2022 年中国植物提取物行业市场规模（单位：亿元）

10.3　我国植提产业发展策略建议

（1）建议进一步加强植物提取物生产的现代化建设。

第一，提升我国农业种植业的现代化水平。引导与推进农业种植业生产基地 GAP、GMP 等国际生产规范认证，从源头上保障我国植物提取物产品的原材料质量。第二，多方推动产学研结合，促进植物提取物生产企业与科技研发机构紧密融合，提升我国植物提取物生产加工的技术水平。第三，加强植提产业人才引进。重视植提领域领军型科技创新人才团队的培育引进，还应当进一步加强对植提产业化人才、企业管理人才与营销人才的重视。

（2）建议进一步推动植提行业标准的完善。

第一，推动国家层面的植物提取物产品行业标准制定，先期覆盖当前市场销售量较高的前 50 种主要品种，远期覆盖市场全部产品。第二，积极参与植物提取物产品国际标准的研讨、磋商与制定，为我国植物提取物产品出口海外争夺国际贸易话语权。

（3）建议着重加强企业竞争力的提升。

第一，重视高附加值、特色化和核心产品的树立，提高企业产品竞争力。引导企业重视技术创新投入，提升分离提纯技术水平，研发高附加值产品、高纯度单品，并发掘特色化产品及核心竞争力产品，促进企业生产结构由粗放型向集约型转变。第二，加强企业质量管理规范管控。引导企业重视对生产过程和产品的质量管理，尤其对核心工艺、重要产品应以国际标准严格生产要求，打造具有国际竞争力的生产质量体系。第三，扶持国内龙头企业进一步做大做强。培植一批国内植物提取物领先企业，通过引进先进设备和人才团队、学习先进管理经验，打造领军效应，带动我国植提产业升级，提升国际影响力。第四，引导企业重视品牌形象树立，强化品牌意识。引导与鼓励企业重视企业外部形象优化，积极塑造植物提取物国际化和高端化品牌。

（4）建议进一步加强我国植提产业的市场监管。

构筑完善的市场监管体系，严格把控植物提取物行业的准入制度。提高监管人员专业素质，加大市场监管工作力度，落实抽检、随检和送检三者相结合的常态化监督机制，建立健全违法违规通报警示制度和行业黑名单制度，严查违规违法生产单位，为植提产业创造健康的发展环境，推动产业健康可持续成长。

（5）建议采用严控与补贴"两手抓"的策略打破国际贸易壁垒。

第一，严格把控我国植物提取物产品质量认证标准与准入门槛，指导企业积极应对国际市场新变化与要求，着力提升自身产品质量。第二，对植提外贸产品实行出口补贴政策。通过政府出口补贴政策，适当为植提出口型企业由于一些国家针对我国植提商品实施"反倾销""贸易战"所造成的损失进行减负，支持企业渡过阶段性的困难。

（6）建议进一步拓展我国植物提取物产品在国际市场的出口领先优势。

第一，建议多方努力推动更多植物提取物品种进入国际市场。建立政、产、学、研、经等多方协同创新机制，从植物提取物产品种类、质量和品牌影响力等方面，深化拓展我国植物提取物产品国际市场的广度和深度。第二，建议着重加强植提产业知识产权意识宣传。通过多种方式，引导植提企业重视对产品、技术、工艺、商标、包装等的知识产权保护。支持与鼓励我国植提企业积极推动国内外专利布局与专利预警等工作。

（7）建议进一步加强对植物资源可持续合理利用的宣传与管控。

建议政府应及时出台相关制度规范，引导植提产业对于植物资源的适度采集和合理利用，重视对植物多样性和生态环境的保护，实施植提产业可持续发展路线。对于一些濒危珍稀植物品种，建议出台专项政策加强对野生品种的保护，并鼓励人工培育，实现植提产业化与植物资源的可持续发展。

第11章 四川省植物提取物产业发展前景分析与策略建议

四川省良好的地质气候资源条件孕育了丰富的植物资源,中药材蕴藏量、常用中药品种数、道地药材种类三项指标均居全国第一。受益于良好的资源条件,四川省成为我国植提产业发展较早的地区之一。当前四川省植提产业整体发展态势良好,2016年以14.32亿元的植物提取物工业总产值位居全国第三;产业销售收入也连续五年位列全国前三位。四川省植物提取物相关企业较多,已成为我国植提产业大省之一。但是,四川省虽然是我国植提产业大省,却不是产业强省,因为领先优势并不明显,而且近年来在全国的占比还呈现出小幅下滑趋势,产业发展遭遇了一些桎梏,集中表现在政府重视程度不足、产业集聚效应不强、企业领军优势不突出、产品特色不鲜明等。因此,为了促进四川省植提产业更好发展,本章在系统调研的基础上梳理了当前四川省植提产业发展中的优势与不足,并针对性地提出了发展建议。

11.1 四川省植提产业发展优劣势分析

11.1.1 四川省植提产业发展优势

四川省作为我国植提产业大省之一,具有植物资源丰富、产业初具规模、政策环境利好、产学研合作基础较强等优势条件。

(1)植物资源丰富。

四川省内具有盆地、丘陵、高山、湿地、草原、湖泊等复杂多样的地貌环境,造就了四川省在植物资源尤其是中药材资源丰富性上的突出优势。四川省在中药材蕴藏量、常用中药材品种和道地药材种类三项指标上均为全国第一,为植提产业储备了丰富的资源。

（2）产业初具规模。

四川省植提产业具有体量大、整体发展规模化较强的特点。从整体规模来看，四川省所处的西南地区是植物提取物企业密集分布区之一，企业数量约占全国的 13%，而且相比于沿海地区，西南地区植提企业更侧重于生产加工。2016 年，四川省植提产业销售收入约为 14 亿元，连续五年位居全国第三；产成品规模约为 6923.2 万元，占全国总量的 7.4%。目前四川省内拥有华高、华康、川村、鸿龙等 200 余家植物提取物企业，形成了较好的产业规模。

（3）政策环境利好。

早在 2011 年，四川省就发布了《四川省中药材优势区域发展规划》，并于同年出台《中药现代化科技产业（四川）基地建设实施方案要点（2011—2015年）》，加快推动中药现代化建设，也促进了植提产业的发展。2017 年，四川省将包括植物提取物行业在内的生物技术产业纳入了《四川省"十三五"战略性新兴产业发展规划》，并进一步出台《四川省中医药大健康产业"十三五"发展规划》，为行业发展做了长远规划，以及软硬件环境支撑。同年，四川省还出台《四川省贯彻中医药发展战略规划纲要（2016—2030 年)》，推动中药产业转型升级，也为植提产业发展提供了良好条件。另外，近年来四川省食品药品监督管理局等相关部门多次在全省范围内开展中药提取和提取物监督管理专项整治行动，为全省植物提取物行业健康发展营造了良好的政策和市场环境。

（4）产学研合作优势。

四川省拥有四川大学华西药学院、四川农业大学、成都中医药大学、西南医科大学、中国科学院成都生物研究所、四川抗菌素工业研究所等一批从事提取研发的高校院所，既能为植提产业提供技术创新，又能提供科技人才保障。目前，四川省在医药产业领域共拥有国家级工程技术研究中心 3 个、重点实验室 3 个、省级工程技术研究中心 23 个、重点实验室 27 个，国家级企业技术中心 4 个，国家 2011 协同创新中心 1 个，拥有中医药健康、医疗器械、精准医学等一批产业联盟。因此，四川省在植物提取物科技研发方面具有一定的技术研发优势条件。

同时，四川省近年来建设了多个医药产业园，为植提产业化发展提供了良好基础。截至 2017 年，四川省规划布局的特色医药产业园区已达 22 个，形成"一核两带"集聚发展的格局。其中成都主要发展高附加值、资源消耗低的国家级生物药物、药物制剂和高端医疗器械；德阳、资阳、绵阳、眉山、乐山主要发展现代中药、植物提取物、特色原料药和化药制剂；内江、遂宁、南充、巴中主要发展中药种植、加工提取及制药等。例如，眉山投资 22.4 亿元兴建的"西部药谷"医药产业生态园区，已有 38 个医药类项目入驻，协议引资 130 亿元以上。2017 年 2 月，成都天府国际生物城投资 10.2 亿元建设"华西—高新生物医药谷"项目，其中包括四川省中医药科学院的国家中医药传承与创新工程建设专项，将把植物提取物、中药新药、制剂等相关产品的中试、生产与转化作为重要建设内容，从而带动包括植物提取物在内的四川省整个生物医药行业的发展。

11.1.2　四川省植提产业发展瓶颈

虽然四川省植提产业整体已初具规模，并且具有植物资源丰富、政策环境利好、产学研合作优势突出等一系列优势条件，但是仍然存在着一些发展瓶颈，主要体现在以下 5 个方面。

(1) 产业受重视程度不够，尚需加强顶层设计。

虽然四川省当前的一些政策、规划使植提产业受益，但是这些政策基本上是面向中医药现代化、生物医药或者生物大健康整个宏观领域的整体设计，没有一项专门针对植提产业发展的省级政策规划，甚至很少明确提及植物提取物。植提产业虽然属于细分行业，但一些同属中西部地区的植物提取物重要省份仍专门对植提产业进行了设计规划。例如，陕西省将植物提取物产品作为重要出口产品纳入医药优势产品推广发展，并明确列入《陕西品牌出口振兴暨外贸孵化工程 2012—2018 年行动计划》；云南省也将植物提取物（中药提取物）明确列入《云南省"十三五"科技发展规划》《着力推进重点产业发展的若干意见》和《建设创新型云南行动计划》之中，成为云南省重点发展的领域之一。

(2) 产业集聚力不强，配套体系不完善，尚未充分调动产学研优势力量。

四川省植提产业虽然目前整体发展势头较好、位居全国前列，但是相对于四川省良好的植物资源优势、技术研发能力和工业生产能力等条件，仍有较大提升空间。主要体现在植提产业集聚力不强、引导性不够，导致围绕植提产业进行运转的各项资源能力未能充分发挥，未能将各项优势条件完全转化为现实的产业发展能力。湖南省和陕西省在 2014 年和 2016 年先后建立了植物提取物行业协会，多次承办中国植物提取物高峰论坛、中国饲用植物提取物行业高峰论坛、植物提取物行业学术论坛及专题博览会等活动，促进了技术研讨、产品推广和产业上下游交流，并对省内植提产业的规范和健康发展起到了积极引导作用。2017 年，在多个政府部门联合推动下，陕西省成立了植物提取物行业国际销售战略联盟，对陕西省植提产业国际化布局起到了良好推动作用。目前陕西省植物提取物产品进出口额达到 9.37 亿元人民币，同比增长 13.53%，成为该省单品产品出口排名第四大产业。而四川省目前没有专门的植物提取物行业协会组织，只能依靠中药行业协会从事范围较小、效果有限的一些涉及植物提取物的相关活动。

随着植物提取物市场需求的不断深化发展，欧、美、日等发达国家市场对于植物提取物原料及产品的要求越来越高，这就要求四川省植提产业需要进一步提质升级，加强从原料种植到产品生产加工，再到贸易运输出口全过程的优质高效监管。这一切的实现需要研发、生产与销售各环节的紧密配合，尤其是生产企业与研发机构的深度融合，以及完善的植提产业公共服务平台体系。而目前四川省在植提产业方面的产学研融合力度不足，产业配套体系较为滞后，存在着产学研相对割裂、产业配套跟不上需求发展步伐的尴尬现象，不利于植提产业未来发展。

（3）企业竞争力不足、大型龙头企业缺乏，产业竞争力下滑。

四川省植提产业整体规模在我国位居前列，但没有一家进入我国植物提取物行业出口前十名的公司，甚至也没有一家专门从事植物提取物的上市公司。而山东省有绿叶制药公司，陕西省有西安皓天生物工程技术公司，广西壮族自治区有桂林莱茵生物科技公司，浙江省有康恩贝制药公司，湖南省有春光九汇现代中药公司，河北省有晨光生物科技集团公司，等等。与其相比，四川省植提企业规模、布局及运营实力还相距甚远。同时，四川省植物提取物企业的知识产权与品牌化意识也较为薄弱，尚未形成占据优势地位的产品布局、品牌形象与核心竞争力，在一定程度上影响了四川省植提产业的竞争力。

从整体来看，尽管四川省在植物提取物整体产业规模上有一定优势，连续五年销售收入排名全国前三，但是深入分析发现，四川省植提产业的销售收入和利润总额在全国所占比重呈现出缓慢下滑的态势，分别从 2011 年的 9.26% 和 8.08%，逐年缓慢下滑至 2016 年的 7.01% 和 6.26%（图 11.1）。这一现象反映出四川省植提产业增长势头相对其他省份逐渐开始落后，若不能积极推动新一轮发展，前期积累的优势可能将慢慢被蚕食。

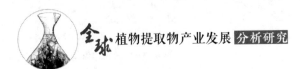

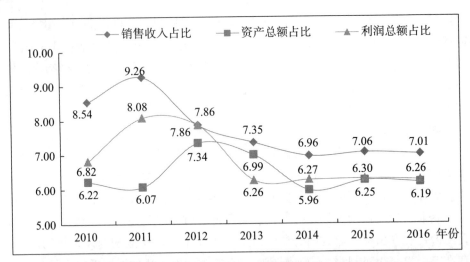

图 11.1 四川省植提产业近几年资产、收入及利润在全国占比情况（单位：%）

（4）产业创新能力不足，优秀人才、技术匮乏。

四川省虽然拥有一些综合实力较强的科研院所，但是聚焦到植物提取物研究上的实力并不强。同时，植提产业不仅需要优秀的基础研究人才，还需要覆盖产业链上下游，集科技研发、成果转化、产业化及市场营销等各方面的专业化优秀人才，而当前四川省在这些领域的人才储备十分匮乏。与此同时，植物提取物相关的科技研发和产业化技术、生产工艺与设备等，均处于相对落后的状态，整体产业创新能力不足。

（5）产品同质化现象严重，特色产品缺乏。

四川省植物提取物产品主要以粗提物为主，集中在低层次、原料级、附加值不高的产品类型。各企业的产品同质化现象较为严重，缺少核心竞争力产品或特色化产品。随着植物提取物市场竞争越来越激烈，这一现象将在很大程度上影响四川省植提产业的未来发展。

11.2 四川省植提产业发展趋势与前景预测

从总体形势来看，随着近年来全球及我国对植物性天然产品需求的不断提升，四川省植提产业发展前景持续看好。自 2012 年以来，四川省植提产业资产规模、销售收入已连续五年位居全国第三位。2016 年，四川省植提产业规模占全国比重的 7% 左右，整体发展状况位居全国前列，已形成较好的产业发展基础。同时，四川省具有植物资源丰富的天然优势条件，加上省内从事植物提取物研究的高校、科研院所众多且具有一定实力，随着四川省对植提产业发展的逐渐重视，以及相关利好政策的相继出台，未来四川省植提产业发展势必将持续保持良好增长势头。

11.3　四川省植提产业发展策略建议

（1）建议进一步加强植提产业的顶层设计。

第一，重视植物提取物产品作为重要外贸出口单品的产业经济地位，建议结合四川省农业种植与外贸出口现状，为植物提取物产品设计专项品牌出口规划。第二，重视植提产业作为生物大健康领域重要组成部分的发展重要性，建议在建设四川省十大生物医药产业园及天府生物城的过程中，为植提产业设计专项分支规划，明确相关的引导与扶持政策。第三，建议进一步健全中药材及生物大健康相关政策的管理监督机制，保障相关的政策规划落到实处。第四，建议四川省针对山区丘陵地理优势，依托当地药用植物资源品种特点，结合国家"精准扶贫"战略的建设契机，鼓励企业事业单位将植提产业发展与"精准扶贫""精准种植"有机结合起来，一方面既促进了植提产业发展，另一方面也带动了贫困地区的精准脱贫致富。

（2）建议进一步增强集聚力建设植提产业强省。

第一，建议尽快成立四川省植物提取物行业协会、产业联盟，积极融合产学研优势力量。建议四川省积极组织植提产业相关的企业、科研机构、服务机构，在政府监督管理部门指导下共同组建四川省植物提取物行业协会、产业联盟，引领植提产业健康、规范与可持续发展，促进产业信息互通、资源共享，促进全省植提产业高效聚集，推动植提产学研优势力量的有机融合，实现全省植物提取物产业化水平的提质升级。第二，建议进一步完善四川省植提产业配套设施建设，打造四川省植提产业公共服务平台体系。建议政府牵头加强植提产业配套设施建设，比如硬件方面的全省植物提取物公共仓库、物流中心、检验检测中心、技术服务中心和市场交易中心等；软件方面的植提产业数据信息平台、外贸信息交易数据平台等。综合打造四川省植提产业公共服务平台体系，为四川省植提产业集聚与外贸出口发展提供优质、高效、完善的基础公共服务。

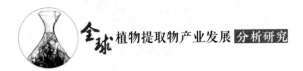

（3）建议进一步提升植提企业竞争力。

第一，建议遴选并支持具有一定规模与成长潜质的省内植提领军企业，围绕"蜀廿味"重点产品、重点工艺，持续加强培育、做大做强，打造业内大型龙头企业，提升全省植提企业竞争力，带动全省植物提取物企业集群发展。第二，建议四川省加强对植提企业的帮扶力度，通过高新技术企业认定、支持上市融资、鼓励银行信贷、优惠税收减免等相关措施促进植提企业发展，并出台相关政策引导与支持投资、融资基金对植提企业的关注。第三，建议四川省出台针对植提产业的引导扶持，设立植提产业发展基金、企业成长基金及出口发展基金，重点支持植提科技产业化、企业成长及外贸出口。

（4）建议进一步促进植提产业创新能力。

第一，建议四川省将植提产业优秀人才及团队引进作为重点单项之一，纳入全省高层次人才引进计划。通过多种方式吸引海内外优秀的植物提取物领域专家到四川工作，提升全省植物提取物研发创新能力。第二，建议四川省设立植物提取物人才成长基金，支持与培育在川植物提取物研发与产业化相关单位的人才与团队迅速成长。第三，建议四川省设立植物提取物创新创业基金，用于引导和鼓励涵盖植提产业链的科技研发、成果转化、产业化和市场营销等各环节的创新性或创业性探索。

（5）建议进一步塑造四川省植提品牌影响力。

建议围绕具有四川省独有性或优势性植物品种，遴选出 20 种植物提取物产品，集中打造富有四川植物资源特点的"蜀廿味"植物提取物系列品牌产品。针对四川省独有性或优势性品种的植物品种及其提取物产品特点，编入《四川省提取物植物优势资源品种名录》；并重点遴选出 20 种集中打造形成"蜀廿味"特色植物资源进行重点规划设计，在四川省长江河谷流域优势药材产区、川西南山地河谷特色植物药产区等地区，因地制宜建设若干个四川省"蜀廿味"特色植物资源的重点培育基地，形成四川省特色化的植物提取物拳头产品市场，打造具有四川特色的植物提取物高附加值产品和高纯度单品。

参考文献

［1］范小燕. 植物提取物全球市场对比研究与我国发展对策［D］. 上海：上海交通大学，2018.

［2］钟根秀，任琰，于志斌，等. 我国植物提取物产业发展状况及建议［J］. 中国现代中药，2015，17（10）：1087—1090.

［3］何潇怡，于志斌. 2018 年我国植物提取物出口分析［J］. 精细与专用化学品，2019，27（8）：11—14.

［4］饶芬. 中国植物提取物产业竞争力研究［D］. 广州：暨南大学，2016.

［5］彭腾，李柏群，邱明丰，等. 植物提取物在我国的应用现状及发展策略［J］. 中国药业，2004（2）：35—36.

［6］林菁华. 植物提取物在抗衰老化妆品中的应用及研究进展［J］. 化工管理，2018（35）：234.

［7］王维丹. MR 公司植物提取物营销战略研究［D］. 天津：天津大学，2014.

［8］李伟. A 生物科技公司白芸豆提取物产品市场拓展策略研究［D］. 昆明：云南大学，2019.

［9］张黎. 我国植物提取物企业出口海外保健品市场 SWOT 分析——以四川某植物提取物公司为例［J］. 企业研究，2013（18）：8—9.

［10］闫庆松，杨悦，于志斌. 提高我国植物提取物产业国际竞争力之探讨［J］. 中国新药杂志，2012，21（2）：119—123.

［11］胡芳. 植物提取物行业面临严峻挑战［N］. 中国医药报，2010—11—11（B02）.

［12］潘晓娟. 植物提取物出口市场回暖 标准缺失仍是行业掣肘［N］. 中国经济导报，2013—05—28（B03）.

［13］李若鹏. 植物提取物行业现状与发展［J］. 管理观察，2018（2）：175—176.

［14］任瑞冰. 中国天然植物提取物行业市场浅析［J］. 当代化工研究，2018

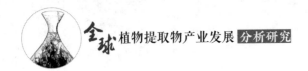

（4）：61－62.

[15] 曾建国. 我国植物提取物行业科技发展现状、问题及建议 [J]. 中草药，
2006 (1)：2－12.

[16] 周晓迅. 湖南省植物提取物产业发展战略研究 [D]. 长沙：湖南农业大
学，2009.

[17] 中国植物提取物行业市场需求预测与投资战略规划分析报告
[Z]. 2018.

[18] 柳燕，于志斌. 植物提取物市场需求旺盛 [J]. 精细与专用化学品，
2015，23 (8)：4－8.

[19] 我国植物提取物行业的发展前景 [N]. 中国食品报，2015－07－20
(006).

[20] 张博. 植物提取物的出路是加强技术投入 [J]. 国外医药（植物药分
册），2008，23 (6)：255－257.

[21] 周艳琼. 我国植物提取物市场发展综述 [J]. 上海化工，2006 (3)：
51－52.

[22] 张中朋，刘张林，罗扬. 植物提取物出口发展势头良好——2005 年 1—
11 月份我国植物提取物产品出口现状及发展建议 [J]. 中国现代中药，
2006 (1)：38－40.

[23] 邵云东. 天然药用植物提取物的生产与质量控制 [D]. 天津：天津大
学，2004.

[24] 闫庆松. 以国际化视角审视我国提取物产业发展 [J]. 中国现代中药，
2012，14 (7)：52－55.

[25] 戴红伟，张鹏飞. 植物提取现状及解决思路 [J]. 黑龙江科技信息，
2011 (26)：25.

[26] 戴住波，王勇，周志华，等. 植物天然产物合成生物学研究 [J]. 中国
科学院院刊，2018，33 (11)：1228－1238.

[27] 简妮. 天然产物提取物产业质量控制技术路线图的研究 [D]. 广州：华
南理工大学，2011.

[28] 赵露露. 几种植物提取物的防腐功效及其在化妆品中的应用研究 [D].
武汉：湖北大学，2017.

[29] 王飞. B 公司植物提取物项目商业计划书 [D]. 广州：华南理工大
学，2012.

[30] 王诺，马帅，杨光. 我国中药资源进出口贸易及其潜力分析 [J]. 国际贸

易，2017（5）：7.

[31] 刘丹. 天然健康原料——植物提取物的研发与市场概述 [J]. 食品研究与开发，2010，31（8）：1.

[32] 赵楠. 如何在一个不成熟的行业骄傲地成长 [J]. 中国畜牧杂志，2015.

[33] 刘沛璇. 植物提取物市场后入者 S 公司的升级研究 [D]. 成都：西南财经大学，2016.

[34] 许国平，王云鹏，周亚杰. 我国植物提取物行业科技发展应用现状与建议 [J]. 医药，2015，（12）：67.

[35] 张成文，徐小琴，张小燕. 新的经济环境下植物提取物行业动态 [J]. 现代药物与临床，2009，24（1）：7.

[36] 祖元刚，罗猛，牟璠松. 植物生态提取业的现状与发展趋势 [J]. 现代化工，2007，27（7）：4.

[37] 蒋国治，蔡定国. 古灵渠畔兴起朝阳产业——记桂林莱茵公司研发植物提取物 [J]. 沿海企业与科技，2002（4）：3.

[38] 郝刚，冯占春. 我国中药产业国际竞争力的测算与分析 [J]. 中国卫生经济，2011，30（10）：3.

[39] 李大伟. 基于现代色谱技术的植物提取物活性成分的质量标准及在拟生命体液中热力学性质的研究 [D]. 杭州：浙江大学，2016.

[40] 贾慕熙. 中国中药产业国际竞争力评估及对策研究 [D]. 南昌：江西财经大学.

[41] 陈箔鸿. 我国树木提取物开发利用现状与展望 [J]. 中国学术期刊文摘，2009（2）：1.

[42] 殷丽君，冯淑环，刘霄，等. 高原特色植物提取行业的市场分析和预测 [J]. 农产品加工：创新版（中），2010（9）：4.

[43] 张莹，祖元刚，陈小强，等. 中国植物提取业的形成与发展策略 [J]. 现代化工，2010（3）：8.

[44] 余世琪，于志斌，邹秦文，等. 2016 年前三季度中国大陆植物提取物出口分析 [J]. 环球中医药，2017，10（7）：6.